उपनिषदों का संदेश

उपनिषदों का संदेश

डॉ. राधाकृष्णन

राजपाल

₹ 275
ISBN : 9788170280873
संस्करण : 2025
UPNISHADON KA SANDESH by Dr. S. Radhakrishnan
(Translation of *Introduction to the Principal Upnishads*)
मुद्रक : जी.एस. ऑफसेट, दिल्ली

राजपाल एण्ड सन्ज़
1590, मदरसा रोड, कश्मीरी गेट, दिल्ली-110006
फोन : 011-23869812, 23865483, 23867791
website : www.rajpalpublishing.com
e-mail : sales@rajpalpublishing.com
www.facebook.com/rajpalandsons

प्रकाशकीय

'उपनिषदों का संदेश' डॉ. राधाकृष्णन की अंग्रेज़ी पुस्तक 'दि प्रिंसिपल उपनिषद्स' की भूमिका का हिन्दी अनुवाद है।

प्रस्तुत पुस्तक में विद्वान लेखक ने उपनिषदों की संख्या, काल और रचयिता आदि के सम्बन्ध में तो चर्चा की ही है, परन्तु मुख्यतया उपनिषदें हमें क्या संदेश देती हैं, इसका विशद वर्णन किया है। आत्मा और परमात्मा का सम्बन्ध, विद्या और अविद्या का भेद, कर्म और पुनर्जन्म के सम्बन्ध में बहुत ही युक्तिसंगत ढंग से उपनिषदों का मंतव्य बताया है। एक तरह से सभी उपनिषदों के मुख्य मंतव्यों का सार-संक्षेप आप इस पुस्तक में पाएंगे।

—प्रकाशक

दो शब्द

मानव-स्वभाव सर्वथा अपरिवर्तनीय नहीं है, फिर भी उसमें पर्याप्त स्थायित्व है। इसीलिए प्राचीन क्लासिक ग्रन्थों का अध्ययन उपयोगी रहता है। विज्ञान और औद्योगिकी की आश्चर्यजनक उपलब्धियाँ मानव-जीवन और नियति की समस्याओं को समाप्त नहीं कर पाई हैं। और उन समस्याओं के जो समाधान प्रस्तुत किए गए थे, वे यद्यपि अभिव्यक्ति की अपनी शैलियों में उस काल और वातावरण से प्रभावित थे, पर वैज्ञानिक ज्ञान और आलोचना की प्रगति का उन पर कोई गंभीर प्रभाव नहीं पड़ा है। एक विचारशील प्राणी होने के नाते, मनुष्य पर अपने को पूर्ण करने, वर्तमान को अतीत और भविष्य से जोड़ने, काल में जीने के साथ-साथ नित्य में भी जीने का जो दायित्व है, वह अब तीव्र और अत्यावश्यक हो गया है। उपनिषदें, समय की दृष्टि से हमसे सुदूर होते हुए भी, अपने चिंतन में सुदूर नहीं हैं। वे जाति और भौगोलिक स्थिति के भेदों से ऊपर उठने वाली मानव आत्मा की प्रारम्भिक अन्तःप्रेरणाओं की क्रिया को उजागर करती हैं। सभी ऐतिहासिक धर्मों का केन्द्र कुछ आधारभूत आध्यात्मिक अनुभव रहे हैं, जो कहीं कम और कहीं अधिक स्पष्टता के साथ व्यक्त हुए हैं। उपनिषदें इन्हीं मूल अनुभवों को चित्रित और आलोकित करती हैं।

वॉल्ट व्हिटमैन ने कहा था, "ये वस्तुतः सभी युगों और सभी देशों के लोगों के विचार हैं, ये केवल मेरे नहीं हैं। ये जितने मेरे हैं यदि उतने ही आपके नहीं हैं, तो ये व्यर्थ हैं या लगभग व्यर्थ हैं।" उपनिषदों ने उन प्रश्नों को लिया है जो मनुष्य के मन में उस समय उठते हैं जब वह गम्भीरता से चिन्तन करने लगता है, और वे उनके ऐसे उत्तर देने का प्रयास करती हैं जो, जिन उत्तरों को हमारा मन आज स्वीकार करना चाहता है, उनसे बहुत भिन्न नहीं हैं। जो भिन्नता दिखाई देती है, वह केवल उनके प्रति हमारी पहुँच की और उन पर दिए जाने वाले ज़ोर की है। इसका अर्थ यह नहीं है कि उपनिषदों का सन्देश, जो जितना सत्य तब था उतना ही आज भी है, हमें सृष्टि-रचना और मानव-शरीर-क्रिया विज्ञान की बारे में उनकी विभिन्न कल्पनाओं के प्रति भी प्रतिबद्ध करता है। हमें उपनिषदों

के सन्देश और उनकी पौराणिक कल्पना के बीच भेद करना चाहिए। विज्ञान की प्रगति के साथ पौराणिक कल्पना को शुद्ध किया जा सकता है। और यह पौराणिक कल्पना भी उस समय समझ में आने लगती है जब हम चीज़ों को यथासम्भव उस दृष्टिकोण से देखने का प्रयत्न करते हैं जो कि कल्पना करने वालों का रहा था। उपनिषदों के जो अंश हमें आज नगण्य, दुरूह और प्रायः निरर्थक लगते हैं, वे जब उनकी रचना हुई तब अर्थ और मूल्य रखते होंगे।

उपनिषदों को जो भी मूल संस्कृत में पढ़ता है, वह मानव-आत्मा और परम सत्य के गुह्य और पवित्र सम्बन्धों को उजागर करने वाले उनके बहुत-से उद्‌गारों के उत्कर्ष, काव्य और प्रबल सम्मोहन से मुग्ध हो जाता है और उसमें बहने लगता है। हम जब उन्हें पढ़ते हैं तो इन चरम प्रश्नों से जूझने वाले व्यक्तियों के मन की असाधारण क्षमता, तत्परता और परिपक्वता से प्रभावित हुए बिना नहीं रहते। इन समस्याओं को सुलझाने वाली आत्माओं का सभ्यता के सर्वोच्च आदर्शों से आज भी तात्त्विक तालमेल है और सदा रहेगा।

उपनिषदें वह नींव हैं जिस पर करोड़ों मनुष्यों के विश्वास आधारित रहे हैं, और वे मनुष्य हमसे कोई बहुत हीन नहीं थे। मनुष्य के लिए उसके अपने इतिहास से अधिक पवित्र और कुछ नहीं है। कम-से-कम अतीत के स्मारकों की हैसियत से ही उन पर हमें पूरा ध्यान देना चाहिए।

उपनिषदों के कुछ ऐसे अंश हैं जो अपनी पुनरुक्ति के कारण, या हमारी दार्शनिक और धार्मिक आवश्यकताओं के संगत न होने के कारण, हममें अरुचि पैदा करते हैं। परन्तु यदि हम उनके विचारों को समझना चाहते हैं तो हमें उस वातावरण को जानना होगा जिसमें कि वे विचार प्रचलित रहे हैं। प्राचीन रचनाओं को हमें अपने आज के मापदण्डों से नापना नहीं चाहिए। अपने पूर्वजों की इसलिए निन्दा करना कि वे उस तरह के थे, या स्वयं अपनी इसलिए निन्दा करना कि हम उनसे कुछ भिन्न हैं, आवश्यक नहीं है। हमारा काम तो उन्हें उनके वातावरण से सम्बद्ध करना, देश और काल की दूरी को पार करना और अस्थायी को स्थायी से पृथक् करना है।

उपनिषदों में कोई एक सुस्पष्ट विचारधारा नहीं है। उनमें हमें कई विभिन्न सूत्र मिलते हैं, जिन्हें सहानुभूतिपूर्ण व्याख्या द्वारा एक पूर्ण इकाई में गूँथा जा सकता है। पर इस तरह की व्याख्या में ऐसे विचार भी व्यक्त करने पड़ते हैं जिन पर सदा शंका की जा सकती है। निष्पक्षता का अर्थ यह नहीं है कि अपने विचार बनाए ही न जाएं, या उन्हें छिपाने का निरर्थक प्रयास किया जाए। निष्पक्षता का अर्थ अतीत के विचारों पर फिर से चिन्तन करना, उनके वातावरण को समझना और उन्हें अपने समय की बौद्धिक और आध्यात्मिक आवश्यकताओं से सम्बद्ध

करना है। हमें जहाँ अतीत के शब्दों में आज के अर्थ देखने की प्रवृत्ति से बचना चाहिए, वहाँ हम इस तथ्य की भी उपेक्षा नहीं कर सकते कि कुछ समस्याएँ ऐसी हैं जो सभी युगों में एक-सी हैं। हमें इस बौद्ध वचन को सदा ध्यान में रखना चाहिए कि 'जो शिक्षार्थी के अनुसार ढाली नहीं गई है, वह वस्तुतः शिक्षा नहीं है।' प्रचलित विचारधाराओं के प्रति हमें सचेत रहना चाहिए, और सार्वभौम सत्य को हमें, उसके अर्थ को तोड़े-मरोड़े बिना, यथासम्भव ऐसे शब्दों में व्यक्त करना चाहिए जो हमारे श्रोताओं के लिए सुबोध हों। उपनिषदों की जो कल्पनाएँ अमूर्त्त दिखती हैं यदि हम उन्हें उनके प्राचीन रंग और गाम्भीर्य से दीप्त कर सकें, यदि उनमें उनके प्राचीन अर्थ की धड़कनें पैदा कर सकें, तो वे हमारी बौद्धिक और आध्यात्मिक आवश्यकताओं के लिए सर्वथा असंगत नहीं लगेंगी।

उपनिषदें अपनी स्थापनाओं को आध्यात्मिक अनुभूति पर आधारित करती हैं, इसलिए वे हमारे लिए अमूल्य हैं, क्योंकि आस्था के परम्परागत अवलम्ब—अचूक शास्त्र, दैवी चमत्कार और भविष्यवाणी आदि—आज उपलब्ध नहीं हैं। आज जो धर्मविमुखता है, वह बहुत हद तक आध्यात्मिक जीवन पर धार्मिक रीति-पद्धति के हावी हो जाने का परिणाम है। उपनिषदों के अध्ययन से धर्म के उन मूल तत्त्वों को, जिनके बिना धर्म का कोई अर्थ ही नहीं रहता, सत्य के रूप में पुनः प्रतिष्ठित करने में सहायता मिल सकती है।

इसके अतिरिक्त, एक ऐसे समय में जब नैतिक आक्रमण लोगों को विचित्र जीवन-प्रणालियों के आगे आत्मसमर्पण करने को बाध्य कर रहा है, जब प्राणों और यातना की भारी कीमत चुकाकर सामाजिक ढाँचे और राजनीतिक संगठन में विराट प्रयोग किए जा रहे हैं, जब हम हतबुद्धि और भ्रांत होकर भविष्य के सम्मुख खड़े हैं और हमें राह दिखाने वाला कोई स्पष्ट प्रकाश नहीं है, तब मानव आत्मा की शक्ति ही एकमात्र शरण रह जाती है। यदि हम उसी के द्वारा शासित होने का संकल्प कर लें, तो हमारी सभ्यता अपने सबसे शानदार युग में प्रवेश कर सकती है। रोमां रोलां के शब्दों में, "आज पाश्चात्य भावना के असंतुष्ट बालक बहुत हैं जो इसलिए उत्पीड़ित हैं कि उनके महान विचारों की व्यापकता को हिंसात्मक कार्य के लक्ष्यों के लिए कलंकित किया गया है, जो एक अन्धी गली में फँस गए हैं और बर्बरतापूर्वक एक-दूसरे के अस्तित्व को मिटा रहे हैं। जब एक प्राचीन अनिवार्य संस्कृति टूट रही हो, जब नैतिक मापदण्ड नष्ट हो रहे हों, जब हमें जड़ता से उभारा या अचेतनता से जगाया जा रहा हो, जब वातावरण में उत्तेजना व्याप्त हो, भीतर उथल-पुथल मची हो और सांस्कृतिक संकट उपस्थित हो तब आध्यात्मिक आंदोलन का भारी ज्वार जन-मन को आप्लावित कर देता है और दिगंत में हमें किसी नूतन का, किसी अपूर्व का एक आध्यात्मिक पुनर्जागरण के सूत्रपात का आभास होता है। हम एक ऐसे

संसार में रह रहे हैं जहाँ सांस्कृतिक आदान-प्रदान की अधिक स्वतंत्रता है, जहां विश्व-संवेदनाएं अधिक व्यापक हैं। आज कोई भी अपने पड़ोसी की उपेक्षा नहीं कर सकता, क्योंकि वह भी इस प्रत्यक्ष जगत् में एक अदृश्य जगत् की खोज के लिए भटक रहा है। हमारी पीढ़ी के आगे आज जो काम है वह इन केंद्राभिमुखी सांस्कृतिक प्रणालियों के विभिन्न आदर्शों में समन्वय स्थापित करना है, जिससे कि वे आपस में जूझने और एक-दूसरे को नष्ट करने के बजाय एक-दूसरे को सहायता और बल दे सकें। इस प्रक्रिया द्वारा वे भीतर से रूपान्तरित होंगी, और उन्हें पृथक् करने वाले रूप अपना एकान्तिक अर्थ खो देंगे और अपने निजी स्रोतों और प्रेरणाओं से केवल उस एकता को ही व्यक्त करेंगे।

हम भारतीय यदि अपने राष्ट्रीय अस्तित्व और स्वरूप को कायम रखना चाहते हैं, तो हमारे लिए उपनिषदों का अध्ययन आवश्यक है। अपने परम्परागत जीवन की रूपरेखा की खोज के लिए हमें अपने क्लासिक ग्रन्थों—वेदों और उपनिषदों, भगवद्गीता और धम्मपद की ओर मुड़ना होगा। हमारे मनों को रँगने में इनका जितना हम आमतौर पर समझते हैं उससे कहीं अधिक योग रहा है। न केवल हमारे बहुत-से विचार पहले इनमें सोचे गए थे, अपितु सैकड़ों ऐसे शब्द भी जिन्हें हम अपने दैनिक जीवन में बराबर प्रयुक्त करते हैं, इनमें ही गढ़े गए थे। हमारे अतीत में बहुत-कुछ ऐसा है जो दोषपूर्ण और नीचे गिराने वाला है, पर बहुत-कुछ ऐसा भी है जो जीवनदायी और ऊपर उठाने वाला है। अतीत को यदि भविष्य के लिए एक प्रेरणा बनना है तो हमें उसका विवेक और सहानुभूति से अध्ययन करना होगा। परन्तु मानव-मन और आत्मा की उच्चतम उपलब्धियाँ केवल अतीत तक ही सीमित नहीं हैं। भविष्य के द्वार पूर्णतया खुले हैं। मूल प्रेरणाएं, जीवन को संचालित करने वाले विचार, जो हमारी संस्कृति की सारभूत भावना का निर्माण करते हैं, हमारी सत्ता का ही एक भाग हैं। पर अपने समय की आवश्यकताओं और परिस्थितियों के अनुरूप उनकी अभिव्यक्ति में परिवर्तन होते रहना चाहिए।

भारतीय चिन्तन के किसी अध्येता के लिए इससे अधिक प्रेरणाप्रद कार्य और कोई नहीं हो सकता कि वह उसके आध्यात्मिक ज्ञान के कुछ पहलुओं को उजागर करे और उसे हमारे अपने जीवन पर लागू करे। सुकरात के शब्दों में, हमें ''मिल-जुलकर उस भण्डार को उलटना-पलटना चाहिए जो संसार के मनीषी हमारे लिए छोड़ गए हैं, और यदि ऐसा करते हुए हम एक-दूसरे के मित्र बन जाते हैं तो यह और भी प्रसन्नता की बात होगी।''

मॉस्को
अक्तूबर 1951

—राधाकृष्णन

क्रम

उपनिषदों का सन्देश

1
व्यापक प्रभाव

मनुष्य के आध्यात्मिक इतिहास में उपनिषदें एक बृहत् अध्याय की तरह हैं और पिछले तीन हज़ार वर्ष से ये भारतीय दर्शन, धर्म और जीवन को बराबर शासित करती आ रही हैं। प्रत्येक नये धार्मिक आंदोलन को यहाँ यह सिद्ध करना पड़ा है कि वह इनकी दार्शनिक स्थापनाओं के अनुरूप है। यहाँ तक कि शंकालुओं और नास्तिकों को भी इनमें अपनी दुविधाओं, शंकाओं और अनास्था के पूर्वाभास मिलते हैं। बहुत-से धार्मिक और लौकिक उलटफेरों के बावजूद ये अभी भी जीवित हैं और मनुष्य की बहुत-सी पीढ़ियों को जीवन और अस्तित्व की मुख्य समस्याओं के संबंध में अपना दृष्टिकोण निर्धारित करने में सहायता देती आई हैं।

इनकी विचारधारा ने प्राचीन काल में भी प्रत्यक्ष रूप से और बौद्ध धर्म द्वारा भारत से बाहर के नाना राष्ट्रों—बृहत्तर भारत, तिब्बत, चीन, जापान और कोरिया, दक्षिण में श्रीलंका, मलय प्रायद्वीप तथा हिंदमहासागर और प्रशान्त महासागर के सुदूर द्वीपों—के सांस्कृतिक जीवन को प्रभावित किया था। पश्चिम में भारतीय विचारधारा के चिह्न सुदूर मध्य-एशिया तक खोजे जा सकते हैं, जहाँ भारतीय ग्रंथ मरुभूमि में दबे मिले हैं।[1]

---

1. "मानव-विचारधारा के इतिहास में रुचि रखने वाले इतिहासकार के लिए तो उपनिषदें बहुत ही महत्त्वपूर्ण हैं। उपनिषदों के रहस्यवादी सिद्धान्तों की एक विचारधारा के चिह्न फारसी सूफी धर्म के रहस्यवाद में, नव प्लेटोवादियों और सिकन्दरिया के ईसाई रहस्यवादियों, एकहार्ट और टॉलर के गुह्य ब्रह्मविद्या-सम्बन्धी 'लोगस' सिद्धान्त में, और अन्त में उन्नीसवीं शताब्दी के महान जर्मन रहस्यवादी, शोपेनहॉवर के दर्शन में खोजे जा सकते हैं।" विण्टरनिट्ज़—'ए हिस्ट्री ऑव इण्डियन लिटरेचर,' अंग्रेज़ी अनुवाद, खंड 1, (1927), पृ. 266। →

इन सुदीर्घ शताब्दियों में उपनिषदों के आकर्षण में एक अद्वितीय विविधता दिखाई दी है। विभिन्न लोग विभिन्न समयों में इनकी विभिन्न कारणों से सराहना करते रहे हैं। कहा जाता है कि ये हमें अदृश्य सत्य का एक पूर्ण रेखाचित्र प्रदान करती हैं, मानव-अस्तित्व के रहस्यों पर बहुत ही सीधे, गहरे और विश्वस्त ढंग से प्रकाश डालती हैं। ड्यूसेन के शब्दों में, "ये ऐसी दार्शनिक धारणाओं की स्थापना करती हैं जो भारत में या शायद विश्व में भी अद्वितीय हैं," अथवा दर्शन की प्रत्येक मूल समस्या को सुलझाती हैं।[1] यह सब चाहे सच हो या न हो, पर एक चीज़ निर्विवाद है कि उन धुन के पक्के लोगों में धार्मिक अन्वेषण की व्याकुलता और लगन थी। उन्होंने चिंतनशील मन की उस ध्यानमग्न स्थिति को व्यक्त किया है जिसे ब्रह्म के अतिरिक्त और कहीं शान्ति नहीं मिलती, ईश्वर के अतिरिक्त और कहीं विश्राम नहीं मिलता। उपनिषदों के विचारकों के सम्मुख जो आदर्श था वह मनुष्य की चरम मुक्ति, ज्ञान की पूर्णता और सत्य के साक्षात्कार का आदर्श था, जिसमें रहस्यवादी की दिव्यदर्शन की धार्मिक लालसा और दार्शनिक की सत्य की अनवरत खोज, दोनों को शांति मिलती है। अभी भी हमारा यही आदर्श है। ए. एन. व्हाइटहेड उस सत्य की चर्चा करते हैं जो इस संसार के अस्थायी प्रवाह के पीछे, पार और भीतर विद्यमान है। "कुछ ऐसा जो सत्य है और फिर भी अभी अनुभव होना है; कुछ ऐसा जो एक दूरवर्ती संभावना है और फिर भी सबसे बड़ा उपस्थित तथ्य है, कुछ ऐसा जो हर घटना को एक अर्थ प्रदान करता है और फिर भी समझ में नहीं आता; कुछ ऐसा जिसकी प्राप्ति परमश्रेय है और जो फिर भी पहुँच से परे है; कुछ ऐसा जो चरम आदर्श और

→देखें, 'ईस्टर्न रिलीजन्स एण्ड वेस्टर्न थॉट', द्वितीय संस्करण (1940), अध्याय 4, 5, 6, 7। कहते हैं कि शोपेनहॉवर की मेज़ पर उपनिषदों की एक लैटिन प्रति रहती थी और वे "सोने से पहले उसमें से ही अपनी प्रार्थनाएँ किया करते थे।' ब्लूमफील्ड–*'रिलीजन ऑव द वेद'* (1908), पृष्ठ 55। "(उपनिषदों के) प्रत्येक वाक्य में से गहन, मौलिक और उदात्त विचार फूटते हैं और सभी कुछ एक उच्च, पवित्र और एकाग्र-भावना से व्याप्त हो जाता है। समस्त संसार में उपनिषदों जैसा कल्याणकारी और आत्मा को उन्नत करनेवाला कोई और ग्रंथ नहीं है। ये सर्वोच्च प्रतिभा के प्रसून हैं। देर-सवेर ये लोगों की आस्था का आधार बनकर रहेंगे।"–शोपेनहॉवर।

1. तुलना करें, डब्ल्यू. बी. यीट्स : "संप्रदायों को शास्त्रार्थ के लिए बेचैन करनेवाली कोई भी चीज़ ऐसी नहीं है जिस पर इनका ध्यान न गया हो।" 'टेन प्रिंसिपल उपनिषद्स' (1937), पृष्ठ 11।

आशाहीन खोज है।''[1] उपनिषदों में जहाँ इस जगत् के सैद्धान्तिक स्पष्टीकरण के लिए एक आध्यात्मिक जिज्ञासा है, वहाँ मुक्ति की उत्कट लालसा भी है। इनके विचार न केवल हमारे मन को प्रकाश देते हैं बल्कि हमारी आत्मा को भी विकसित करते हैं।

उपनिषदों के विचारों से यदि हमें दैहिक जीवन की चकाचौंध से ऊपर उठने में सहायता मिलती है तो वह इसीलिए कि इनके रचयिता, जिनकी आत्मा निर्मल है, दिव्यतत्त्व की ओर निरन्तर बढ़ते हुए, हमारे लिए अदृश्य की अलौकिक छटा के चित्र उद्‌घाटित करते हैं। उपनिषदों का इतना आदर इस कारण नहीं है कि ये श्रुति या प्रकट हुए साहित्य का एक भाग होने से एक विशिष्ट स्थान रखते हैं, अपितु इसका कारण है कि ये अपनी अक्षय अर्थवत्ता और आत्मिक शक्ति से भारतवासियों की पीढ़ी को अंतर्दृष्टि और बल प्रदान कर प्रेरणा देती रही है। भारतीय विचारधारा नये प्रकाश और आत्मिक पुनरुत्थान या पुनरारम्भ के लिए बराबर इन्हीं धर्मग्रंथों का आश्रय लेती रही है, और इससे उसे लाभ हुआ है। इन वेदियों की अग्नि अभी भी खूब प्रज्वलित है। देख सकनेवाली आँख के लिए इनमें प्रकाश और सत्यान्वेषी के लिए इनमें एक संदेश है।[2]

---

1. 'साइंस एण्ड द मॉडर्न वर्ल्ड' (1933), पृष्ठ 238।
2. 'क्रिश्चियन वेदान्तिज़्म' पर एक लेख में श्री आर. गोर्डन मिल्बर्न लिखते हैं, ''भारत में ईसाई धर्म को वेदान्त की आवश्यकता है। हम धर्मप्रचारकों को, इस चीज़ को जितनी स्पष्टता से समझ लेना चाहिए था, अभी नहीं समझा है। हम अपने निजी धर्म में स्वतंत्रता और उल्लास के साथ आगे नहीं बढ़ पाते हैं; क्योंकि ईसाई धर्म के उन पहलुओं को व्यक्त करने के लिए जिनका सम्बन्ध ईश्वर की सर्वव्यापकता से अधिक है, हमारे पास अभिव्यक्ति के पर्याप्त शब्द और प्रकार नहीं हैं। एक बहुत ही उपयोगी कदम यह होगा कि वेदान्त-साहित्य के कुछ ग्रन्थों या अंशों को मान्यता दे दी जाए, और उन्हें 'विधर्मी ओल्ड टेस्टामेण्ट' की संज्ञा दी जा सकती है। तब चर्च के धर्माधिकारियों से इस बात की अनुमति माँगी जा सकती है कि उपासना के समय न्यू टेस्टामेण्ट के अंशों के साथ-साथ, ओल्ड टेस्टामेण्ट के पाठों के विकल्प के रूप में, इस विधर्मी ओल्ड टेस्टामेण्ट के अंश भी पढ़े जा सकते हैं।'' 'इण्डियन इण्टरप्रेटर', 1913।

2
'उपनिषद्' नाम

'उपनिषद्' शब्द 'उप' (निकट), 'नि' (नीचे) और 'सद्' (बैठना) से मिलकर बना है, अर्थात् नीचे निकट बैठना। शिष्यगण गुरु से गुप्त विद्या सीखने के लिए उसके निकट बैठते हैं। वनों में स्थापित आश्रमों के शान्त वातावरण में उपनिषदों के विचारक उन समस्याओं पर चिन्तन किया करते थे जिनमें उनकी बहुत ही गहरी रुचि थी और वे अपना ज्ञान अपने निकट उपस्थित योग्य शिष्यों को दिया करते थे। सत्य के प्रवचन में ऋषि थोड़े मितभाषी हैं। वे इस सम्बन्ध में आश्वस्त होना चाहते हैं कि उनके शिष्यों की प्रवृत्ति भोगवादी नहीं अपितु आध्यात्मिक है।[1] आध्यात्मिक शिक्षा को आत्मसात् करने के लिए हमारी प्रवृत्ति आध्यात्मिक होनी चाहिए।

उपनिषदों में 'ओम्' का गुह्य महत्त्व बताया गया है, 'तज्जलान्' जैसे रहस्यवादी शब्दों का, जो केवल इस विद्या में दीक्षित लोगों की ही समझ में आ सकते हैं, स्पष्टीकरण किया गया है, तथा गुप्त मन्त्र और गुह्य सिद्धान्त दिए गए है। 'उपनिषद्' नाम एक ऐसे रहस्य के लिए पड़ गया जो केवल कुछ परखे हुए लोगों को ही बताया जाता था।[2] जब मनुष्य की अन्तिम नियति का प्रश्न उठाया गया तो याज्ञवल्क्य ने अपने शिष्य को अलग ले जाकर उसे धीरे से सत्य का उपदेश दिया।[3] छान्दोग्य उपनिषद् के अनुसार, पिता को अपने ज्येष्ठ पुत्र या

1. तुलना करें, प्लेटो : "इस विश्व के पिता और स्रष्टा का पता लगाना एक टेढ़ी खीर है; और उसका पता चल जाता है तो उसकी चर्चा सब लोगों के आगे नहीं की जा सकती।"—'टिमेयस'।
2. 'गुह्या आदेशाः—छांदोग्य उप., 3.52। 'परमं गुह्यम्'—कठ., 1.3.17। 'वेदान्ते परमं गुह्यमं'—श्वेता. उप., 6.22।
   'वेदगुह्यम्, वेदगुह्योपनिषत्सु गूढम्'—श्वेता. उ., 5.6।
   'गुह्यलमम्'—मैत्री, 6.29।
   'अभयं वै ब्रह्म भवति य एवं वेद, इति रहस्यम्'—नृसिंहोत्तरतापनी उ., 8।
   'धर्मे रहस्युपनिषत् स्यात्'—अमरकोश।
   'उपनिषदं रहस्यं यच्चिन्त्यम्'—केन उ., 4.7 पर शंकर। केवल दीक्षित व्यक्ति को बताने योग्य रहस्यों को गुप्त रखने का आदेश ऑरफिकों और पाइथागोरियनों में भी मिलता है।
3. बृहद् उप., 3.2.13।

विश्वस्त शिष्य को ही ब्रह्मविद्या सिखानी चाहिए—अन्य किसी को नहीं, चाहे वह उसके बदले में उसे सागरों से घिरी और रत्नों से भरी समस्त पृथ्वी ही क्यों न दे रहा हो।[1] बहुत जगह यह कहा गया है कि गुरु बारंबार प्रार्थना की जाने पर और कड़ी परीक्षा के बाद ही गुह्य ज्ञान का उपदेश देता है।

शंकर 'उपनिषद्' शब्द की व्युत्पत्ति 'सद्' धातु से मानते हैं, जिसका अर्थ मुक्त करना, पहुँचना या नष्ट करना होता है। यह एक विशेष्य है जिसमें 'उप' और 'नि' उपसर्ग और 'क्विप्' प्रत्यय लगे हैं।[2] यदि यह व्युत्पत्ति मान लीजिए तो 'उपनिषद्' का अर्थ होगा ब्रह्मज्ञान, जिसके द्वारा अज्ञान से मुक्ति मिलती है या वह नष्ट हो जाता है। जिन ग्रंथों में ब्रह्मज्ञान की चर्चा रहती है वे उपनिषद् कहलाते हैं और इसलिए वेदान्त माने जाते हैं। विभिन्न व्युत्पत्तियों से यही निष्कर्ष निकलता है कि उपनिषदें हमें आध्यात्मिक अन्तर्दृष्टि और दार्शनिक तर्क-प्रणाली, दोनों प्रदान करती हैं।[3] इनमें बीज रूप से एक ऐसी असंदिग्धता निहित है जो अवर्णनीय है और केवल एक विशिष्ट जीवन-प्रणाली से ही समझी जा सकती है। केवल निजी प्रयास से ही सत्य तक पहुँचा जा सकता है।

3
संख्या, काल और रचयिता

उपनिषद् ऐसा साहित्य है जो आदिकाल से विकसित हो रहा है। इनकी संख्या दो सौ से अधिक है, यद्यपि भारतीय परम्परा एक सौ आठ ही उपनिषदें मानती है।[4] शाहज़ादा दाराशिकोह के संग्रह में, जिसका फारसी में अनुवाद (1656-57) हुआ और फिर एन्क्वेटिल डुपेरोन द्वारा 'औपनिखत' नाम से लैटिन में अनुवाद

---

1. 3.11.5; बृहद् उप., 3.2.13।
2. कठ की भूमिका। तैत्तिरीय उपनिषद् के अपने भाष्य में वे कहते हैं, 'उपनिपन्नं वा अस्याम् परं श्रेय इति।'
3. ओल्डनबर्ग का विचार है कि 'उपनिषद्' का वास्तविक अर्थ पूजा है, जैसा कि उपासना शब्द से प्रकट होता है। उपासना उपास्य के साथ अभिन्नता स्थापित करती है। देखें कीथ—'द रिलीजन एण्ड फिलॉसोफी ऑव द वेद एण्ड द उपनिषद्स' (1925), पृष्ठ 492।
4. देखें मुक्तिका उप., जहां यह कहा गया कि एक सौ आठ उपनिषदों के अध्ययन से मुक्ति प्राप्त की जा सकती है। 1.30-39।

(1801 और 1802) किया गया, लगभग पचास उपनिषदें शामिल थीं। कोलब्रुक के संग्रह में बावन उपनिषदें थीं, और यह नारायण की सूची (1400 ई.) पर आधारित था। मुख्य उपनिषदें दस कही जाती हैं। शंकर ने ईश, केन, कठ, प्रश्न, मुण्डक, माण्डूक्य, तैत्तिरीय, ऐतरेय, छांदोग्य, बृहद्-आरण्यक और श्वेताश्वतर—इन ग्यारह उपनिषदों का भाष्य किया है। ब्रह्मसूत्र पर अपने भाष्य में वे कौशीतकी, जाबाल, महानारायण और पैंगल उपनिषदों का भी उल्लेख करते हैं। मैत्रायणीय या मैत्री उपनिषद् सहित ये मुख्य उपनिषदें हो जाती हैं। रामानुज इन सब उपनिषदों तथा सुबाल और चूलिका का भी उपयोग करते हैं। उन्होंने गर्भ, जाबाल और महा-उपनिषदों का भी उल्लेख किया है। विद्यारण्य ने अपने 'सर्वोपनिषद् अर्थानुभूतिप्रकाश' में जिन बारह उपनिषदों की व्याख्या की है उनमें नृसिंहोत्तरतापनी उपनिषद् भी शामिल है। अन्य उपनिषदें जो मिलती हैं वे दार्शनिक से अधिक धार्मिक हैं। उनका सम्बन्ध वेद से उतना नहीं है जितना कि पुराण और तन्त्र से है। वे वेदान्त, योग अथवा सांख्य का गुणगान करती हैं या शिव, शक्ति अथवा विष्णु की पूजा की प्रशंसा करती हैं।[1]

---

1. परन्तु अधिक पुरानी या मूल उपनिषदों के विषय में काफी विवाद है। मैक्समूलर ने शंकर द्वारा उल्लिखित ग्यारह उपनिषदों तथा 'मैत्रायणीय' का अनुवाद किया। ड्यूसेन ने यद्यपि साठ उपनिषदों का अनुवाद किया, पर उनके विचार से उनमें से चौदह ही मूल उपनिषदें हैं और उनका वैदिक शाखाओं से सम्बन्ध है। ह्यूम ने मैक्समूलर द्वारा चुनी गई बारह उपनिषदों तथा 'माण्डूक्य' का अनुवाद किया। कीथ ने अपने 'रिलीजन एण्ड फिलॉसोफी ऑव द वेद एण्ड द उपनिषद्स' में 'महानारायण' को सम्मिलित किया है। उनकी चौदह उपनिषदों की सूची ड्यूसेन की सूची से मिलती है।

   उपनिषदों के अंग्रेज़ी अनुवाद इस क्रम से प्रकाशित हुए हैं : राममोहन राय (1832), रोअर (1853), ('बिब्लियोथेका इंडिका') मैक्समूलर (1879-1884), 'सेक्रेड बुक्स ऑफ द ईस्ट' मीड और चट्टोपाध्याय (1896, लंदन थियोसोफिकल सोसाइटी), सीताराम शास्त्री और गंगानाथ झा (1898-1901), (जी. ए. नटेसन, मद्रास), सीतानाथ तत्त्वभूषण (1900), एस. सी. वसु (1911), आर. ह्यूम (1921)। ई. बी. कोवेल, हिरियन्न, द्विवेदी, महादेव शास्त्री और श्री अरविन्द ने कुछ उपनिषदों के अनुवाद प्रकाशित किए हैं।

   मुख्य उपनिषदों पर शंकर के भाष्यों के अंग्रेज़ी अनुवाद भी उपलब्ध हैं। उनकी व्याख्याओं में अद्वैत का दृष्टिकोण है। रंगरामानुज ने उपनिषदों के अपने भाष्यों में रामानुज का दृष्टिकोण अपनाया है। मध्व के भाष्यों में द्वैत दृष्टिकोण हैं। उनके भाष्यों के उद्धरण पाणिनि ऑफिस, इलाहाबाद से प्रकाशित उपनिषदों के संस्करण में मिलते हैं।

आधुनिक आलोचक आमतौर पर यह मानते हैं कि गद्य में लिखी प्राचीन उपनिषदें—ऐतरेय, कौशीतकी, छान्दोग्य, केन, तैत्तिरीय और बृहद्-आरण्यक तथा ईश और कठ उपनिषदें—ईसापूर्व आठवीं और सातवीं शताब्दियों की हैं। ये सब बुद्ध से पहले की हैं। इनमें वेदान्त अपने विशुद्ध मूलरूप में मिलता है और ये विश्व की सबसे प्रारम्भिक दार्शनिक रचनाएँ हैं। इन उपनिषदों का रचना-काल 800 से 300 ई. पू. है, जिसे कार्ल जैस्पर्स विश्व का धुरी युग कहते हैं। उस समय मनुष्य ने पहली बार यूनान, चीन और भारत में एक साथ और स्वतंत्र रूप से जीवन के परंपरागत रूप पर शंका प्रकट की थी।

भारत का प्रायः समूचा प्रारम्भिक वाङ्मय ही क्योंकि अज्ञात लेखकों की रचना है, इसलिए हमें उपनिषदों के रचयिताओं के नाम भी ज्ञात नहीं हैं। उपनिषदों के कुछ मुख्य विचार आरुणि, याज्ञवल्क्य, बालाकि, श्वेतकेतु, शांडिल्य जैसे सुप्रसिद्ध ऋषियों के नामों से जुड़े हैं। वे सम्भवतः उन विचारों के, जो उनके बताए गए हैं, प्रारम्भिक व्याख्याता थे। इन शिक्षाओं का विकास 'परिषदों' में हुआ था, जहाँ गुरु और शिष्य विभिन्न मतों पर विचार-विमर्श कर उनकी व्याख्या किया करते थे।

वेद का एक भाग होने से उपनिषदों का सम्बन्ध श्रुति या प्रकट हुए साहित्य से है। ये सनातन कालातीत हैं। ऐसा कहा जाता है कि इनमें निहित सत्य ईश्वर के मुख से निकले हैं या ऋषियों द्वारा देखे गए हैं। ये उन महात्माओं के वचन हैं जो अपने पूर्ण ज्ञानोद्दीप्त अनुभव के आधार पर बोलते हैं। इन सत्यों को साधारण प्रत्यक्ष ज्ञान, अनुमान या चिन्तन द्वारा प्राप्त नहीं किया गया है,[1] अपितु ऋषियों को इनका 'दर्शन' हुआ है, जिस प्रकार कि हम ग्रीष्मकालीन आकाश में रंगों के वैभव और विलास का अनुमान नहीं बल्कि दर्शन करते हैं। ऋषियों में अपने इस दिव्यदर्शन के बारे में विश्वास और अधिकार की वैसी ही अनुभूति है जैसी कि हममें अपने शारीरिक प्रत्यक्ष ज्ञान के बारे में होती है। ऋषि ऐसे लोग हैं जिन्होंने साक्षात् दर्शन किया है। यास्क के शब्दों में वे 'साक्षात्कृतधर्माणः'हैं, और उनके अनुभवों का लेखा ऐसा तथ्य है जिस पर कोई भी धार्मिक दर्शन विचार कर सकता है। ऋषियों को जिन सत्यों का दर्शन हुआ है वे मात्र अन्तर्निरीक्षण के विवरण नहीं हैं, जो कि विशुद्ध रूप से व्यक्तिपरक होते हैं। अंतःप्रेरित ऋषि यह घोषणा करते हैं कि जिस ज्ञान को वे प्रदान कर रहे हैं उसका उन्होंने स्वयं आविष्कार नहीं

1. इनका सम्बन्ध उन विषयों से है जिन्हें प्रत्यक्ष ज्ञान और अनुमान से जाना नहीं जा सकता। 'अप्राप्ते शास्त्रमर्थवत्' मीमांसासूत्र, 1. 1. 5।

किया है। वह उनके आगे बिना उनके प्रयत्न के प्रकट हुआ है।[1] यद्यपि इस ज्ञान का ऋषि को अनुभव हुआ है, पर यह एक निरपेक्ष सत्य का अनुभव है जो उसकी चेतना पर आघात करता है। अनुभवकर्ता की आत्मा पर सत्य का धक्का लगता है। इसीलिए इसे उस 'सर्वथा अन्य' का साक्षात् उद्घाटन, दिव्यदर्शन कहा गया है। उपनिषद्, प्रतीक शैली का प्रयोग करते हुए, दिव्यदर्शन को हमारे ऊपर छोड़ा गया ईश्वर का निश्वास कहते हैं। "यह जो ऋग्वेद है, यह उस महान सत्ता का निश्वास है।"[2] दिव्यशक्ति की तुलना जीवनदायी श्वास से की गई है। यह एक ऐसा बीज है जो मानव-आत्मा को उर्वर कर देता है, एक ऐसी शिखा है जो उसके सूक्ष्मतम तन्तुओं तक को प्रज्वलित कर देती है। यह बात काफी मनोरंजक है कि बृहद्-आरण्यक उपनिषद् न केवल वेदों अपितु इतिहास, विज्ञान और अन्य विद्याओं के विषय में भी यह कहती है कि वे "परमेश्वर के मुख से निकलीं हैं।"[3]

वेदों की रचना ऋषियों ने अंतःप्रेरणा की स्थिति में की थी। उन्हें जो प्रेरणा देता है वह ईश्वर है।[4] सत्य अपौरुषेय और नित्य है। अंतःप्रेरणा एक संयुक्त प्रक्रिया है और मनुष्य की ध्यानावस्था तथा ईश्वरप्रदत्त दिव्यज्ञान उसके दो पक्ष हैं। श्वेताश्वतर उपनिषद् कहती है कि ऋषि श्वेताश्वतर ने अपने तप के प्रभाव

---

1. 'पुरुषप्रयत्नं बिना प्रकटीभूत' शंकर।
2. बृहद् उप., 2. 1. 10; मुण्डक उप., 2. 1. 6; ऋग्वेद, 10. 90. 9।
3. 1. 2. 4. 10। नैयायिकों का कहना है कि वेदों की रचना ईश्वर ने की है, जबकि मीमांसकों का यह मत है कि उनकी मनुष्य या ईश्वर किसी के भी द्वारा रचना नहीं हुई है, ध्वनियों के रूप में वे अनादिकाल से विद्यमान हैं। सम्भवतः इस कथन का यह अभिप्राय है कि शाश्वत सत्य अनादिकाल से अनन्तकाल तक विद्यमान रहते हैं। अरस्तू धर्म के मूल सत्यों को शाश्वत और अविनाशी मानते हैं।
4. पैगम्बरों के संबंध में ऐथेनागोरस कहते हैं : "दैवी शक्ति के प्रभाव से अभिभूत हो जाने और तर्क की स्वाभाविक शक्तियों के गायब हो जाने पर, वे वही बोलते थे जो उनमें भर दिया गया होता था। वह शक्ति उन्हें अपने वाद्ययन्त्र की तरह प्रयुक्त करती थी, जैसे कि बाँसुरी बजानेवाला बाँसुरी में फूँक मारता है।"—एपोल., 9।

   तुलना करें, "फिर भी, जब सत्य की दिव्यशक्ति का आगमन होगा तो वह तुम्हें पूर्ण सत्य की ओर निर्देशित करेगी। क्योंकि तब वह स्वयं अपनी इच्छा से नहीं बोलेगा, बल्कि जो कुछ भी सुनेगा वही वह बोलेगा।"—जॉन, 16. 13।

और ईश्वर की कृपा से सत्य का दर्शन किया।[1] यहाँ दिव्यज्ञान के व्यक्तिपरक और वस्तुनिष्ठ रूप को दिखाकर उसका दुहरा महत्त्व बताया गया है।

उपनिषदें व्यवस्थित चिन्तन से अधिक आत्मिक आलोक के साधन हैं। ये हमारे आगे अमूर्त दार्शनिक पदार्थों का संसार नहीं, अपितु अमूल्य और अनेक प्रकार के आत्मिक अनुभव का संसार उद्घाटित करती हैं। इनके सत्यों की पुष्टि केवल तर्कबुद्धि से नहीं बल्कि निजी अनुभव से होती है। इनका लक्ष्य काल्पनिक नहीं, व्यावहारिक है। ज्ञान मुक्ति का साधन है। एक विशिष्ट जीवन-प्रणाली द्वारा ज्ञान का अनुसरण ही दर्शन, ब्रह्मविद्या है।

4
वेदान्त के रूप में उपनिषदें

आरम्भ में वेदान्त का अर्थ उपनिषद था, यद्यपि अब इस शब्द का प्रयोग उस विशेष दर्शन के लिए होता है जो उपनिषदों पर आधारित है। वेदान्त का शाब्दिक अर्थ 'वेदस्य अन्तः' अर्थात् वेदों का उपसंहार तथा लक्ष्य है। उपनिषदें वेदों के अन्तिम अंश हैं। कालक्रम के अनुसार, ये वैदिक काल के अन्त में आती हैं। उपनिषदों में क्योंकि दर्शन की मौलिक समस्याओं पर गूढ़ और कठिन विचार-विमर्श होता है, इसलिए वे शिष्यों को उनके पाठ्यक्रम के प्रायः अन्त में पढ़ाई जाती थीं। धार्मिक अनुष्ठान के रूप में जब हम वेदपाठ करते हैं तो उस पाठ की समाप्ति आमतौर पर उपनिषदों के पाठ से होती है। उपनिषदों के वेदान्त कहलाने का मुख्य कारण यह है कि वेद की शिक्षा का प्रधान उद्देश्य और अभिप्राय उपनिषदों में ही मिलता है।[2] उपनिषदों का विषय वेदान्त-विज्ञान है।[3] संहिताओं और ब्राह्मणों में, जो सूक्तों और पूजा-पद्धतियों के ग्रन्थ हैं, वेद का कर्मकांड भाग आता है, जबकि उपनिषदों में ज्ञानकांड भाग है। सूक्तों का अध्ययन और धार्मिक कृत्यों का

---

1. 6. 21।
2. "तिलेषु तैलवद् वेदे वेदान्तः सुप्रतिष्ठितः—मुक्तिका उप., 1. 9। और, "वेदा ब्रह्मात्मविषया"—भागवत्, 11. 21. 35। "आत्मैकत्वविद्याप्रतिपत्तये सर्वे वेदान्ता आरभ्यन्ते"—ब्रह्मसूत्र पर शंकरभाष्य की भूमिका। "वेदान्तो नाम उपनिषत् प्रभाणम्।" वेदान्तसार।
3. मुण्डक उप., 3. 2. 6। श्वेताश्वतर उप. कहती है कि परम रहस्य वेदान्त में है—"वेदान्ते परमं गुह्यम्", 6. 22।

अनुष्ठान वास्तविक ज्ञानोदय की तैयारी है।[1]

उपनिषदों में हमें आध्यात्मिक जीवन का वर्णन मिलता है, जो भूत, वर्तमान और भविष्य में सदा एक-सा है। परन्तु आध्यात्मिक जीवन का हमारा बोध वे प्रतीक, जिनसे हम उसे व्यक्त करते हैं, समय के साथ बदलते रहते हैं। धर्मपरायण भारतीय विचारधारा की सभी शाखाएं वेदों की प्रामाणिकता को स्वीकार करती हैं,[2] परन्तु वे उनकी व्याख्या में स्वतन्त्रता बरतती हैं। उनकी व्याख्या में यह विविधता इसलिए सम्भव है कि उपनिषदें किसी एक दार्शनिक अथवा एक ही परम्परा का अनुसरण करनेवाले किसी एक दार्शनिक सम्प्रदाय के विचार नहीं हैं। ये ऐसे विचारकों के उपदेश हैं जो दार्शनिक समस्याओं के विभिन्न पहलुओं में रुचि रखते थे। इसीलिए ये ऐसी समस्याओं का समाधान प्रस्तुत करती हैं जो रुचि और महत्त्व की दृष्टि से विभिन्न प्रकार की हैं। इस तरह इनके चिन्तन में कुछ तरलता है, जिसका उपयोग विभिन्न दार्शनिक मतों के विकास के लिए किया गया है। व्यंजनाओं और कल्पनाओं का इनमें जो भण्डार है उसमें से विभिन्न विचारक अपने-अपने मत के निर्माण के लिए तत्त्व चुन लेते हैं, और इसके लिए प्रायः मूल पाठ तक खींचातानी करते हैं। उपनिषदों से यद्यपि अध्यात्मविद्या के किसी एक ऐसे मत की स्थापना नहीं होती जिसमें युक्तियुक्त रूप से पूर्ण सामंजस्य हो, पर ये हमें कुछ मौलिक विचार देती हैं, जो प्रारम्भिक उपनिषदों की शिक्षा का सार हैं। ये विचार ब्रह्मसूत्र में सूत्ररूप में दोहराए गए हैं।

ब्रह्मसूत्र उपनिषदों की शिक्षा का संक्षिप्त सार है, और वेदान्त के महान आचार्यों ने इस ग्रन्थ पर भाष्य रचकर उनसे अपने-अपने विशिष्ट मत विकसित किए हैं। ये सूत्र संक्षेप शैली में हैं और व्याख्या के बिना मुश्किल से ही समझ में आते हैं। आचार्य इनकी व्याख्या करके अपने मतों को तार्किक बुद्धि के लिए न्यायसंगत सिद्ध करते हैं।

विभिन्न भाष्यकारों ने उपनिषदों और ब्रह्मसूत्र में एक एकाकी सुसंगत सिद्धान्त, एक ऐसी विचारधारा को खोजने का प्रयत्न किया है जो अंतर्विरोधों से मुक्त हो। भर्तृप्रपंच का, जो शंकर के पूर्ववर्ती हैं, यह मत है कि जीवात्माएं और भौतिक जगत् वास्तविक हैं, यद्यपि वे ब्रह्म से सर्वथा भिन्न नहीं हैं। वे ब्रह्म से अभिन्न भी हैं और भिन्न भी हैं, और तीनों मिलकर विविधता में एकता की

---

1. छान्दोग्य और बृहद्-आरण्यक उपनिषदों की अधिकतर सामग्री वस्तुतः 'ब्राह्मणों' से सम्बन्ध रखती है।
2. बौद्ध और जैन तक उपनिषदों की शिक्षा को स्वीकार करते हैं, यद्यपि वे उनकी अपने-अपने ढंग में व्याख्या करते हैं। देखें, धम्मपद की भूमिका और विशेषावश्यक भाष्य, यशोविजय जैन ग्रंथमाला, संख्या 35।

स्थापना करते हैं। परम तत्त्व का विकास जगत् की सृष्टि में होता है और प्रलय के समय जगत् पुनः उसी में आ सिमटता है।[1]

शंकर का अद्वैत सिद्धान्त अद्वैत ब्रह्म की इन्द्रियातीतता पर तथा जगत् और उसके नियन्ता ईश्वर के द्वैत पर ज़ोर देता है। सत्य ब्रह्म या आत्मा है। ब्रह्म का निरूपण संभव नहीं है, क्योंकि निरूपण के लिए द्वैतभाव आवश्यक है और ब्रह्म हर प्रकार के द्वैत से मुक्त है। द्वैत जगत् अनुभवजन्य या प्रत्यक्ष है। उद्धारक सत्य, जो जीव को जन्म और मरण के चक्र से छुटकारा दिलाता है, ब्रह्म के साथ अपनी अभिन्नता का ज्ञान है। 'तत् त्वम् असि' समस्त सत्ता का आधारभूत तथ्य है।[2] जगत् की विविधता, जीवन का अनन्त प्रवाह केवल एक दृश्य के रूप में ही वास्तविक है।

रामानुज पुरुषविध ईश्वर को सर्वोच्च सिद्ध करने के लिए अद्वैत दर्शन में सुधार करते हैं। ब्रह्म, जीवात्माएं और जगत्—ये सब भिन्न और नित्य हैं, परन्तु साथ ही अविभाज्य हैं।[3] अविभाज्यता अभिन्नता नहीं है। ब्रह्म का इन दोनों से उसी तरह का सम्बन्ध है जैसा कि आत्मा का शरीर से है। ब्रह्म इन्हें कायम रखता है और इन पर नियन्त्रण रखता है। रामानुज का कहना है कि ईश्वर का अस्तित्व अपने लिए है, जबकि पदार्थ और जीवात्माओं का अस्तित्व ईश्वर के लिए है और वे उसका उद्देश्य पूरा करते हैं। तीनों के मेल से एक संगठित पूर्णता बनती है। ब्रह्म जीवात्माओं और जगत् का प्रेरक तत्त्व है। जीवात्माएं ईश्वर से भिन्न हैं, किन्तु स्वतंत्र नहीं हैं। उन्हें एक केवल इस अर्थ में कहा गया है कि वे सब एक ही वर्ग की हैं। लक्ष्य नारायण के लोक में मुक्ति और आनंद अनुभव करना है और उसका उपाय प्रपत्ति या भक्ति है। जीवात्माएं अपनी भक्ति के प्रभाव और ईश्वर की कृपा से जब मुक्त हो जाती हैं तब भी अपनी पृथक् सत्ता रखती हैं। उनके और मध्व के अनुसार, दया का सागर ईश्वर उन सबका उद्धार करता है जो उसकी प्रेम और श्रद्धा से उपासना करते हैं।

मध्य के अनुसार, (1) ईश्वर का जीवात्मा से भेद, (2) ईश्वर का पदार्थ से भेद, (3) जीवात्मा का पदार्थ से भेद, (4) एक जीवात्मा का दूसरी जीवात्मा से भेद, और (5) पदार्थ के एक अणु का दूसरे अणु से भेद—ये पांच भेद नित्य हैं। सर्वगुण सम्पन्न परमसत्ता विष्णु कहलाती है, और लक्ष्मी उसकी शक्ति है जो उसके अधीन है। मोक्ष पुनर्जन्म से छुटकारा और नारायण के लोक में वास है। मानव आत्माएं असंख्य हैं और उनमें से प्रत्येक पृथक् और नित्य है। दिव्य आत्माएं मुक्ति

1. देखें, 'इण्डियन एण्टीक्वेरी' (1924), पृ. 77-86।
2. छान्दोग्य उप., 6. 8. 7; बृहद् उप., 1. 4. 10।
3. 'अपृथक्सिद्ध'।

प्राप्त करके रहती हैं। जो न बहुत अच्छी और न बहुत बुरी होती हैं वे संसार को भोगती हैं; और जो बुरी होती हैं वे नरक में जाती हैं। ईश्वर का यथार्थ ज्ञान और उसकी भक्ति मुक्ति के साधन हैं। ईश्वर की कृपा के बिना मुक्ति असम्भव है।[1]

बलदेव 'अचिन्त्यभेदाभेद' मत को स्वीकार करते हैं। भेद और अभेद अनुभव सिद्ध सुनिश्चित तथ्य हैं, फिर भी उनमें ऐक्य स्थापित नहीं किया जा सकता। यह विरोधी भावों का एक अज्ञेय, अचिन्त्य संश्लेषण है। रामानुज, भास्कर, निम्बार्क और बलदेव का यह विचार है कि ब्रह्म में परिवर्तन चलता है, पर ब्रह्म स्वयं परिवर्तित नहीं होता।[2]

5

वेदों से सम्बन्ध : ऋग्वेद

महान लेखक तक, जिनमें अन्तःप्रेरणा प्रचुर मात्रा में होती है, अपने वातावरण की उपज होते हैं। वे अपने युग के गहनतम विचारों को वाणी देते हैं। विद्यमान विचारधाराओं का पूर्णतया परित्याग मनोवैज्ञानिक रूप से असम्भव है। ऋग्वेद के रचयिता प्राचीन पथ-निर्माताओं का उल्लेख करते हैं।[3] जब मन में जागृति आती है तो पुराने प्रतीकों की नये ढंग से व्याख्या की जाती है।

भारतीय प्रतिभा की यह एक अपनी विशेषता रही है कि वह जनसाधारण के विश्वासों को डिगाती नहीं है, बल्कि उन्हें क्रमशः उन विश्वासों के उत्तरोत्तर गहरे दार्शनिक अर्थ की ओर ले जाती है। उपनिषदें इसी रीति का अनुसरण करती हुई वैदिक विचारों और प्रतीकों को विकसित करती हैं और, जहाँ आवश्यकता होती है वहाँ, उन्हें नये अर्थ देती हैं जिनसे उनकी औपचारिकता दूर हो जाती है। उपनिषदों की शिक्षाओं के समर्थन में वेदों से प्रायः उद्धरण दिए जाते हैं।

उपनिषदों का चिन्तन ब्राह्मणों के कर्मकाण्ड-सम्बन्धी सिद्धान्तों की तुलना में प्रगति का सूचक है, जबकि ब्राह्मण स्वयं ऋग्वेद के मंत्रों से तत्त्वतः भिन्न हैं। इस लम्बे विकासक्रम ने काफी समय लिया होगा। ऋग्वेद के बृहद् कलेवर के बनने में भी खासा समय लगा होगा, क्योंकि हमें यह स्मरण रखना चाहिए कि जो कुछ आज बचा है, वह लुप्त हो गए का शायद एक लघु भाग है।[4]

1. "मोक्षश्च विष्णुप्रसादेन विना न लभ्यते"—विष्णुतत्त्वनिर्णय।
2. देखें, इण्डियन फिलासॉफी, खंड 2, पृ. 751-65; भगवद्गीता, पृ. 15-20
3. 'इदं नम ऋषिभ्यः पूर्वजेभ्यः पूर्वेभ्यः पथिकृद्भ्यः। 10.14.15.।
4. 'वैदिक युग में विद्यमान धार्मिक और लौकिक काव्य का सौवां भाग भी आज हमें उपलब्ध→

भारतीय और यूरोपीय लोगों की नस्ली समानताओं के बारे में चाहे सच्चाई कुछ भी हो, पर इसमें सन्देह नहीं कि हिन्द-यूरोपीय भाषाएं एक समान स्रोत से निकली हैं और मानसिक सजातीयता को प्रकाशित करती हैं संस्कृत[1] अपनी शब्दावली और विभक्तिमय रूपों में ग्रीक और लैटिन भाषाओं से अद्भुत समानता रखती है। सर विलियम जोन्स ने इसका समाधान इन सब भाषाओं का एक समान स्रोत बताकर किया है। 1786 में एशियेटिक सोसाइटी ऑव बंगाल के सम्मुख भाषण देते हुए उन्होंने कहा था : "संस्कृत भाषा चाहे कितनी ही पुरानी हो, पर इसकी गठन शानदार है। यह ग्रीक से अधिक निर्दोष, लैटिन से अधिक भरपूर और दोनों से कहीं अधिक परिष्कृत है। फिर भी उन दोनों के साथ इसकी धातुओं और व्याकरण के रूपों में इतनी समानता है कि वह आकस्मिक नहीं हो सकती। यह समानता वस्तुतः इतनी अधिक है कि इन भाषाओं की छानबीन करनेवाला कोई भी भाषाशास्त्री यह माने बिना नहीं रह सकता कि ये सब एक समान स्रोत से निकली हैं, जिसका सम्भवतः अब अस्तित्व नहीं रहा है। इसी तरह का एक कारण, यद्यपि वह उतना ज़ोरदार नहीं है, यह मानने के लिए भी है कि गॉथिक और कैल्टिक दोनों भाषाएं, एक विभिन्न वाग्भंगी से मिश्रित होते हुए भी, उसी स्रोत से निकली हैं जिससे कि संस्कृत निकली है। और प्राचीन् फारसी को भी उसी परिवार में जोड़ा जा सकता है।"

हिन्द-यूरोपीय साहित्य का सबसे प्राचीन स्मारक ऋग्वेद हैं।[2] 'वेद' शब्द

→है, यह हम दावे के साथ नहीं कह सकते।" मैक्समूलर, 'सिक्स सिस्टम ऑव इण्डियन फिलासोफी" (1899), पृ. 41।

1. 'संस्कृत'—पूर्णतया निर्दोष बनाई हुई बोली।
2. 'वेद में जो इतनी रुचि ली जाती है उसके दो कारण हैं : इसका सम्बन्ध विश्व-इतिहास से है और भारतीय इतिहास से है। विश्व-इतिहास में यह एक ऐसी खाई को पूरा करता है जिसे किसी भी अन्य भाषा का कोई साहित्यिक ग्रंथ पूरा नहीं कर पाया था। यह हमें पीछे के उस काल में ले जाता है जिसका हमारे पास कहीं कोई रिकार्ड नहीं है, और मनुष्यों की एक ऐसी पीढ़ी के खुद अपने शब्दों को हमारे सामने रखता है, जिसके विषय में हम अन्यथा कल्पनाओं और अनुमानों के सहारे बस बहुत ही धुँधला अन्दाज़ा लगा पाते। जब तक मनुष्य अपनी नस्ल के इतिहास में रुचि लेता रहेगा और जब तक हम पुस्तकालयों और संग्रहालयों में प्राचीन युगों के अवशेषों का संग्रह करते रहेंगे, तब तक मानव-जाति की आर्यशाखा का लेखा-जोखा रखनेवाली पुस्तकों की लम्बी पांत में पहला स्थान सदा ऋग्वेद को ही मिलेगा।" मैक्समूलर—'एंशियेंट हिस्ट्री ऑव संस्कृत लिटरेचर,' (1895),→

विद्–जानना–धातु से बना है और उसका अर्थ है सर्वोच्च ज्ञान, पवित्र ज्ञान। गौण कारणों, निर्मित विवरणों का ज्ञान विज्ञान कहलाता है, जबकि प्रधान कारणों, अनिर्मित तत्त्व का ज्ञान सर्वोच्च ज्ञान है। वेद भगवद्गीता की तरह एक एकाकी साहित्यिक कृति नहीं है, और न बौद्धों की 'त्रिपिटक' या ईसाइयों के 'बाइबिल' की तरह किसी विशिष्ट समय पर संकलित किया गया अनेक ग्रंथों का संग्रह ही है। यह तो ऐसा वाङ्मय है जिसकी रचना अनेक शताब्दियों में हुई है और जो मौखिक रूप में एक पीढ़ी से दूसरी पीढ़ी को प्राप्त होता रहा है। जब पुस्तकें नहीं थीं, तब स्मृति खूब तेज़ और परम्परा काफी कड़ी थी। इस साहित्य को सुरक्षित रखने की आवश्यकता पर ज़ोर देने के लिए वेद को दिव्यज्ञान घोषित कर दिया गया था। अपनी प्राचीनता और विषयवस्तु के अपने वैशिष्ट्य और महत्त्व के कारण यह अपने-आप पवित्र माना जाने लगा। तब से यह भारतीयों के चिंतन और भावना का मापदंड बन गया है।

वेद नाम, जिसका अर्थ ज्ञान है, अन्वेषण की सच्ची भावना का अभिव्यंजक है। वैदिक ऋषियों ने जो मार्ग अपनाया, वह अन्वेषकों और जिज्ञासुओं का मार्ग था। जिन प्रश्नों की वे छानबीन करते हैं वे दार्शनिक प्रश्न हैं। ''यह सृष्टि कहां पैदा हुई और कहां से आई, यह वस्तुतः कौन जानता है और कौन बता सकता है? देवता इस जगत् की उत्पत्ति के बाद हुए हैं। फिर यह कौन जानता

→पृ. 63। रैगोज़िन के अनुसार, ऋग्वेद ''निःसंदेह आर्यजाति-परिवार का सबसे प्राचीन ग्रंथ है।''–'वैदिक इंडिया' (1895), पृ. 114।

विण्टरनिट्ज़ लिखते हैं : ''यदि हम अपनी निजी संस्कृति के आरम्भ को जानना और समझना चाहते हैं, यदि हम प्राचीनतम हिन्द-यूरोपीय संस्कृति को समझना चाहते हैं, तो हमें भारत जाना चाहिए, जहाँ एक हिंद यूरोपीय जाति का सबसे प्राचीन साहित्य सुरक्षित है। क्योंकि भारतीय साहित्य की प्राचीनता के प्रश्न पर चाहे हमारा कुछ भी मत हो, यह बात निर्विवाद कही जा सकती है कि भारतीयों के साहित्य का जो प्राचीनतम स्मारक है वह हिन्द-यूरोपीय साहित्य का भी अभी तक उपलब्ध प्राचीनतम स्मारक है।''–'ए. हिस्ट्री ऑव इंडियन लिटरेचर', अंग्रेज़ी अनुवाद खंड 1 (1927), पृ. 6। और देखें ब्लूमफील्ड–'द रिलीजन ऑव द वेद' (1908), पृ. 17। वे कहते हैं कि ऋग्वेद न केवल 'भारत का सबसे प्राचीन साहित्यिक स्मारक' है, बल्कि 'हिंद-यूरोपीय जातियों का सबसे प्राचीन साहित्यिक दस्तावेज़' भी है। डॉक्टर निकोल मेक्निकोल के अनुसार, ''यह साहित्य यूनान और इज़राइल, दोनों के साहित्य से पुराना है, और जिन्होंने इसमें अपनी उपासना को अभिव्यक्ति दी थी उनकी सभ्यता के ऊंचे स्तर को प्रकट करता है।'' देखें उनकी पुस्तक 'हिंदू स्क्रिप्चर्स' (1938), पृ. 14।

है कि पहले-पहल यह अस्तित्व में कहां से आया?"[1] सायण के अनुसार, वेद वह ग्रन्थ है जो इष्ट की प्राप्ति और अनिष्ट को रोकने का अलौकिक उपाय बताता है।[2]

वेद चार हैं : ऋग्वेद जिसमें मुख्यरूप से स्तुतियाँ हैं; यजुर्वेद, जिसमें यज्ञों की विधियों का वर्णन है; सामवेद, जिसमें गीतों की चर्चा है : और अथर्ववेद, जिसमें बहुत सारे जादू-टोने हैं। प्रत्येक के चार विभाग हैं : (1) संहिता, अर्थात् मंत्रों, प्रार्थनाओं, स्वस्तिवाचन, यज्ञविधियों और प्रार्थना-गीतों का संग्रह; (2) ब्राह्मण, अर्थात् गद्यलेख, जिनमें यज्ञों और अनुष्ठानों के महत्त्व पर विचार किया गया है; (3) आरण्यक, अर्थात् वनों में रचित ग्रंथ, जिनका कुछ भाग ब्राह्मणों के अंतर्गत और कुछ स्वतंत्र माना जाता है; और (4) उपनिषद्।

वेद से अभिप्राय उस समूचे साहित्य से है जो मन्त्र और ब्राह्मण—इन दो भागों से मिलकर बना है।[3] मंत्र की व्युत्पत्ति यास्क ने 'मनन', विचार करने से बताई है।[4] मंत्र वह है जिसके द्वारा ईश्वर का ध्यान किया जाता है। ब्राह्मण में उपासना का कर्मकांड के रूप में विस्तार है। ब्राह्मणों के कुछ अंश आरण्यक कहलाते है। जो ब्रह्मचारी रहकर अपना अध्ययन जारी रखते थे, वे अरण या अरणमान कहलाते थे। वे आश्रमों या वनों में रहते थे। वे वन जहाँ अरण रहते थे, अरण्य कहलाते थे। उनके विवेचन आरण्यकों के अंदर हैं।

यास्क ने याज्ञिकों, नैरुक्तों और ऐतिहासिकों द्वारा की गई वेदों की विभिन्न व्याख्याओं का उल्लेख किया है। 'बृहद् देवता' में भी, जो यास्क के 'निरुक्त' के बाद का है, वेदों की व्याख्याओं के सम्बन्ध में विभिन्न मतों का उल्लेख है। वह आत्मवादियों का उल्लेख करता है, जो वेदों का सम्बन्ध मनोवैज्ञानिक प्रक्रियाओं से जोड़ते हैं।

ऋग्वेद, जिसमें दस मंडलों में विभक्त 1, 017 सूक्त हैं, धार्मिक चेतना के विकास की सबसे प्रारम्भिक अवस्था का प्रतिनिधित्व करता है। उसमें पुरोहितों के आदेश उतने नहीं हैं जितने कि विश्व के विराट रूप और जीवन के अपार रहस्य से चमत्कृत कवि-मनों के उद्‌गार हैं। इन उल्लासपूर्ण सूक्तों में, जो प्रकृति के अद्‌भुत रूपों को देवत्व प्रदान करते हैं, जीवन के कौतुक के प्रति सीधे-सादे किंतु

---

1. 10. 129।
2. इष्टप्राप्त्यनिष्टपरिहारयोरलौकिकमुपायं यो ग्रंथो वेदयति स वेदः।'
3. मंत्रब्राह्मणयोर्वेदनामधेयम्''—'यज्ञपरिभाषा' में आपस्तम्ब।
4. निरुक्त, 7. 3. 6।

निश्छल मनों की प्रतिक्रियाएं चित्रित हैं। इनमें देवों[1]—सूर्य, सोम (चन्द्रमा), अग्नि, द्यौ (आकाश), पृथ्वी[2], मरुत् (झंझावात), वायु, अप्, (जल), उषा जैसे देवताओं—की उपासना है। इन्द्र, वरुण, मित्र, अदिति, विष्णु, पूषा, दो अश्विनीकुमार, रुद्र और पर्जन्य जैसे देवताओं का भी, जिनके नाम अब उतने सुस्पष्ट नहीं हैं, आरम्भ में प्राकृतिक व्यापारों से सम्बन्ध था। कभी-कभी ऐसे गुणों को भी जो प्राकृतिक व्यापारों के विशेष महत्त्वपूर्ण पहलुओं पर प्रकाश डालते हैं, स्वतंत्र देवता का पद प्राप्त हो गया है।[3] सवितृ (अर्थात् प्रेरक या जीवनदाता) और विवस्वत् (अर्थात् प्रकाशमान) पहले सूर्य के विशेषण और नाम थे। परंतु बाद में ये स्वतंत्र सूर्य-देवता हो गए। विभिन्न जन-जातियों द्वारा पूजे जानेवाले कुछ देवता वैदिक देवकुल में शामिल कर लिये गए थे। पूषा, जो आरम्भ में एक छोटी चरवाहा जन-जाति का सूर्य-देवता था, यात्रियों का रक्षक, सभी मार्गों को जाननेवाला देवता बन जाता है। श्रद्धा और मन्यु (क्रोध) जैसे कुछ देवताओं का आधार अमूर्त गुण है।[4] हमें ऋभु अर्थात् प्रेत, अप्सराएं, गन्धर्व अर्थात् वन या क्षेत्र देवता भी मिलते हैं।[5] असुर उत्तरकालीन वैदिक ग्रन्थों में देवताओं के शत्रु हो जाते हैं,

---

1. अमरकोश के अनुसार, देव अमर (अमराः) अजर (निर्जरा), सदा दीप्तिमान (देवाः), स्वर्ग में रहने वाले (त्रिदशाः), ज्ञानी (विबुधाः) और देवता (सुराः) हैं।
2. यूनानी देवमाला में, ज़ियस आकाश-पिता के रूप में पृथ्वी माता से आवश्यक रूप से जुड़ा हुआ है। देखें, ए. बी. कुक—ज़ियस' (1914), 1, पृ. 779।
3. प्राचीन यूनानियों ने प्राकृतिक तत्त्वों की विशेषताओं को देवत्व प्रदान कर उन्हें देवता के पद पर पहुँचा दिया। ऐपोलो सूर्य के रूप में चमकता था। बोरिअस पर्वत के विस्फोटों के रूप में गुर्राता था। ज़ियस तड़ित् के रूप में डराता था और वज्र के रूप में प्रहार करता था।
4. ऋग्वेद के दसवें मण्डल के सबसे बाद के सूक्तों में इनका उल्लेख है।
5. वैदिक भारतीय लिंग के उपासक नहीं थे। 'शिश्नदेवाः' ऋग्वेद, 7, 21. 5; 10. 99. 3) का अर्थ लिंग-उपासक नहीं है। यास्क का कहना है कि इससे अभिप्राय अब्रह्मचारियों से है 'शिश्नदेवा अब्रह्मचर्याः' 4.9। सायण इस मत को स्वीकार करता है--'शिश्नेन दिव्यन्ति क्रीडन्ति इति शिश्नदेवा अब्रह्मचर्या इत्यर्थः'। यद्यपि यह बहुव्रीहि समास है जिसका अर्थ है, देवता लिंग है पर 'देव' शब्द यहाँ अपने लक्ष्यार्थ में प्रयुक्त हुआ है। इसका अर्थ है, वे लोग जिनकी 'काम' में आसक्ति है। बहुवचन भी इसका द्योतक है कि यहाँ अभिप्राय किसी देवता से नहीं है। तुलना करें, बाद वे लोग जिनका में प्रयुक्त होने वाले संस्कृत शब्द 'शिश्नोदरपरायणः' से, जिसका अर्थ है, कामवासना और उदर की तृप्ति में लिप्त लोग।

पर ऋग्वेद में उनका प्रयोग पुराने अर्थ में ही हुआ है, अर्थात् आश्चर्यजनक शक्ति के स्वामी या देव के रूप में। 'अवेस्ता', में 'अहुर' शब्द का, जो असुर का ही तत्स्थानीय रूप है, यही अर्थ है।[1]

वरुण, जो भारतीयों और ईरानियों, दोनों का देवता है, सूर्य के मार्ग और ऋतुओं के क्रम का नियामक है। वह जगत् को व्यवस्थित रखता है तथा सत्य और व्यवस्था का, जो मानव-जाति के लिए अनिवार्य है, मूर्तरूप है। वह नैतिक नियमों का रक्षक है और पापियों को दंड देता है। वेदकालीन भारतीय वरुण से

---

1. पारसी अपने देश को ईरान कहते हैं, जो 'अवेस्ता' का 'ऐरिया' है, जिसका अर्थ है–आर्यों का देश। शताब्दियों तक इस्लाम का बोलबाला रहने पर भी आर्य विचारधारा के प्रभाव आज तक वहाँ से पूरी तरह मिटे नहीं हैं। फारस के मुसलमानों में कुरान में उन अंशों पर ज़ोर देने की प्रवृत्ति है जिनकी रहस्यवादी व्याख्या हो सकती है। प्रोफेसर ई. जी. ब्राउने लिखते हैं : "अरबी पैगम्बर के युद्धप्रिय अनुयायी जब सातवीं शताब्दी में ईरान पर चढ़ आए और अपने प्रचण्ड आक्रमण से उन्होंने एक प्राचीन राजा के वंश और एक सम्मानित धर्म को नष्ट कर दिया, तो कुछ ही वर्षों में ऐसा परिवर्तन आ गया जिसकी इतिहास में शायद ही कोई और मिसाल मिलती हो। जहाँ सदियों से 'अवेस्ता' की प्राचीन स्तुतियाँ गाई जाती थीं और पवित्र अग्नि जलती रहती थी, वहाँ 'अहुर मज़्द' के मंदिरों के खण्डहरों पर बनी मीनारों से मुअज़्ज़िनों की अज़ानें गूँजने लगीं और दीनदारों को नमाज़ के लिए बुलाने लगीं। ज़ोरोस्थ्र के पुजारी तलवार के घाट उतार दिए गए, प्राचीन ग्रन्थ आग की लपटों में स्वाहा हो गए; और जो धर्म इतना शक्तिशाली था, शीघ्र ही उसका कोई प्रतिनिधि नहीं बचा–सिवाय उन थोड़े-से निर्वासितों के, जो भारत के समुद्री तट की ओर भाग गए तथा उन बचे-खुचे लोगों के जो अकेले जेज़्द में अपमानित और उत्पीड़ित होते रहे।...फिर भी यह परिवर्तन केवल सतही था और शीघ्र ही फारस की धरती पर शिया,सूफी, इस्माइली जैसे बहुत सारे विपथगामी सम्प्रदाय खड़े हो गए और ऐसे दार्शनिक पैदा हो गए जो आर्य-विचारधारा से मुक्ति के दावे का समर्थन करने लगे तथा राष्ट्र पर जो धर्म अरब तलवार द्वारा थोपा गया था उसे एक ऐसी चीज़ में परिवर्तित करने लगे जो देखने में इस्लाम जैसी लगती हुई भी अपने भावार्थ में अरबी पैगम्बर के अभीष्ट से बहुत भिन्न थी।" –'ए ईयर एमंग्स्ट द पर्शियन्स', (1927), पृ. 134।

डरते और काँपते हैं और बहुत ही विनीत भाव से पापों के लिए क्षमा माँगते हैं।[1] इन्द्र देवताओं का राजा है और उसकी वही स्थिति है जो यूनानी देवताओं में ज़ियस की है। लड़नेवाले और संघर्ष करनेंवाले उसका आवाहन करते हैं। अग्नि मनुष्यों और देवताओं के बीच मध्यस्थ का काम करता है। मंत्रों में उसे प्रिय मित्र और गृहपति कहा गया है। वह यज्ञ की आहुतियों को देवताओं तक पहुँचाता है और देवताओं को नीचे यज्ञ में लाता है। वह बुद्धिमान है, पुरोहित है। मित्र प्रकाश का देवता है। पारसियों का इतिहास में जब प्रथम आविर्भाव होता है उस समय मित्र प्रकाश का देवता है, जो अंधकार को दूर भगाता है। वह सत्य और न्याय का रक्षक है, भलाई का रक्षक है तथा अहुरमज़्द और मनुष्य के बीच मध्यस्थ का काम करता है।[2]

---

1. 'वरुण' परमेश्वर और जगत् का रचयिता, 'अहुर मज़्द' (ओरमुज़्द) बन जाता है। ज़ोरोस्थ्र के साथ हुए वार्तालाप में, जिसमें उसको दिया गया दैवी संदेश शामिल है, एक जगह कहा गया है : 'अहुर' कहता है, "ऊपर के इस आकाश को, जो चमकता हुआ दूर-दूर तक फैला है और इस पृथ्वी को चारों ओर से घेरे हुए है, मैं ही सँभाले हुए हूँ। यह दिव्य वस्तु से बने एक ऐसे महल की तरह खड़ा है जिसकी नींव खूब मज़बूत है और जिसके छोर कहीं सुदूर में छिपे हैं। माणिक के अपने शरीर से यह तीनों लोकों पर चमक रहा है। यह तारों से जड़े और दिव्य वस्तु से बने एक परिधान की तरह है, जिसे 'मज़्द' पहने हुए है।"—'यष्ट' 13। 'वरुण' जिस प्रकार 'ऋत' का स्वामी है, 'अहुर' उसी प्रकार 'अष' का स्वामी है। 'वरुण' का जिस प्रकार 'मित्र' से निकट-सम्बन्ध है, उसी प्रकार'अहुर' का 'मिथ्र', सूर्यदेवता, से निकट-सम्बन्ध है। 'अवेस्ता' में 'वेरेथ्रग्न'—'वृत्र' को मारनेवाले 'वृत्रहन्', 'द्यौ', अपाम्नपात् (अपां नपाट्), 'गन्धर्व' (गन्दरेव), कृशानु (केरेसानी), 'वायु' (वयु), 'विवस्वंत' के पुत्र 'यम' (विवङ्हन्त के पुत्र यिम) तथा 'यज्ञ' (यस्न), 'होतृ' (ज़ाओतर), अथर्व पुरोहित (अथ्रवन) का उल्लेख है। ये सब इस बात का निर्देश हैं कि अविभाजित भारतीय आर्यों और ईरानियों का एक ही धर्म था।

   परवर्ती 'अवेस्ता' में परमेश्वर ही एकमात्र रचयिता है,परन्तु उसके गुण—शुभ भावना, न्यायपरायणता, शक्ति, पवित्रता, आरोग्य और अमरता आदि 'अमर पवित्र आत्माओं' का रूप ले लेते हैं।

2. मिथ्रवाद ईसाई धर्म सदियों से पुराना है। ईसा की तीसरी शताब्दी के अंत तक दोनों धर्मों में कड़ी प्रतिद्वन्द्विता थी। ईसाइयों के 'अभिषिक्त भोजन' का रूप बहुत-कुछ 'मिथ्र' के अनुयायियों जैसा ही है।

मित्र, वरुण और अग्नि—ये महान ज्योतिर्मय सूर्य के तीन नेत्र हैं[1] अदिति को आकाश, वायु, माता, पिता और पुत्र कहा गया है। उसमें सभी समाविष्ट हैं।[2] प्राकृतिक घटनावलियों के सभी अधिष्ठातृ देवता अभिन्न समझे जाने लगे। सूर्य, सवितृ, मित्र और विष्णु—ये विभिन्न सूर्यदेवता धीरे-धीरे एक माने जाने लगे। अग्नि एक ऐसा देवता माना जाता है जिसके तीन रूप हैं : सूर्य या दिव्य अग्नि, तड़ित् या वायव्य अग्नि, और पार्थिव अग्नि, जो यज्ञ की वेदी तथा मनुष्यों के घरों में प्रकट होता है।

इसके अतिरिक्त, वैदिक देवताओं में से किसी एक की जब पूजा की जाती है तो उसे सर्वोच्च माना जाता है और अन्य सबको उसके रूप समझा जाता है। परमेश्वर के सभी गुणों की उसमें कल्पना की जाती है। क्योंकि अनेक देवता इस प्रधान स्थान को प्राप्त करते रहते हैं, इसलिए हमें जो धर्म मिलता है उसे एकेश्वरवाद से भिन्न परमेश्वरवाद कहा गया है। मनोवैज्ञानिक एकेश्वरवाद, जिसमें उपासक का संपूर्ण जीवन एक ईश्वर से व्याप्त रहता है, आध्यात्मिक एकेश्वरवाद से वस्तुतः भिन्न है। समन्वयकारी प्रक्रियाएँ, देवताओं का वर्गीकरण, दिव्य गुणों और शक्तियों से सम्बन्धित विचारों का सरलीकरण—ये सब एक आध्यात्मिक एकता की तैयारी में, इस विश्वास के निर्माण में योग देते हैं कि एक ही तत्त्व सभी देवताओं को अनुप्राणित कर रहा है।[3] सर्वोच्च वह है जो सम्पूर्ण विश्व में व्याप्त

---

1. चित्रं देवानामुदगादनीकं चक्षुर्मित्रस्य वरुणस्याग्नेः।
आप्रा द्यावा पृथिवी अन्तरिक्षं सूर्य आत्मा जगतस्तस्थुषश्च।
—ऋग्वेद, 1. 151.1।

2. अदितिद्यौरदितिरन्तरिक्षम्
अदितिर्माता स पिता स पुत्रः
विश्वेदेवा अदितिः पंचजना
अदितिर्जातमदितिर्जनित्वम्।
—ऋग्वेद, 1. 89. 10।

एनेक्सीमेण्डर के अनुसार, वह अपार और अभिन्न तत्त्व जिससे ब्रह्माण्ड भरा है और वह साँचा जिसमें हमारा जगत् ढला है, 'थिओस' है।

3. 'महद्देवानामसुरत्वमेकम्'—ऋग्वेद, 3. 55. 11।
"एक ही अग्नि बहुत तरह से जलती है; एक ही सूर्य जगत् को आलोकित करता है; एक ही उषा समस्त अंधकार को दूर करती है। वही एक इन सब रूपों में प्रकट हुआ है।"
एक एवाग्निर्बहुधा समिद्ध
एकः सूर्यो विश्वमनु प्रभूतः

है। वही देवता है, वही मनुष्य है।[1]

वैदिक भारतीयों में यह समझने लायक तर्कबुद्धि थी कि इस जगत् के सृजन और शासन के गुण केवल एक ही स त्ता में हो सकते हैं। इस प्रकार की सत्ता हमें प्रजापति में, विश्वकर्मा में मिलती है। इस प्रकार धार्मिक श्रद्धा का तर्क एकेश्वरवाद की ओर ले जाता है। ऋत या व्यवस्था की धारणा से इस प्रवृत्ति को और बल मिलता है। विश्व एक व्यवस्थित पूर्णता है, अव्यवस्था (अकोस्मिया) नहीं है।[2] यदि जगत् की अनन्त बहुरूपता नाना देवताओं की द्योतक है तो जगत् की एकता एक ईश्वर की धारणा की द्योतक है।

यदि दर्शन आश्चर्य में से उभरता है, यदि उसकी प्रेरणा संशय से मिलती है, तो ऋग्वेद में हमें संशय के बीज मिलते हैं। इन्द्र के सम्बन्ध में कहा गया है : "वे किससे याचना करते हैं, वह कहाँ है? उसके विषय में तो यह भी कहते हैं कि वह नहीं हैं।"[3] एक और उल्लेखनीय सूक्त में पुरोहितों को इन्द्र का स्तुतिगान करने के लिए आमन्त्रित किया गया है : "सच्चा (इन्द्र), यदि सचमुच वह है तो क्योंकि बहुतों का यह कहना है कि 'कोई इन्द्र नहीं है, किसी ने उसे कभी देखा है? हम यह स्तुतिगान किसके लिए करें?' "[4] जो देवता कभी इतने शक्तिशाली थे, वे जब चिन्तन के कारण छायामात्र रह जाते हैं तो हम श्रद्धा के लिए प्रार्थना करते हैं : "हे श्रद्धा, हमें विश्वास प्रदान करो!"[5] विश्वविज्ञान-सम्बन्धी चिन्तन यह सोचने लगता है कि सभी वस्तुओं का अन्तिम सार क्या शब्द और वायु ही नहीं माने जाने

एकैवोषाः सर्वमिदं विभाति
एकं वेदं वि बभूव सर्वम्।—ऋग्वेद, 8. 58. 2।
नाना स्थानों में जलती अग्नि एक ही है;
सर्वव्यापी सूर्य एक ही है;
एक उषा अपना प्रकाश पृथ्वी पर फैला रही है
सब कुछ जो अस्तित्व रखता है, एक ही है—
जिससे समस्त जगत् उत्पन्न हुआ है।
और देखें, 10. 81. 3।

1. यो नः पिता जनिता यो विधाता धामानि वेद भुवनानि विश्वा
यो देवानां नामधा एक एव तं सम्प्रश्नं भुवना यान्त्यन्या।
—ऋग्वेद, 10. 82. 3।
2. देखें, प्लेटो—जॉर्जियस, 507, ई.।
3. 2. 12।
4. 8. 100. 3, और उससे आगे।
5. 10. 151. 5।

चाहिए।[1] एक और सूक्त में प्रजापति की जगत् के स्रष्टा और पालक और एक ईश्वर के रूप में स्तुति की गई है। परंतु मंत्रों में टेक बारंबार यही रहती है कि 'हम किस देवता को हवि प्रदान करें?''[2] निश्चितता चिंतन में जड़ता को जन्म देती है, जबकि संदेह प्रगति की ओर ले जाता है।

अपुरुषविध एकेश्वरवाद का सबसे अनूठा विवरण सृष्टिसूक्त[3] में मिलता है। इसमें यह समझाने की चेष्टा की गई है कि यह जगत् उस एक में से विकसित हुआ है परंतु वह एक इंद्र, वरुण, प्रजापति या विश्वकर्मा की तरह का देवता नहीं है। सूक्त में यह घोषणा की गई है कि ये सब देवता बाद में हुए हैं। सृष्टि के आरंभ का इन्हें कुछ पता नहीं है। प्रथम तत्त्व, वह एक, अवर्णनीय है। वह गुणों से और दुर्गुणों से भी मुक्त है। उसका किसी भी तरह से वर्णन करना असीम और अनंत को सीमित करने और बांधने के प्रयास की तरह है।[4] ''उस एक ने ही निष्प्राण में प्राण फूंके हैं। उसके अतिरिक्त और कुछ नहीं था।'' वह एक निर्जीव अमूर्त भाव नहीं, बल्कि अवर्णनीय पूर्णसत्ता है। सृष्टि से पहले यह सब अंधकार से घिरा अंधकार था, एक अभेद्य शून्य या जल का अगाध गर्त था।[5]

---

1. जगत का बीज, देवताओं की जीवनी शक्ति,
इसे ईश्वर सदा जैसी उसकी इच्छा होती है वैसा चलाता है।
उसकी वाणी सुनी जाती है, उसका रूप सदा अदृश्य है।
आओ, इस वायु की हम आहुति से अर्चना करें।
—10. 168. 4।
2. 'कस्मै देवाय हविषाविधेम 1'—10. 121।
3. 10, 129।
4. देखें, बृहद् उप., 3. 9. 26।
5. तुलना करें, 'जेनेसिस', 1. 2, में ईश्वर की आत्मा के लिए यह कहा गया है कि वह जल की सतह पर चलती है, और पुराणों में विष्णु का एक ऐसा वर्णन है कि वे क्षीरसागर में शेषशय्या पर शयन करते हैं। होमर के 'इलियड' में समुद्रदेव को सभी चीज़ों का, देवताओं का भी, उद्‌गम कहा गया है—14. 246. 302। बहुत से अन्य लोगों, उत्तरी अमरीका के आदिवासियों, अज़्तेक आदि का भी ऐसा ही विश्वास है।

अरस्तू के अनुसार, थेलेस यह मानता था कि सभी चीज़ें जल से बनी हैं। यूनानियों की एक पुराणकथा में पिता समुद्र को सभी चीज़ों का उद्‌गम कहा गया है।

तुलना करें, नृसिंहपूर्वतापनी उप., 1.1—

''आपो वा इदमासन् सलिलमेव, स प्रजापतिरेकः पुष्करपर्णे समभवत्, तस्यान्तर्मनसि कामः समवर्तत इदं सृजेयम् इति।'' →

तब, तप के प्रभाव से[1] वह एक सीमित आत्मचेतन सत्ता में विकसित हुआ। अपने को सीमित करके वह स्रष्टा बन जाता है। बाहर की कोई चीज़ उसे सीमित नहीं कर सकती। वही केवल अपने-आपको सीमित कर सकता है। अपने को व्यक्त करने के लिए वह अपने अतिरिक्त किसी अन्य पर निर्भर नहीं है। वास्तविकीकरण की इस शक्ति को परवर्ती वेदांत में माया कहा गया है, क्योंकि व्यक्त होने से उस एक की एकता और अखंडता में विघ्न नहीं पड़ता। वह एक अपनी ही अंतर्निहित शक्ति—अपने तप—से व्यक्त होता है। अनात्म आत्म से स्वतंत्र नहीं है। वह अव्यक्त है। परमात्मा पर निर्भर होते हुए भी वह जीव के अहं को बाह्य प्रतीत होता है, और उसके अज्ञान का स्रोत है। जल रूपहीन असत् का प्रतिनिधि है, जिसमें कि अंधकार से ढका वह दिव्य पड़ा रहता है। इस प्रकार हमें परम निरपेक्ष, अपने को सीमित करने की शक्ति, सीमित आत्म का आविर्भाव और अनात्म, जल, अंधकार, पराप्रकृति प्राप्त होते हैं। अगाध गर्त अनात्म है—मात्र क्षमता, केवल अमूर्त, जो समस्त विकास-क्रम का आधार है। आत्मचेतन सत्ता इस पर अपने रूपों या विचारों की छाप डालकर इसे अस्तित्व प्रदान करती है। अव्यक्त और असीमित आत्मचेतन ईश्वर से सीमाएं प्राप्त करता है। यह पूर्ण अभाव नहीं है, क्योंकि ऐसी स्थिति कदापि नहीं थी जिसमें वह किसी न किसी अर्थ में न

→यह सब (बिना किसी आकार के) जल के रूप में था। अकेले प्रजापति कमल के पत्र में उत्पन्न हुए। उनके मन में इच्छा जागी कि उन्हें इस (नाम-रूपमय जगत्) की रचना करनी चाहिए।

विश्व के विभिन्न भागों में एक-जैसे प्रतीकों का यह जो एक ही तरह से प्रयोग है, इसे दो तरह से स्पष्ट किया जाता है। डब्ल्यू. जे. पेरी और उनके मित्रों का यह तर्क है कि ये प्रतीक और पौराणिक आख्यान आरंभ में मिस्री संस्कृति से निकले। वह संस्कृति कभी विश्व-भर में फैली थी और जब उसका अपसरण होने लगा तो वह अपने पीछे इन अवशेषों को छोड़ती गई। गहराई से परीक्षा करने पर यह सिद्धांत टिकता नहीं है और इसे अधिक मान्यता भी प्राप्त नहीं है। दूसरा स्पष्टीकरण यह है कि मनुष्य दुनिया-भर में बहुत-कुछ एक-जैसे ही हैं। उनके मन एक ही तरह के बने हैं, और आदिम परिस्थितियों में उनका जीवन-अनुभव विश्व के एक भाग में दूसरे भाग से भिन्न नहीं होता। अतः जगत् की उत्पत्ति और उसके स्वरूप के बारे में एक जैसे विचारों का स्वतंत्र रूप से पैदा होना कोई अस्वाभाविक नहीं है।

1. 'तप' का शाब्दिक अर्थ ऊष्मा, सृजनात्मक ऊष्मा, है जिसके द्वारा मुर्गी अंडे को सेकर उससे जीवन पैदा करती है।

हो।[1] संपूर्ण जगत सत् और असत् के मेल से बना है और परमेश्वर के सम्मुख यह असीमितता, यह अस्तित्व की आकांक्षा होती है।[2] ऋग्वेद असत् का वर्णन करते हुए कहता है कि वह प्रसव-पीड़ा से आक्रांत स्त्री की तरह 'पांव फैलाए' पड़ा है।[3] दिव्य मन की पहली उपज—मन के प्रथम फल के रूप में 'काम', अर्थात् विश्व-इच्छा, का आविर्भाव हुआ, जोकि समस्त जीवन का आदिस्रोत है। ''ज्ञानियों ने अपने मन में गहरे पैठते हुए, मनीषा द्वारा, सत् और असत् के परस्पर-संबंध

---

1. देखें पैंगल उप., 1. 3।

पुराणों में यह विचार विभिन्न रूपों में विकसित हुआ है। ब्रह्म पुराण में यह बताया गया है कि ईश्वर ने पहले जल उत्पन्न किया, जिसे 'नार' कहते हैं, और उसमें अपना बीज छोड़ दिया। इसलिए वह 'नारायण' कहलाता है। वह बीज बढ़कर सोने का अण्डा, 'हिरण्यगर्भ', बना, जिसमें से ब्रह्मा स्वयं अपनी इच्छा से उत्पन्न हुए। इसीलिए वे 'स्वयंभू' कहलाते हैं। ब्रह्मा ने उस अण्डे को स्वर्ग और पृथ्वी—इन दो अर्धभागों में विभक्त कर दिया—1. 1. 38, और उससे आगे।

ब्रह्माण्ड पुराण में कहा गया है कि ब्रह्मा ने, जिन्हें नारायण कहते हैं, जल पर शयन किया।

महानारायण उप., 3. 16, पर अपने भाष्य में विद्यारण्य कहते हैं : ''नरशरीराणामुपादानरूपाण्यन्नादिपंचभूतानि नरशब्देनोच्यन्ते, तेषु भूतेषु या आपो मुख्याः ता अयनमाधारो यस्य विष्णोः सोऽयं नारायणः समुद्र जलशायी।''

तुलना करें : आपो नारा इति प्रोक्ता आपो वै नरसूनवः।
अयनं तस्य ताः प्रोक्तास्तेन नारायणः स्मृतः॥

विष्णुधर्मोत्तर में कहा गया है कि विष्णु ने जल पैदा किया और अण्डे तथा ब्रह्मा की उत्पत्ति बाद में हुई।

2. बोहम के रहस्यवादी दर्शन की, जिससे कि विलियम लॉ प्रभावित थे, चर्चा करते हुए स्टीफेन होब हाउस लिखते हैं कि उनका विश्वास 'अनग्रंड' में, मुक्ति या निरपेक्षता के उस अथाह गर्त में है जोकि, कहना चाहिए, ईश्वर और सभी प्रकार के अस्तित्वों का मूल है... यह विचार कि इस अथाह गर्त में से शक्तिशाली किंतु दृष्टिहीन इच्छा का उदय होता है और वह कल्पना द्वारा अपने-आपको एक सोद्देश्य संकल्प में डालती है, जो दिव्य आत्मा का मर्म है।—'सेलेक्टिड मिस्टिकल राइटिंग्स ऑव विलियम लॉ' (1948), पृ. 307।

3. 1. 10. 72

को इस 'काम' में खोजा है।"[1] जगत् की रचना आत्मचेतन ईश्वर ने की है जो अपनी बुद्धि और इच्छा द्वारा कार्य करता है।

वैदिक ऋषियों की अपनी और समस्त सृष्टि की उत्पत्ति के विषय में जो भी कुछ समझ थी, वह यही थी। सूक्त के रचयिता ने विनम्रतापूर्वक यह स्वीकार किया है कि यह सब अनुमान है, क्योंकि जो बातें मानवीय ज्ञान की परिधि से इतनी दूर हैं उनके विषय में निश्चित रूप से कुछ कहना हमारे लिए संभव नहीं है।[2]

इस सूक्त में ब्रह्म और ईश्वर में भेद बताया गया है। ब्रह्म सत् और ज्ञान से परे है। वह अपुरुषविध और निर्गुण ईश्वरत्व है, जो सभी उत्पन्न सत्ताओं और पदार्थों से परे है। वह मनुष्य के आगे मानवीय अनुभव की सर्वोच्च अवस्थाओं में, सत्य के रूप में व्यक्त होता है। ईश्वर को ब्रह्म का विकास या ब्रह्म की अभिव्यक्ति बताया गया है।

एक और सूक्त[3] में प्रथम अस्तित्ववान सत्ता को प्रजापति कहा गया है, जिसके सम्मुख विशृंखल जल है। वह जल को गर्भित करता है और उसमें हिरण्यगर्भ के रूप में व्यक्त होता है, जिससे कि संपूर्ण विश्व का विकास होता है।[4] उसे

---

1. 'काम' की व्याख्या बाद में इच्छा और क्रिया के रूप में की जाती है। यह सृजनात्मक प्रेरणा है।
   तुलना करें 'काम' से—ऑरफ़िक रहस्यवादियों का देवता 'ईरोस' 'फेनस' भी कहलाता है, जो प्रजननतत्त्व है, जिसके द्वारा कि समस्त जगत् की उत्पत्ति हुई है।
2. और देखें 1. 16. 432, जहां लेखक कहता है कि जिसने इस सबको बनाया है, संभवतया वह भी इसके वास्तविक स्वरूप को नहीं जानता।
   'वह इस सृष्टि का आदिस्रोत है, चाहे उसने इस सबको बनाया है या नहीं बनाया है।
   जिसका नेत्र सर्वोच्च स्वर्ग से इस जगत् पर नियंत्रण रखता है,
   वह वस्तुतः इसे जानता है, या शायद नहीं जानता।'
   —10. 129. 7। मैक्समूलर कृत अंग्रेज़ी अनुवाद।
3. 1. 10. 121।
4. 'हिरण्यगर्भ' का शाब्दिक अर्थ है—स्वर्ण-बीज, स्वर्ण-आलोक का स्रोत, विश्व आत्मा, जिससे इस जगत् की सभी शक्तियों और सत्ताओं की उत्पत्ति हुई है। बाद में इसका अर्थ ब्रह्मा, जगत् का स्रष्टा, माना जाने लगा। ऑरफिक के रहस्यवादियों के सृष्टि-सिद्धांत में हमें इसी तरह के विचार मिलते हैं। प्रोफेसर एफ. एम. कॉर्नफोर्ड लिखते हैं : "प्रारंभ में एक आदिम अविभाजित एकता थी, जिसे ऑरफिक रहस्यवादी 'रात्रि' कहते हैं। इस एकता के भीतर→

देवताओं का प्राण या आत्मा (देवानाम् असुः) कहा गया है।[1] हिरण्यगर्भ प्रथमजात सीमित सत्ता है, जबकि ब्रह्म-ईश्वर अनुभवातीत हे।[2] जगत् को ईश्वर की भावमय सत्ता का, उस शाश्वत व्यवस्था का, जो दिव्य ज्ञान में नित्य विद्यमान है, प्रसार, उद्गार या बाह्यीकरण कहा गया है।

→ विश्व रूपी अण्डा पैदा हुआ था, कुछ विवरणों के अनुसार, आयुहीन काल (क्रोनोस) द्वारा तैयार किया गया। अण्डे के दो भाग हुए—स्वर्ग और पृथ्वी। पौराणिक आख्यानों के अनुसार, स्वर्ग और पृथ्वी समस्त जीवों के पिता और माता हैं। भौतिक अर्थ में अण्डे का ऊपरी अर्धभाग प्रकाश का गुम्बद बन जाता है, निचले अर्धभाग में नमी या पंक है, जिससे सूखी धरती (पृथ्वी) बनी। पृथ्वी और स्वर्ग के बीच प्रकाश और जीवन की एक परों वाली रूह प्रकट हुई, जिसके फेनस, ईरोस, मेतिस, एरिकेपेयस आदि बहुत-से नाम हैं। इस रूह का काम, जिसमें अभी लिंग-भेद नहीं हुआ था, जीवन उत्पन्न करना था—चाहे अपने-आपमें से तुरंत बीज बाहर निकालकर, या पृथक् माता-पिता, पृथ्वी और स्वर्ग को प्रणय-सूत्र में बांधकर। इस प्रकार क्रमशः जो संतानें हुईं वे सर्वोच्च देवताओं के जोड़े थे : ओशनस और तेथीस, क्रोनोस और रिआ, ज़ियस और हेरा।"—'कैम्ब्रिज एंश्येंट हिस्ट्री', खंड 4 (1926), पृष्ठ 536।

एनेक्सीमेण्डर ने ऑरफिक सृष्टि-सिद्धांत से मिलती-जुलती ही कल्पना विकसित की है : (1) एक आदिम अविभाजित एकता, (2) विश्वक्रम की रचना के लिए विरोधियों का जोड़ों में पृथक्करण। जीवन उत्पन्न करने के लिए इन पृथक् विरोधियों का पुनर्मिलन। यूरीपाइडस ने इस व्यवस्था के संबंध में कहा है (मेलनिप्प फ्रेगमेंट, 484)। "यह कहानी मेरी अपनी नहीं है; मैंने यह अपनी मां से सुनी थी—स्वर्ग और पृथ्वी कभी एक ही थे, और जब वे एक-दूसरे से पृथक् कर दिए गए तो उनसे सभी चीज़ें पैदा हुईं और प्रकाश में आईं।"

1. यह बहुत संभव है कि सांख्य दर्शन इस सूक्त में ध्वनित विचारों का विकास हो। आदिम तत्त्व (जल) के विषय में कहा गया है कि उसका स्वतंत्र रूप से अस्तित्व है, और 'पुरुष' पहले 'महत्' या बुद्धि के रूप में, जो अव्यक्त की उपज है, सीमित चेतना में आता है।
2. को ददर्श प्रथमं जायमानमस्थन्वन्तं यदनस्था बिभर्ति,
भम्या असुर्सृगात्मा क्व स्वित् को विद्धांसमुपागात् प्रष्टुमेतत्।

ऋग्वेद, 1. 164. 4।

इस भेद के, जो उपनिषदों में सुस्थापित हो जाता है, अन्य ऐतिहासिक विकासक्रमों में भी उदाहरण मिलते हैं। तुलना करें, बुद्ध की तीन कायाओं से—'धर्मकाया' या परम सत्य; 'सम्भोगकाया' अर्थात् पुरुषविध ईश्वर या 'लोगस', और 'निर्माणकाया' अर्थात् एक निश्चित समय पर संसार में जनमे भौतिक शरीर में 'लोगस' का ऐतिहासिक मूर्तरूप। देखें →

पुरुषसूक्त[1] इस विचार को कि किसी भी सीमित अस्तित्व से पहले एक आदिसत्ता का अस्तित्व था जो अपने-आपको इस अनुभूत जगत् में विकसित करती है, ठोस रूप में दोहराता है। उस सत्ता की विश्वपुरुष के रूप में कल्पना की गई है, जिसके एक सहस्र सिर, नेत्र और पैर हैं, जो संपूर्ण जगत् में व्याप्त है और उससे दस अंगुल बाहर तक फैला है।[2] जगत उसके एक चौथाई भाग से बना है।[3] विश्वरूप उस दिव्यतत्त्व की पूर्ण अभिव्यक्ति नहीं है। उसके एक अंश की ही विश्वप्रक्रिया में अभिव्यक्ति होती है। विश्व-आत्मा परमेश्वर की एक आंशिक अभिव्यक्ति है।

सृष्टि की व्याख्या वेदों में विकास के रूप में की गई है, किसी ऐसी चीज़ के जन्म के रूप में नहीं की गई है जिसका पहले अस्तित्व नहीं था। आदितत्त्व ही संपूर्ण विश्व में व्यक्त हुआ है। 'पुरुष' अपने उत्सर्ग से संपूर्ण विश्व बन जाता है। यह मत उपनिषदों में प्रतिपादित इस सिद्धांत के विकास के लिए मार्ग प्रशस्त करता है कि मनुष्य की आत्मा और विश्व की आत्मा एक ही है। इस जगत् में सत्ता का विधेयक तत्त्व एक ही है, फिर भी हमें अस्तित्व की विविध कोटियां मिलती हैं, क्योंकि असत्ता में दिव्य सत्ता विविध मात्राओं में प्रवेश करती है या सम्मिलित होती है। ईश्वर, हिरण्यगर्भ के रूप में, पूर्व-निर्मित का अनस्तित्व है। वह जो कुछ दिया गया है उस सबको अपने में ही समाए रखने वाला अप्रभावी ईश्वर नहीं है।

ऋग्वेद ने सृष्टि की प्रक्रिया को समझाने के लिए दो विभिन्न धारणाओं का उपयोग किया है : जनन और जन्म तथा कृत्रिम रूप में पैदा की गई वस्तु। पृथ्वी और आकाश देवताओं के माता-पिता हैं; जगत् का स्रष्टा लुहार या बढ़ई है।

फिर "आरंभ में हिरण्यगर्भ था
अपने जन्म से ही वह सृष्टि का एकमात्र ईश्वर था।

→ 'इण्डियन फिलॉसोफी' खंड-1, पृ. 597-99। सूफी 'अल हक़्क़' को परम सत्य—ईश्वरत्व का अथाह गर्त, अल्लाह को पुरुषविध ईश्वर, और पैगम्बर मुहम्मद को ऐतिहासिक मूर्तरूप मानते हैं।

1. ऋग्वेद, 10. 90।
2. स भूमिं विश्वतो वृत्वा अत्यतिष्ठद् दशाङ्गुलम्।
3. पादोऽस्य विश्वा भूतानि त्रिपादस्यामृतं दिवि।

उसने दृढ़ पृथ्वी और इस उज्ज्वल आकाश को बनाया;"[1]

इस सूक्त में प्रजापति को 'हिरण्यगर्भ' नाम दिया गया है, और अथर्ववेद तथा परवर्ती साहित्य में 'हिरण्यगर्भ' स्वयं एक सर्वोच्च देवता बन जाते हैं।[2] ऋग्वेद इस चार प्रकार के भेद से परिचित है : (1) ब्रह्म, वह एक जो सभी प्रकार के द्वैत और विभेद से परे है, (2) आत्मचेतन विषयी, जिसके सम्मुख विषय है, (3) विश्व-आत्मा, और (4) जगत्।[3]

एकेश्वरवाद पर ज़ोर होने से वैदिक विचारक वैदिक देवताओं को एक विश्वव्यापी ईश्वरत्व के ही विभिन्न नाम मानने लगे, जिनमें से प्रत्येक उस दिव्य सत्ता की किसी अपरिहार्य शक्ति का प्रतीक है। "वे उसे इंद्र, मित्र वरुण, अग्नि कहते हैं। वह दिव्य पक्षी गरुड़ है। जो एक है उसी के कवियों ने अनेक नाम रख दिए हैं। वे उसे अग्नि, यम, मातरिश्वा कहते हैं।"[4] लौकिक परिवर्तन के प्रवाह

---

1. ऋग्वेद, 10. 121. 1।
2. अथर्ववेद में वह उस भ्रूण के रूप में आता है जो सृष्टि के आदि में जल में उत्पन्न हुआ था। 4. 2. 8।
3. यह सूची, जैसा कि हम आगे देखेंगे, माण्डूक्य उप. में दी गई सत्ता की श्रेणियों से मिलती है, जिनके साथ चेतना के ये चार स्तर भी हैं : जगरित या प्रत्यक्ष ज्ञान की अवस्था; स्वप्न या कल्पना की अवस्था; अहं का प्रगाढ़ निद्रा में होना या सम्बोधावस्था; और तुरीय अर्थात् अतीन्द्रिय आत्मिक चेतना की अवस्था जो वस्तुतः चेतना का स्तर नहीं बल्कि पूर्णचेतना है।

   प्लेटो 'टिमेयस' में बताते हैं कि सर्वोच्च देवता 'डेमिअर्ज' एक सर्वव्यापी विश्वआत्मा की सृष्टि करते हैं, जिसके द्वारा जगत् एक सजीव रचना बन जाता है। विश्व आत्मा विचारों का रूप धारण करती है और विश्व शरीर उसी नमूने पर बना है। यदि यह संपूर्ण जगत् उतना व्यवस्थित नहीं है जैसा कि ईश्वर चाहता था, तो इसका कारण भूत द्रव्य की विशृंखलता रहा होगा, क्योंकि वह स्रष्टा के उसे रूप देने से पहले अव्यवस्थित रूप से गतिमान था।
4. 1. 164. 46। एकं सन्तं बहुधा कल्पयन्ति। ऋग्वेद, 10. 114. 4। देखें भगवद्गीता, 10. 41।

   ज़ियस देवताओं और मनुष्यों का सर्वोच्च शासक है। अन्य देवता उसका आदेश पालन करने के लिए हैं।

   तुलना करें सिसरो से, "ईश्वर क्योंकि प्रकृति में सर्वत्र विद्यमान है, इसलिए खेत में वह 'सेरस' के रूप में, समुद्र में 'नेप्चून' के रूप में, और अन्यत्र विभिन्न रूपों में →

के पीछे जो वास्तविकता है, वह एक ही है, यद्यपि हम उसका उल्लेख अनेक प्रकार से करते हैं। अग्नि, यम आदि प्रतीक हैं। वे स्वयं देवता नहीं हैं। वे उपास्य देव के विभिन्न गुणों को व्यक्त करते है। वैदिक ऋषि किसी प्रकार के मूर्तिपूजा विरोधी ध्येय से प्रेरित नहीं थे। विभिन्न देवताओं की उपासना को एक भयानक गलती और नैतिक पाप मानने और उसकी निंदा करने की आवश्यकता उन्होंने कभी महसूस नहीं की। नाना देवताओं के उपासकों को वे पुनर्व्याख्या और सामंजस्य की प्रक्रिया द्वारा ही एक और केवल एक ईश्वर की उपासना तक ले गए।

वैदिक देवताओं की विविधता के अनेक कारण रहे हैं जिनमें से एक वैदिक आस्था पर स्थानीय संप्रदायों की प्रतिक्रिया था। सभ्यता की प्रारंभिक अवस्था में लोगों में अपने देवताओं के प्रति भय और श्रद्धा की भावना इतनी गहरी होती है कि वे आसानी से या सच्चे हृदय से उपासना की कोई नई विधि नहीं अपना सकते। यहां तक कि जब युद्ध प्रिय धर्म जंगल के ऊंचे-ऊंचे पेड़ों को गिरा देते हैं, तब भी प्राचीन विश्वास निचली झाड़ियों की तरह बने रहते हैं। हिंदुत्व की उदार भावना, जो कि हमें ऋग्वेद में मिलती है, विदेशी विश्वासों को आश्रय देने तथा उन्हें अपने ढंग से आत्मसात् करने को सदा प्रस्तुत रही है। वैदिक भारतीय अपने तरीकों को अच्छा मानते हुए भी औरों के तरीकों को भी समझने की शक्ति रखते थे।

→माना जा सकता है और उन सभी रूपों में पूजा जा सकता है।''—'द नेचर डिओरम'।

टायर के प्लूटार्क और मैक्सिमस के अनुसार, तीसरी शताब्दी के रोमन साम्राज्य में जो विभिन्न देवता पूजे जाते थे, वे एक परमेश्वर की प्रतीकात्मक प्रतिमाएं थीं। उस परमेश्वर का अंतस्तम स्वरूप अज्ञेय है।

''स्वयं ईश्वर को, जो सबका पिता और निर्माता है, ... कोई भी स्मृतिकार कोई नाम नहीं दे सकता, कोई भी वाणी उसका वर्णन नहीं कर सकती, कोई भी नेत्र उसे देख नहीं सकता। ...किंतु यदि एक यूनानी में फिडियस की कला से, एक मिस्री में पशुओं की पूजा से, किसी व्यक्ति में नदी से, किसी में अग्नि से ईश्वर का स्मरण जागता है, तो मुझे उनके भटकाव पर कोई क्रोध नहीं है। वे केवल उसे जानें, उससे प्रेम करें, उसका स्मरण करें।''

तैत्तिरीय संहिता और शतपथ ब्राह्मण में यह कहा गया है कि प्रजापति ने कुछ उद्देश्यों की पूर्ति के लिए मत्स्य (मछली), कूर्म (कछुवे) और वराह (शूकर) का रूप धारण किया। अवतार के सिद्धांत की स्थापना हो जाने पर ये विष्णु के तीन अवतार बन जाते हैं।

ऋग्वेद में इस अनुभूत जगत् को माया मानने का कोई संकेत नहीं है। हमें सृष्टि के विविध विवरण मिलते हैं। परमात्मा की तुलना एक बढ़ई या लुहार से की गई है, जो जगत् को गढ़ता या ढालता है। कभी-कभी यह कहा गया है कि वह सभी चीज़ों को जन्म देता है। वह सभी वस्तुओं में उसी तरह व्याप्त है जैसे विश्व में आकाश व्याप्त है। वह जगत् को उसी तरह जीवित रखता है जैसेकि प्राण मानव शरीर को जीवित रखता है। रामानुज ने इस तुलना को बड़ी ही बुद्धिमत्ता से विकसित किया है।

ऋग्वेद में आत्मा के स्वरूप का प्रश्न उठाया गया है, 'को नु आत्मा'[1] वह शरीर पर नियंत्रण रखनेवाला, अजन्मा भाग है, 'अजो भागः'[2], जो मृत्यु के बाद भी कायम रहता है। उसे जीव से पृथक् बताया गया है।[3] दो पक्षी एक शरीर में बसते हैं इस प्रसिद्ध मंत्र में, जिसे उपनिषदों ने भी लिया है,[4] कार्यों का फल भोगनेवाले जीव और निष्क्रिय द्रष्टा आत्मा में भेद किया गया है।[5] जीवात्मा और परमात्मा का यह भेद लौकिक प्रक्रिया में संगत है। सर्वोच्च और अलौकिक अनुभवातीत अवस्था में यह लागू नहीं होता, जो यह सोचते हैं कि सर्वोच्च अनुभवातीत अवस्था में भी यह भेद रहता है वे स्वयं अपने उद्गम से परिचित नहीं हैं, "पितरं न वेद।"[6] जीवात्माओं का संबंध हिरण्यगर्भ के जगत् से है।

"यह नश्वर मिट्टी अविनाशी ईश्वर बन जाय।"[7] "ऐसी कृपा करो हे इंद्र, कि हम तुम बन जाएं।"[8] व्यक्ति अपने कर्मों से देवता बन सकता है।[9] ऋग्वेद का

---

1. 1. 164. 4।
2. 10. 16. 4।
3. 1. 113. 161; 1.164. 30।
4. देखें, मुण्डक उप., 3. 1. 1; श्वेताश्वतर उप., 4. 6।
5. 1. 164. 17। "अत्र लौकिकपक्षद्वयदृष्टान्तेन जीवपरमात्मानौ स्तूयेते"—सायण।
6. यस्मिन् वृक्षे मध्वदः सुपर्णा
   निविशन्ते सुवते चाधि विश्वे
   तस्येदाहुः पिप्पलं स्वाद्वग्रे
   तन्नोन्नशद् यः पितरं न वेद।—ऋग्वेद, 1. 164. 22।
7. ऋग्वेद, 8. 19. 25।
8. त्वे इन्द्राप्यभूमा विप्रा धियं वनेम ऋतया सपन्तः।
   —ऋग्वेद, 2. 11. 12।
9. वृहद् उप., 4. 3. 32; और देखें, 4. 1. 2। देवो भूत्वा देवान् आप्येति; और देखें, तैत्तिरीय उप., 2. 8।

ध्येय देवताओं जैसा बनना है। जीवात्मा परमात्मा बन सकती है।

आध्यात्मिक सिद्धि उपासना[1] और नैतिक जीवन से प्राप्त होती है। योग-निग्रह के कुछ संकेत बाद के एक अंश[2] में मिलते हैं। लंबे केशों वाले 'केशी' तपस्वियों के बारे में उसमें यह बताया गया है कि वे योग की अपनी शक्ति से इच्छा होने पर आकाश में चल सकते हैं। एक मुनि के विषय में यह कहा गया है कि मनुष्य उसके नश्वर शरीर को देखते हैं, पर वह स्वयं अप्सराओं के मार्ग पर चलता है। उसके केश लंबे हैं और वस्त्र मलिन तथा पीले रंग के हैं। वामदेव को जब सृष्टि की सभी वस्तुओं के साथ अपनी आत्मा की एकता का अनुभव हुआ तो वह चिल्लाने लगा : "मैं मनु हूं, मैं सूर्य हूं।"[3] इसी प्रकार राजा त्रसदस्यु ने भी कहा था कि मैं इंद्र हूं, मैं वरुण हूं।[4]

मुख्य सद्गुणों पर ज़ोर दिया गया है : "हे मित्र और वरुण, तुम्हारे सत्यमार्ग से हम पार हों।"[5] यदि उस परमेश्वर को नहीं जानते हैं जो सबका पालन कर रहा है तो ऋचाओं के केवल रटने से कोई लाभ नहीं है।[6]

आदिम समाजों का ढांचा बहुत ही जटिल होता है। वे ऐसे संतुलित सामाजिक संगठन होते हैं जिनके अपने विश्वास और अपनी आचार संहिताएं होती हैं। समाज की मूल आवश्यकताएं नैतिक और आत्मिक, सामरिक तथा आर्थिक होती हैं। हिंद-यूरोपीय समाज में ये तीन कार्य तीन विभिन्न वर्गों—सदाचारी विद्वानों, साहसी योद्धाओं और आर्थिक आवश्यकताएं पूरी करने वालों को सौंपे गए हैं,[7] जो क्रमशः ब्राह्मण, क्षत्रिय और वैश्य कहलाते हैं। उनसे नीचे शूद्र थे, जिनका

---

1. मंदिर का एकमात्र उल्लेख ऋग्वेद में 10. 107. 10 पर आया है, जहां 'देवमान', देवता का भवन, शब्द मिलता है।
2. ऋग्वेद, 10. 136। और देखें, ऐतरेय ब्राह्मण 7. 13।
3. 'अहं मनुरभवं सूर्यश्चाहम्'—ऋग्वेद, 4. 26.1।
4. 'अहं राजा वरुणो'—ऋग्वेद, 4. 42. 2।
5. 'ऋतस्य पथा वाम्... तरेम'—7. 65. 2।
6. ऋचो अक्षरे परमे व्योमन्यस्मिन्
   देवा अधि विश्वे निषेदुः
   यस्तं न वेद किं करिष्यति
   य इत्तद् विदुस्त इमे सभासते।

   —ऋग्वेद, 10, 164. 39।

   देखें, श्वेताश्वतर उप., 4. 8।
7. लूथर का विचार था कि ईश्वर ने तीन श्रेणियां बनाई हैं—शिक्षकों की श्रेणी, रक्षकों की श्रेणी और श्रमिकों की श्रेणी।

कार्य सेवा था। ये भेद ऋग्वेद में मिलते हैं, यद्यपि उन्होंने वहां जातियों का स्थायी रूप ग्रहण नहीं किया है। प्राचीन ईरानी समाज भी इसी ढंग से संगठित था।

देवताओं तक का, उनसे मिलनेवाले नैतिक, सामरिक या आर्थिक फलों के अनुसार, ब्राह्मण, क्षत्रिय और वैश्य में विभाजन किया गया था। हमारी प्रार्थनाएं सद्गुणों के लिए हैं, विजय के लिए हैं और समृद्धि के लिए हैं। सूर्य, सवितृ ऐसे देवता हैं जो आत्मिक फल देते हैं। इंद्र युद्ध का देवता है और अश्विनीकुमार स्वास्थ्य और अन्न के देवता हैं। रोमन देवमाला में जुपिटर आत्मिक फल देता है, मार्स युद्ध का देवता है और क्विरिनस समृद्धि का देवता है।

'पितरों', अर्थात् पुरखों की आत्माओं की देवताओं की तरह पूजा की जाती है। पितरों का राजा यम है, जो मृतकों के लोक में शासन करता है। यह हिन्द ईरानी युग का देवता है। इसकी अवेस्ता के 'यिम' से समानता बताई गई है,जो पहला मानव और मानव-जाति का आदिम पूर्वज है। इस जग से प्रस्थान कर मृतकों के लोक में प्रवेश करने वालों में सर्वप्रथम होने के कारण, वह वहां का राजा बन गया। मृतकों का लोक स्वर्ग में है, और मरनेवाले को इस विश्वास से बड़ी सांत्वना मिलती है कि मृत्यु के बाद वह सर्वोच्च स्वर्ग में यमराज के साथ रहेगा। स्वर्गलोक वह स्थान है जहां इस जग से प्रस्थान करनेवालों को शरण मिलती है।[1] अन्त्येष्टि के मंत्र[2] में प्रस्थान करती आत्मा से कहा गया है : "उसी प्राचीन मार्ग पर बढ़ती जाओ जिससे कि हमारे पूर्वज गए हैं।" वेद में स्वर्ग का शानदार वर्णन है, "जहां अक्षय ज्योति रहती है, जहां वैवस्वत राजा रहते हैं।"[3]

ऋग्वेद में पुनर्जन्म का उल्लेख नहीं है, यद्यपि उसके बीज उसमें मिलते हैं। आत्मा का शरीर से प्रस्थान, उसका अन्य रूपों में रहना, मानव रूप में उसकी वापसी, भावी जीवन का कर्म के सिद्धांत द्वारा निर्धारित होना—इन सबका उल्लेख है। मित्र का फिर से जन्म होता है।[4] उषा का बार-बार जन्म होता है।[5] "मैं न मुक्ति चाहता हूं और न वापस आना चाहता हूं।"[6] "अविनाशी आत्मा अपने पुण्यों के कारण एक नये शरीर में पुनः जन्म लेगा।"[7] कभी-कभी प्रस्थान

---

1. ऋग्वेद, 4. 53. 2; 10. 12. 1।
2. ऋग्वेद, 10. 14।
3. ऋग्वेद, 9. 113।
4. 'मित्रो जायते पुनः'—10. 85. 19।
5. 'पुनः पुनर्जायमाना'—1. 92. 10।
6. 'न अस्याः वश्मि विमुचं न आवृत्तं पुनः'—5 46. 1।
7. 'जीवो मृतस्य चरति स्वधाभिरमर्त्यो मर्त्येना स योनिः'—1. 164.. 30; और देखें, 1. 164. 38।

करती आत्मा से कहा जाता है कि वह वनस्पतियों में चली जाए और वहां सशरीर रहे।[1] भले और बुरे कर्मों का मृत्यु के बाद के जीवन में फल मिलता है। भले आदमी स्वर्ग में जाते हैं[2] और बाकी यमलोक में जाते हैं।[3] उनका भविष्य उनके कार्य (धर्म) द्वारा निश्चित होता है।[4]

ऋग्वेद में हमें मानव-मन के पहले साहसिक प्रयत्नों की झांकी मिलती है, और ये प्रयत्न उन लोगों द्वारा किए गए हैं जो अस्तित्व के अर्थ और जीवन में मानव के स्थान की खोज में लगे थे। "यह पहली वाणी है जो आर्य-मानव के मुख से निकलती है।"[5]

6
यजुर्वेद, सामवेद और अथर्ववेद

पवित्र ज्ञान 'त्रयी विद्या' है। इसके तीन भाग हैं जो ऋग्वेद, यजुर्वेद और सामवेद में मिलते हैं। बाद के दो वेद ऋग्वेद के सूक्तों का उपयोग करते हैं और अथर्ववेद उन्हें कर्मकांड के प्रयोजनों के अनुसार व्यवस्थित क्रम में रखता है। यजुर्वेद का उद्देश्य यज्ञ का सही ढंग से अनुष्ठान है, क्योंकि जगत् का नियंत्रण पूर्णतया यज्ञ द्वारा ही बताया गया है। यज्ञ की रचना जितनी महत्त्वपूर्ण है उतने देवता महत्त्वपूर्ण नहीं हैं। अथर्ववेद में तो देवताओं की स्थिति और भी गौण है। अथर्ववेद को पवित्र वाङ्मय का भाग मानने में कुछ विरक्ति लक्षित होती है। प्राचीन बौद्धग्रंथों तक में तीन वेदों में निष्णात विद्वान ब्राह्मणों का ही उल्लेख मिलता है।[6]

अथर्ववेद में हमें ऋग्वेद के यद्यपि बहुत-से देवता मिलते हैं, परंतु उनका स्वरूप उतना स्पष्ट नहीं है। सूर्य 'रोहित' लाल मुख वाला बन जाता है। कुछ देवताओं को प्रजापति के पद पर पहुंचा दिया जाता है, जैसे धातृ (संस्थापक),

1. ऋग्वेद, 10. 16. 3।
2. 1. 154. 5।
3. 10. 14. 2।
4. 10. 16. 3।
5. मैक्समूलर। ऋग्वेद पर और अधिक जानकारी के लिए देखें, 'इण्डियन फिलासोफी', खंड 1, अध्याय 2।
6. 'सुत्तनिपात', 1019।

विधातृ (व्यवस्थापक), परमेष्ठित् (सर्वोच्च)। एक उल्लेखनीय अंश में ब्रह्म को वरुण के रूप में सार्वभौम, विश्वव्यापी साक्षी कहा गया है।[1] 'काल' को समस्त अस्तित्व का आदिकारण बताया गया है। 'काम' को वह शक्ति कहा गया है जिससे जगत् का विकास हुआ है। 'स्कम्भ' को वह तत्त्व माना गया है जिस पर प्रत्येक चीज़ टिकी है। इसमें ऐसे सिद्धांत मिलते हैं जिनमें जगत् की उत्पत्ति जल या वायु से बताई गई है और उन्हें सबसे सूक्ष्म भौतिक तत्त्व माना गया है।

अथर्ववेद का धर्म जन-साधारण की असंख्य आत्माओं और भूत-प्रेतों में आस्था को प्रतिबिंबित करता है, जिनके कार्य प्रकृति की प्रक्रियाओं और मानव-जीवन से विभिन्न रूपों में जुड़े हुए हैं।[2] प्राक्-वैदिक सर्वचेतनवादी धर्म की जीवनी शक्ति और वैदिक विश्वासों के साथ उसके सम्मिश्रण के इसमें हमें ज़बर्दस्त प्रमाण मिलते हैं। सभी पदार्थ और जीव या तो आत्माएं हैं या आत्माओं द्वारा अनुप्राणित हैं। ऋग्वेद के देवता अधिकतर मित्रता रखनेवाले हैं, परंतु अथर्ववेद में हमें अंधकारमय दानवी शक्तियां मिलती हैं, जो मनुष्यों पर व्याधि और विपत्ति लाती हैं। हमें खुशामद-भरी प्रार्थनाओं और जादू-टोनों से उन्हें जीतना होता है। लौकिक लक्ष्यों की प्राप्ति के लिए हमें इसमें वशीकरणमंत्र, अभिचार आदि मिलते हैं। वैदिक ऋषि अत्यंत प्राचीन तत्त्वों को पूर्णतया विलुप्त होने देना नहीं चाहता था। अथर्ववेद के प्रभाव के चिह्न उपनिषदों में मिलते हैं। व्याधियों के शमन के लिए, जीवन और स्वास्थ्य के लिए वहां मंत्र–'भैषज्यानि, आयुष्यानि सूक्तानि'–दिए गए हैं। यह चिकित्सा-विज्ञान का आरंभ था।[3]

मुक्त आत्मा को 'निरीह, विज्ञ, अविनाशी, स्वयंजात... हर तरह से पूर्ण... ज्ञानी, अजर, तरुण' बताया गया है।[4]

7

ब्राह्मण

वेदों में कर्मकांड के जो तत्त्व मिलते हैं उन्हें ब्राह्मणों में विकसित कर अनुष्ठानों की एक विस्तृत व्यवस्था का रूप दे दिया गया है। ऋग्वेद में यज्ञ देवताओं की

1. 'द्वौ संनिसिध्य यौ मंत्रयेते राजा तद् वेद वरुणः तृतीयः।'
2. अथर्ववेद, 19. 53।
3. बृहद् उप., 4. 4. में हमें ऐसे जादू-टोने मिलते हैं जिनसे किसी स्त्री का मन वश में किया जा सकता है, या पत्नी के प्रेमी का नाश किया जा सकता है और देखें, कौपीतकी उपनिषद्।
4. अथर्ववेद, 10. 8. 44।

तुष्टि का साधन हैं, किंतु ब्राह्मणों में वे स्वयं लक्ष्य बन गए हैं। उनमें यहां तक कहा गया है कि देवताओं की प्रतिष्ठा यज्ञों के ही कारण है। बहुत-सी ऐसी कथाएं हैं जिनमें विश्वसत्ता के लिए देवों और असुरों के संघर्ष की चर्चा है और यह बताया गया है कि किस प्रकार देवताओं ने यज्ञ की शक्ति से विजय प्राप्त की।[1]

इष्ट फल की प्राप्ति यज्ञ के यांत्रिक अनुष्ठान से नहीं, बल्कि उसके वास्तविक अर्थ के ज्ञान से होती है। ब्राह्मणों के बहुत-से भाग में कर्मकांड के विभिन्न तत्त्वों का रहस्यवादी महत्त्व ही स्पष्ट किया गया है। यज्ञों द्वारा हम उनसे जुड़ी ब्रह्मांड की शक्तियों को चालू कर देते हैं और इस प्रकार उनसे अभीष्ट फल प्राप्त करते हैं। यज्ञ के लक्ष्य, अर्थ और अनुष्ठान की विस्तृत जानकारी रखनेवाले पुरोहितों का महत्त्व बहुत बढ़ गया। देवता तुच्छ मध्यस्थमात्र रह गए। यदि हम किसी धार्मिक अनुष्ठान को ज्ञानपूर्वक करते हैं तो अपेक्षित फल अवश्य मिलेगा। शीघ्र ही कर्मकांड का वास्तविक अनुष्ठान अनावश्यक हो जाता है। कर्मकांड गौण और ज्ञान मुख्य हो जाता है।[2]

ब्राह्मणों का यह विश्वास है कि पार्थिव जीवन कुल मिलाकर अच्छा ही है। मनुष्य के लिए आदर्श, इस पृथ्वी पर पूर्ण आयु तक जीना है। मृत्यु निश्चित है, और यज्ञ उसके लिए स्वर्ग की प्राप्ति में सहायक होता है।

वैदिक कवि जहां मृत्यु के बाद स्वर्ग की आशा रखते थे, वहां भावी जीवन में मृत्यु के हस्तक्षेप की उन्हें चिंता भी थी। पुनर्मृत्यु का भय ब्राह्मणों में मुखर हो जाता है। पुनर्मृत्यु के भय के साथ मनुष्य की सत्ता का अनिवार्य भाग, आत्मा की अनश्वरता का विश्वास, उभरा। मृत्यु अंत नहीं है, वह केवल नये अस्तित्वों का निमित्त है। और वे नये अस्तित्व इस अस्तित्व से अच्छे ही हों, यह कोई आवश्यक नहीं है। लोकप्रिय धर्म सर्वचेतनवाद के प्रभाव के कारण, जो प्रकृति के सभी अंगों में वैसी ही आत्माएं देखता है जैसी कि मनुष्यों में हैं, भावी जीवन नीचे पृथ्वी पर ही आ गया। शतपथ ब्राह्मण के अनुसार, मनुष्य के तीन जन्म होते हैं : पहला अपने माता-पिता से, दूसरा यज्ञादि के अनुष्ठान से, और तीसरा जो मृत्यु और दाह-संस्कार के बाद प्राप्त होता है।[3]

---

1. कठसंहिता, 22. 9; तैत्तिरीय संहिता, 5.3.3; ताण्ड्य ब्राह्मण, 18.1.2
2. देखें, फ्रैंकलिन एडजर्टन द्वारा लिखित 'द उपनिषद्स : व्हाट डू दे सीक एण्ड व्हाई?'—'जर्नल ऑव द अमेरिकन ओरिएण्टल सोसाइटी', जून 1929।
3. "त्रीर्हा वै पुरुषो जायते, एतन्नु एवं मातश्च अधि पितृश्च अग्रे जायते : अथ यं यज्ञः उपनमति स यद् यजते, तद् द्वितीयं जायते; अथ यत्र म्रियते यत्रैनमग्नावभ्यादधाति स यत् ततस्सम्भवति,→

8
आरण्यक

आरण्यक हमें यज्ञों के अनुष्ठान के नियम और धार्मिक संस्कारों का स्पष्टीकरण प्रदान नहीं करते हैं, बल्कि यज्ञीय धर्म की गुह्य शिक्षा देते हैं। वस्तुतः कुछ सबसे प्राचीन उपनिषदें आरण्यकों के अंतर्गत हैं[1], 'जिनका अध्ययन वानप्रस्थ—अर्थात् वनजीवन का व्रत लिए हुए लोग—करते हैं।[2] वानप्रस्थ क्योंकि गृहस्थों की तरह कर्मकांड के लिए बाध्य नहीं है, इसलिए आरण्यकों में यज्ञ-संबंधी अनुष्ठानों के अर्थ और उनकी व्याख्या पर विचार किया गया है। यह संभव है कि वनों के एकांत में जहां गुरु और शिष्य धार्मिक अनुष्ठानों के महत्त्व पर मनन और चिंतन करते थे, कुछ पवित्र अनुष्ठान संपन्न भी किए जाते हों। ब्राह्मण और आरण्यक में कोई शुद्ध और अत्यंत स्पष्ट अंतर नहीं है।

→तत् तृतीयं जायते।''—11.2. 1. 1; देखें, 'इण्डियन फिलॉसोफी', खंड 1, अध्याय 3।

1. ऐतरेय उप. ऐतरेय आरण्यक के अंतर्गत है, जोकि ऐतरेय ब्राह्मण से जुड़ा हुआ है। कौषीतकी उप. और तैत्तिरीय उप. कौषीतकी और तैत्तिरीय ब्राह्मणों से संबद्ध है। बृहद्-आरण्यक उप. शतपथ ब्राह्मण के अंत में मिलता है। छांदोग्य उप., जिसका प्रथम अनुभाग एक आरण्यक है, सामवेद के एक ब्राह्मण से संबद्ध है। केन (तलवकार उप.) का संबंध जैमिनीय उपनिषद् ब्राह्मण से है। ईश का संबंध शुक्लयजुर्वेद से, कठ और श्वेताश्वतर उपनिषदों का संबंध कृष्णयजुर्वेद से, और मुण्डक और प्रश्न उपनिषदों का संबंध अथर्ववेद से है। मैत्री उप. को यद्यपि कृष्णयजुर्वेद की एक शाखा से संबद्ध बताया जाता है, पर वह अपनी भाषा, शैली और विषय-वस्तु के हिसाब से बुद्धोत्तरकालीन मालूम होता है।
2. आरुणेय उप. 2।

9
उपनिषद्

आरण्यक[1] अलक्ष्य रूप से उपनिषदों के भीतर छाए हैं, जैसे कि ब्राह्मण आरण्यकों के भीतर छाए हैं। ब्रह्मचारी सूक्तों का पाठ करता है, गृहस्थ ब्राह्मणों पर ध्यान देता है जिनमें नित्यकर्मों और यज्ञ आदि अनुष्ठानों की चर्चा है, वानप्रस्थ आरण्यकों पर विचार-विमर्श करता है, और संन्यासी, जो सांसारिक आसक्ति का त्याग कर चुका है, उपनिषदों का अध्ययन करता है, जिनमें विशेष रूप से दार्शनिक चिंतन है।

प्राचीन काल के महान आचार्य स्वयं किसी भी प्रकार का श्रेय नहीं चाहते थे। वे यही कहते थे कि वे केवल पूर्वजों के ही ज्ञान को प्रसारित कर रहे हैं।[2] वैदिक सूक्तों में सन्निहित दार्शनिक प्रवृत्तियों का उपनिषदों में विकास हुआ है।

देवताओं और देवियों की स्तुति में रचित सूक्तों का स्थान इस बात की छानबीन ले लेती है कि संसार के इस प्रवाह के पीछे वास्तविकता क्या है। "वह क्या है जिसके जान लेने से हर चीज़ जान ली जाती है?"[3] केन उपनिषद् में यह कथा है कि देवताओं को जब इस सत्य का पता चला कि ब्रह्म की शक्ति ही अग्नि, वायु आदि देवताओं को संभाले हुए है, तो वे घबरा गए।[4] वेद के कवि उन अनेकों की चर्चा करते हैं जिनमें कि सर्वोच्च सत्ता का तेज विभाजित है, जबकि उपनिषदों के दार्शनिक उस एक सत्य की चर्चा करते हैं जो संसार के इस प्रवाह के पीछे और पार विद्यमान है। वैदिक देवता उस एक ज्योति के संदेशवाहक हैं जो इस समस्त सृष्टि में फूट रही है। वे विशुद्ध विचार और इन्द्रिय-जगत् में रहनेवालों की बुद्धि के बीच मध्यस्थ का काम करते हैं।

जब हम वैदिक सूक्तों से उपनिषदों पर आते हैं तो देखते हैं कि रुचि विषय से हटकर विषयी पर पहुंच गई है, बाह्य जगत् की विलक्षणता पर अस्फुट विचार से वह आत्म के महत्त्व के मनन पर आ गई है। प्रकृति की व्याख्या का सूत्र मनुष्य

---

1. ऐतरेय आरण्यक (3. 1. 1) इस शीर्षक से आरंभ होता है, 'अथातस्संहिताया उपनिषद्'। और देखें सांख्यायन आरण्यक, 7. 2।
2. तुलना करें, कन्फ्यूशस—"मैं जन्मजात ज्ञानी नहीं हूं। प्राचीन मनीषियों से मुझे प्रेम है और मैंने उनकी शिक्षा सीखने की भरसक कोशिश की है।" 'लुन यू', 7. 19।
3. मुण्डक उपनिषद्, 1. 1. 3; और देखें, तैत्तिरीय उप., 2. 8।
4. और देखें, बृहद् उप., 3. 9. 1-10।

की आत्मा में छिपा है। विश्व के मर्म में जो सत्य है वह आत्मा की अथाह गहराई में प्रतिबिंबित होता है। उपनिषदें इस भीतरी चढ़ाई—इस अंतर्यात्रा के पथ पर, जिससे जीवात्माएं ब्रह्म तक पहुंचती हैं, कुछ विस्तार से प्रकाश डालती हैं। सत्य हमारे अंदर है। विभिन्न वैदिक देवताओं को आत्मोन्मुख दृष्टि से देखा गया है। "मनुष्य (पुरुष) को अपना अस्थायी घर बनाकर देवता उसमें रहते है।"[1] "ये समस्त देवता मेरे अंदर हैं।"[2] "दीक्षित वास्तव में वही है जिसके भीतर के देवता दीक्षित हैं, मन मन से और वाणी वाणी से दीक्षित हुई हैं"[3] देवताओं का कार्य अवतार का रूप ले लेता है : "नेत्र से जब कोई देखता है तो वस्तुतः यह ब्रह्म चमक उठता है और जब कोई नहीं देखता तो यह मरता है।"[4] देवता अब प्लेटो के 'विचारों' या नित्य कारणों से भिन्न प्रतीत नहीं होते।

उपनिषदों में हमें खोखले और बेकार कर्मकांडी धर्म की आलोचना मिलती है।[5] यज्ञों का स्थान गौण हो जाता है। उनसे अन्तिम मुक्ति नहीं मिलती। वे व्यक्ति को पितरों के लोक में ले जाती हैं, जहां से निश्चित अवधि के बाद पुनः पृथ्वी पर लौटना होता है।[6] जब सभी वस्तुएं ईश्वर की हैं तो उसे अपनी इच्छा और अपने अहं के सिवा कोई अन्य वस्तु समर्पित करने में कोई तुक नहीं है। यज्ञों की नैतिक व्याख्या की गई है। जीवन के तीन काल सोम की तीन आहुतियों का स्थान ले लेते हैं।[7] यज्ञ 'पुरुषमेध' और 'सर्वमेध' जैसे आत्म-निग्रह के कार्य बन जाते हैं जिनमें सर्वस्व-दान और संसार-त्याग का आदेश है। उदाहरण के लिए, बृहद्-आरण्यक उपनिषद् अश्वमेध यज्ञ के एक विवरण से आरम्भ होती है और उसकी व्याख्या समाधि के रूप में करती है, जिसमें व्यक्ति अश्व की जगह संपूर्ण विश्व को समर्पित करता है और संसार-त्याग द्वारा लौकिक प्रभुता की जगह आत्मिक स्वतंत्रता प्राप्त करता है।[8] प्रत्येक होम में 'स्वाहा' कहा जाता है, जिससे

1. अथर्ववेद, 11. 8. 18।
2. जैमिनीय उपनिषद् ब्राह्मण, 1. 14. 2।
3. कौषीतकी ब्राह्मण, 7. 4।
4. कौषीतकी उप., 2. 12 और 13।
5. मुण्डक उप., 1. 2. 1. 7-11; बृहद् उप., 3. 9. 6, 21; छांदोग्य उप., 1. 10-12, 4. 1-3।
6. बृहद् उप., 1. 5. 16, 4. 2. 16; छांदोग्य उप. 5, 10. 3; प्रश्न उप., 1. 9; मुण्डक उप., 1. 2. 10।
7. छांदोग्य उप., 3. 16।
8. देवी भागवत में कहा गया है कि परमेश्वर ने दुष्ट यज्ञों और पशु-हिंसा को रोकने के लिए बुद्ध का रूप धारण किया। →

अभिप्राय स्वत्व के हनन, अर्थात् अहं के त्याग से है।[1]

ज्ञानहीन, संकीर्ण और स्वार्थमय मार्ग में, जो क्षणिक तुष्टियों की ओर ले जाता है, और शाश्वत जीवन की ओर ले जाने वाले मार्ग में जो भेद है उस पर बहुत ज़ोर दिया गया है। यज्ञ कर्म है।[2]—ऐसा कर्म जो आत्मोन्नति और जगत् के हित के लिए किया जाता है। ऋग्वेद के सांख्यायन ब्राह्मण में कहा गया है कि अहं यज्ञ है और मानव-आत्मा यज्ञ करनेवाली है—'पुरुषो वै यज्ञः आत्मा यजमानः'। वैदिक अनुष्ठान यदि सही भावना से हो तो वह मन को अन्तिम मुक्ति के लिए तैयार करता है।[3]

प्रार्थना और यज्ञ दर्शन और आत्मिक जीवन के साधन हैं। सच्चा यज्ञ अपने अहं का त्याग है, और प्रार्थना सत्य का अन्वेषण है, जिसके लिए चेतना के उत्थान द्वारा अंतःस्थित अज्ञात में प्रवेश करना होता है। यह सैद्धांतिक ज्ञान नहीं है।[4] हमें नित्य, दिव्य और स्थिर को देखना है। यद्यपि वह अज्ञेय और अचिंत्य है, फिर भी आत्मसंयम और पूर्ण अंतर्दृष्टि से उसे अनुभव किया जा सकता है। हम सत्य को तार्किक चिंतन से नहीं, बल्कि अपनी संपूर्ण अंतरात्मा की शक्ति से उपलब्ध

→ दुष्टयज्ञविघाताय पशुहिंसानिवृत्तये।
बौद्धरूपं दधौ योऽसौ तस्मै देवाय ते नमः॥

भोग और स्वाद में लिप्त द्विजों को वेदों में पशु-बलि दिखाई देती है। वस्तुतः अहिंसा ही सर्वोच्च सत्य है।

द्विजैर्भोगरतैर्वेदे दर्शितं हिंसनं पशोः।
जिह्वास्वादपरैः काममहिंसैव परा मता॥

1. यास्क इसका स्पष्टीकरण इस प्रकार करते हैं—
"सु आहा इति वा, स्वा वाग् आहेति वा, स्वं प्राहेति वा, स्वाहुतं हविर्जुहोति इति वा।"—निरुक्त, 8. 21।

2. तुलना करें, भगवद्गीता, 3. 9. 10।
मनु कहते हैं—शिक्षा देना ब्रह्मयज्ञ है, बड़े-बूढ़ों की सेवा पितृयज्ञ है, महापुरुषों और विद्वानों का सम्मान देवयज्ञ है, धार्मिक कृत्यों का सम्पादन और दान भूतयज्ञ है, और अतिथियों का सत्कार नरयज्ञ है।

अध्यापनं ब्रह्मयज्ञः पितृयज्ञस्तु तर्पणम्।
होमो दैवो बलिर्भौतो नृयज्ञोऽतिथिपूजनम्॥

3. लौगाक्षिभास्कर 'अर्थसंग्रह' के अंत में बताते हैं—
"सोऽयं धर्मः यदुद्दिश्य विहितः तदुद्देशेन क्रियमाणः तद्हेतुः, ईश्वरार्पणबुद्धया क्रियमाणस्तु निश्रेयसहेतुः।"

4. छान्दोग्य उप., 7. 1. 2. 3।

कर सकते हैं। प्रार्थना का आरंभ श्रद्धा से, जिससे प्रार्थना की जाती है उसमें पूर्ण विश्वास से, तीव्र आवश्यकता की भावना से और इस सरल आस्था से होता है कि ईश्वर हमारा उपकार कर सकता है और हमारे प्रति दयालु है। आत्मिक प्रकाश का चकाचौंध कर देनेवाला अनुभव जब हमें होता है तो हम अपने को जग के लिए एक नया विधान घोषित करने को बाध्य अनुभव करते हैं।

उपनिषदों के ऋषि जाति के नियमों से बंधे नहीं हैं। आत्मा की सर्वव्यापकता के सिद्धांत को वे मानव-जीवन की चरम सीमाओं तक फैला देते हैं। सत्यकाम जाबाल यद्यपि अपने पिता का नाम नहीं बता पाता है, फिर भी उसे आध्यात्मिक जीवन की दीक्षा दी जाती है। यह कथा इस बात का प्रमाण है कि उपनिषदों के रचयिता रीति-रिवाज के कड़े आदेशों से अधिक मान्यता उन दिव्य और आत्मिक नियमों को देते हैं जो आज या कल के नहीं बल्कि शाश्वत नियम हैं और जिनके बारे में कोई भी मनुष्य यह नहीं जानता कि उनका जन्म कैसे हुआ। 'तत् त्वं असि'—ये शब्द इतने जाने-पहचाने हैं कि वे पूर्ण अर्थावबोध से पहले हमारे मनों पर से फिसल जाते हैं।

लक्ष्य आनंद की स्वर्गीय स्थिति या इससे किसी अच्छे लोक में फिर से जन्म नहीं है, बल्कि कर्म के सांसारिक बंधन से छूटकर उस परम चैतन्य के साथ एकाकार होना और मुक्ति है। वैदिक स्वर्ग जीवात्मा के विकास में बीच का एक पड़ाव बन जाता है।[1]

उपनिषदें वेदों का उल्लेख आम तौर पर आदर के साथ करती हैं, और उनका अध्ययन एक महत्त्वपूर्ण कर्तव्य माना जाता है।[2] वेदों के गायत्री जैसे कुछ मंत्र ध्यान का विषय है[3] और उपनिषदों की शिक्षा के समर्थन में कई बार वेदों के मंत्र उद्धृत किए जाते हैं।[4] उपनिषदें वेदों का उपयोग तो करती हैं परंतु उनकी शिक्षा याज्ञवल्क्य, शाण्डिल्य जैसे गुरुओं के निजी अनुभव और साक्ष्य पर निर्भर है। वेदों की प्रामाणिकता बहुत हद तक उपनिषदों के उनके अंतर्गत होने के कारण है।

कई बार यह कहा गया है कि अकेले वैदिक ज्ञान से काम नहीं चलेगा।

---

1. कर्मकाण्ड के विधिवत् पालन से स्वर्ग का जो फल बताया गया है, वह मानव आत्मा के विकास, सत्त्वगुणोदय में बीच एक पड़ाव की तरह है।—भागवत्, 11. 19. 42।
   निरालम्बोपनिषद् स्वर्ग की व्याख्या 'सत्संसर्ग' करता है। स्वर्ग और नरक, दोनों इसी विश्व में हैं—'अत्रैव नरकः स्वर्गः', भागवत, 3. 30. 29।
2. बृहद् उप., 4. 4. 22; 1. 9।
3. बृहद् उप., 6. 3. 6।
4. बृहद् उप., 1. 3. 10।

छांदोग्य उपनिषद्[1] में श्वेतकेतु यह स्वीकार करते हैं कि वे सभी वेदों का अध्ययन कर चुके हैं, परंतु अभी उनमें वह ज्ञान नहीं है "जिसके द्वारा अनसुना सुना हुआ हो जाता है, अनसोचा सोचा हुआ हो जाता है, न समझा हुआ समझा हुआ हो जाता है।" नारद सनत्कुमार से कहते हैं कि उन्होंने वेदों से लेकर नागविद्या तक सभी तरह का ज्ञान प्राप्त किया है, पर अभी उन्हें आत्मज्ञान नहीं हुआ है।[2]

10

परमसत्य : ब्रह्म

उपनिषदों के प्रणेताओं के सम्मुख मुख्य समस्या का, जो उन्हें सुलझानी थी, रूप यह था : जगत् का मूल क्या है? वह क्या है जिस पर पहुंचकर हम अपने चारों ओर के जगत् में दृष्टिगोचर होने वाले नाना पदार्थों को समझ लेते हैं? बहुत-से दार्शनिकों की तरह, वे यह कल्पना करते हैं कि यह बहुविध जगत् वस्तुतः एक एकाकी मूल सत्य में परिणत हो सकता है जो हमारी इंद्रियों के आगे विभिन्न रूपों में प्रकट होता है। सत्य इंद्रियों से छिपा है, परंतु तर्क से उसकी विवेचना हो सकती है। उपनिषद् प्रश्न उठाते हैं : वह सत्य क्या है जो परिवर्तन में भी वैसे का वैसा स्थिर रहता है?

उपनिषदों में परम सत्य के लिए 'ब्रह्म'शब्द प्रयुक्त हुआ है। यह 'बृह्' धातु से बना है,जिसका अर्थ 'बढ़ना', 'बाहर को फूटना' होता है। इस व्युत्पत्ति से उमड़ती, उफनती, अनवरत वृद्धि 'बृहत्त्वम्' की व्यंजना होती है। शंकर 'ब्रह्म' शब्द की व्युत्पत्ति 'बृहति' (आगे निकल जाने), 'अतिशयन' से मानते हैं और उसका अर्थ 'शाश्वत', 'विशुद्ध' करते हैं। मध्व के अनुसार, 'ब्रह्म' वह है जिसमें गुण पूर्ण रूप में रहते हैं, 'बृहन्तो ह्यस्मिन् गुणाः' सत्य निस्तेज अमूर्तीकरण नहीं है,बल्कि तीव्र रूप से जीवंत प्रचंड जीवनी शक्ति है। ऋग्वेद में "ब्रह्म' शब्द पवित्र ज्ञान या वाणी, मंत्र, आत्मिक ज्ञान की ठोस अभिव्यति के अर्थ में प्रयुक्त हुआ है। कभी-कभी 'वाक्' को मूर्तिमान ब्रह्म कहा गया है।[3] विश्वकर्मा पवित्र वाणी के स्वामी कहे गए है।[4] 'ब्रह्म' मंत्र या प्रार्थना है। धीरे-धीरे इसका अर्थ 'मंत्र की शक्ति' या

1. 6 : 1 और आगे।
2. 7. 1. और आगे।
3. ऋग्वेद, 10. 125; अथर्ववेद, 4. 30।
4. ऋग्वेद, 10. 81. 7; 10. 71

'क्षमता' हो गया। इसमें एक रहस्यमय शक्ति होती है और जिसे यह व्यक्त करता है उसका सार इसके अंदर निहित होता है। बृहस्पति की व्याख्या ब्रह्मणस्पति (प्रार्थना का स्वामी) की गई है।

ब्राह्मणों में 'ब्रह्म' धार्मिक अनुष्ठान को व्यक्त करता है और इसलिए वह सर्वशक्तिमान माना जाता है। जो ब्रह्म को जानता है वह विश्व को जानता है और उसका नियंत्रण करता है। ब्रह्म विश्व का प्रधान तत्त्व और उसकी निर्देशक शक्ति है। इस ब्रह्म से अधिक पुरातन और दीप्तिमान और कुछ नहीं है।[1]

परवर्ती चिंतन में 'ब्रह्म' का अर्थ ज्ञान अथवा वेद हो गया। वेद या ब्रह्म का स्रोत क्योंकि दिव्य कहा गया है, इसलिए दोनों शब्द एक ही अर्थ में प्रयुक्त होने लगे। ब्रह्म अथवा पवित्र ज्ञान को पहली रची हुई चीज़ कहा जाने लगा, 'ब्रह्म प्रथमजम्'; यही नहीं, उसे रचनात्मक तत्त्व, सभी प्रकार के अस्तित्व का कारण तक माना जाने लगा।

विश्व-आत्मा और उससे मिलने की आकांक्षा रखनेवाली मनुष्य की आत्मा में जो मूल नाता है, ब्रह्म शब्द उसका अभिव्यंजक है। सत्य को जानने की इच्छा से ही यह ध्वनित होता है कि हम उसे कुछ-कुछ जानते हैं। यदि हम उसके विषय में कुछ भी जानते न होते, तो हम यह भी नहीं कह सकते थे कि वह है और हम उसे जानना चाहते हैं। यदि हम सत्य को जानते हैं तो इसका कारण यह है कि हमारे अंदर स्थित सत्य अपने-आपको जानता है। ईश्वर के लिए हमारी इच्छा, यह अनुभूति कि हम निर्वासित की स्थिति में है, इस बात का संकेत है कि ईश्वर का सत्य हमारे अंदर है। सारी आत्मोन्नति अर्ध-ज्ञान का स्पष्ट प्रकाश में विकसित होना है। धार्मिक अनुभूति दिव्य के अस्तित्व का प्रमाण है। अंतःप्रेरणा के क्षणों में हम ऐसा अनुभव करते हैं कि एक बड़ा सत्य हमारे अंदर है, यद्यपि हम यह बता नहीं सकते कि वह क्या है। अपने भीतर होते स्पंदनों और अपने में से उठते उद्गारों से हम अपने-आपको नहीं, बल्कि उस शक्ति को अनुभव करते हैं जो हमें चलाती है। धार्मिक अनुभूति व्यक्तिपरक कदापि नहीं है। ईश्वर को केवल उसके अपने कार्य द्वारा ही जाना या अनुभव किया जा सकता है। यदि हमें ब्रह्म का ज्ञान है, तो वह अपने अंदर स्थित ब्रह्म की क्रिया के कारण है।[2] प्रार्थना मानव

1. शतपथ ब्राह्मण, 10. 3. 5. 11।
2. तुलना करें, सेंट अन्सेल्म—"जब तक कि तुम्हीं मुझे शिक्षा न दो, मैं तुम्हारी चाह नहीं कर सकता और जब तक कि तुम्हीं अपने-आपको प्रकट न करो, मैं तुम्हें पा नहीं सकता", रूमी—"जिसने तुम्हें लंबी सेवा के लिए बुलाया क्या वह मैं नहीं था? जिसने तुम्हें मेरे नाम में लीन किया क्या वह मैं नहीं था? तुमने पुकारा 'अल्लाह', मेरा उत्तर था 'मैं यहां हूं'।"

आत्मा में अंतर्निहित अतींद्रिय दिव्य आत्मा की साक्षी है। उपनिषदों के विचारकों के लिए ब्रह्म की वास्तविकता का आधार आत्मिक अनुभूत का तथ्य था, जिसमें सीधी-सादी प्रार्थना से लेकर आलोक की अनुभूति तक आ जाती है। ब्रह्म के स्वरूप के बारे में उनमें जो अंतर हैं वे मात्र तार्किक नहीं हैं। वे आत्मिक अनुभूति के तथ्य हैं।

उपनिषदों के विचारक प्रकृति के तथ्यों और अंतर्जीवन के तथ्यों के विश्लेषण से ईश्वर के सत्य को स्थापित करने का प्रयत्न करते हैं।

कौन-सा मार्ग देवताओं के पास ले जाता है,
यह कौन जानता है और कौन कह सकता है?
उनके केवल निम्नतम निवास-स्थान ही दिखाई देते हैं,
कौन-सा मार्ग सर्वोच्च गुह्यतम क्षेत्रों तक ले जाता है?[1]

उपनिषदें यह मानती हैं कि मन की यह विकृत प्रवृत्ति है कि वह 'सर्वोच्च, गुह्यतम क्षेत्रों' और 'निम्नतम निवास-स्थानों' को एक समझता है। सत्य वास्तविक नहीं है। उपनिषदें पूछती हैं, "सब चीज़ें जिसमें से उभरती हैं, जिसमें लीन हो जाती हैं, जिसमें रहती हैं और जिसमें उनकी सत्ता है, वह 'तज्जलान्' क्या है?"[2]

बृहद् आरण्यक उपनिषद् का यह कहना है कि ब्रह्म सत् है, 'सन्मात्रं हि ब्रह्म'। क्योंकि कुछ भी अकारण नहीं है, इसलिए इस बात का भी कोई कारण होना चाहिए कि किसी चीज़ का अस्तित्व क्यों है, नहीं क्यों नहीं है। कोई चीज़ है; कोई चीज़ नहीं है। ऐसा नहीं है। जगत् अपना कारण आप नहीं है, अपने-आप पर निर्भर नहीं है, अपने को आप नहीं चला रहा है। समस्त दार्शनिक अन्वेषण अस्तित्व के सत्य, 'अस्तित्वनिष्ठा'[3] की पूर्वकल्पना करता है। धर्मतत्त्वज्ञ सत् के आदितत्त्व को निरपेक्ष मानता है; दार्शनिक इस पर मध्यस्थता की प्रक्रिया द्वारा पहुंचता है। तर्क से यह दिखाकर कि असत् अपने-आपमें असम्भव है, वह सत् की आवश्यकता का प्रतिपादन करता है। सत् विशुद्ध स्वीकृति का द्योतक है, जिसमें किसी

1. ऋग्वेद, 3. 54।
2. छान्दोग्य उप., 3. 14. 1; और देखें तैत्तिरीय उप., 3. 1; श्वेताश्वतर उप., 1.1।
3. तुलना करें, "तब ईश्वर ने मूसा से कहा, "मैं हूं, वह मैं हूं।"–'एक्सोडस', 3. 14।
नास्तिक और आस्तिक के बीच एक सुविदित अंतर है। नास्तिक सोचता है कि जो कुछ हम देखते हैं, अनुभव करते हैं, छूते हैं और अनुमान करते हैं उसके सिवा और कुछ नहीं है। आस्तिक वह है जो ऋग्वेद 10. 31. 8 की तरह, यह मानता है कि 'नैतावद एना परो अन्यद अस्ति'–केवल यही नहीं है, बल्कि कुछ अन्य अतींद्रिय भी है।

भी प्रकार का अस्वीकार नहीं है। साथ ही, यह यह भी व्यक्त करता है कि ईश्वर को अपनी और अपने निरपेक्ष आत्मलीन अस्तित्व की चेतना है। सत् के सत्य को माने बिना हम युक्तियुक्त जीवन नहीं जी सकते। कभी-कभी असत् को आदितत्त्व कहा गया है।[1] परंतु वह निरपेक्ष असत् नहीं है, बल्कि परवर्ती ठोस अस्तित्व की तुलना में केवल सापेक्ष असत् है।

जिस प्रकार न्यग्रोध (वट) वृक्ष ऐसे सूक्ष्म मूलतत्त्व का बना है जिसे हम देख नहीं पाते हैं, उसी प्रकार यह जगत् असीम ब्रह्म का बना है।[2] "उस अविनाशी के शासन में ही सूर्य और चंद्रमा अपने-अपने स्थान पर स्थित हैं। उस अविनाशी के शासन में ही स्वर्ग और पृथ्वी अपने-अपने स्थान पर स्थित हैं। उस अविनाशी के शासन में ही क्षणों, घंटों, दिनों, रातों, पक्षों, मासों, ऋतुओं और वर्षों का योजनानुसार अपना-अपना निर्धारित कार्य है। उस अविनाशी के शासन में ही कुछ नदियां हिमाच्छादित पर्वतों से निकलकर पूर्व की ओर बहती हैं और कुछ पश्चिम की ओर बहती हैं।"[3] जब बालाकि ब्रह्म की व्याख्या करते हुए उसे सूर्य में स्थित पुरुष (आदित्यपुरुषः) कहता है और उसके बाद क्रमशः चंद्रमा, तडित्, आकाश, वायु, अग्नि, जल में स्थित पुरुष तथा मन, छाया, प्रतिध्वनि और शरीर में स्थित पुरुष कहता है, तो राजा अजातशत्रु पूछते हैं, "क्या बस इतना ही?" जब बालाकि यह मान लेता है कि इससे आगे वह नहीं जा सकता, तो राजा कहते हैं, "जो इन सब पुरुषों का बनानेवाला है, वस्तुतः उसे जानना चाहिए।" ब्रह्म सत्य का सत्य, 'सत्यस्य सत्यम्',–है, सभी सत्ताओं का स्रोत है।[4]

सृष्टि-सम्बन्धी कुछ कल्पनाओं में सत्य के रहस्यवादी तत्त्व को कुछ प्राकृतिक तत्त्वों के साथ एकरूप कर दिया गया है। जल को सभी चीज़ों का स्रोत बताया गया है।[5] उससे सत्य, ठोस सत्ता का उदय हुआ। रैक्व की तरह अन्य लोग वायु को वह चरम तत्त्व मानते हैं जिसमें सभी चीज़ें, अग्नि और जल भी, समा जाती

---

1. तैत्तिरीय उप., 2. 7; छान्दोग्य उप., 3. 19. 1-3।
2. छान्दोग्य उप., 6.12। जगत् के एक वृक्ष के रूप में प्रयोग के लिए देखें, ऋग्वेद, 1. 164. 20; 7. 40 5; 7. 43.।
3. बृहद् उप., 3. 8. 9। ऑगस्टाइन अपने 'कन्फैशन्स' में यह विचार व्यक्त करते हैं कि जगत् की वस्तुएं अपने दिखाई पड़नेवाले रूप के द्वारा इस तथ्य की घोषणा करती हैं कि वे बनाई गई हैं!...11. 4।
4. बृहद् उप., 2.1।
5. बृहद् उप., 5.5. 1।

हैं।[1] कठ उपनिषद् हमें बताती है कि अग्नि, विश्व में प्रवेश कर, सभी तरह के रूप धारण करती है[2] परन्तु छान्दोग्य उपनिषद् का यह कहना है कि सत् से, सबसे पहले, अग्नि उत्पन्न होती है, अग्नि से जल उत्पन्न होता है, और जल से पृथ्वी उत्पन्न होती है। प्रलय के समय पृथ्वी जल में लीन हो जाती है, जल अग्नि में लीन हो जाता है, और अग्नि सत् में लीन हो जाती है।[3] कभी-कभी आकाश को आदितत्त्व माना गया है।

सृष्टि के विकास का जहाँ तक संबंध है, उपनिषदें भौतिक जगत् की सबसे प्रारम्भिक स्थिति आकाश के प्रसार में देखती हैं, जिसकी मुख्य विशेषता कम्पन है जिनकी प्रतीति हमें शब्द के प्रत्यक्ष विषय के रूप में होती है। आकाश से वायु उत्पन्न होती है। कम्पन, जब तक उसे अवरोध न मिले, अपने-आप आकार की रचना नहीं कर सकता। वायु में, जो दूसरा रूपान्तर है, कम्पनों की परस्पर-क्रिया सम्भव है। विभिन्न शक्तियों को सँभाले रखने के लिए तीसरा रूपान्तर तेज उत्पन्न होता है, जिसका प्रकट रूप प्रकाश और ताप हैं। अभी भी टिकाऊ आकार नहीं होते है। इसलिए और गाढ़े माध्यम, जल, की उत्पत्ति होती है। उससे भी अधिक सान्द्रता पृथ्वी में मिलती है। जगत् का विकास सूक्ष्म आकाश के उत्तरोत्तर स्थूल होते जाने की प्रक्रिया है। सभी भौतिक पदार्थ, सूक्ष्म से सूक्ष्म भी, इन पाँच तत्त्वों के मेल से बने हैं। हमारा इन्द्रियानुभव इन्हीं पर निर्भर है। कम्पन की क्रिया से शब्देन्द्रिय बनती है। कम्पनों की दुनिया में रहती चीज़ों की क्रिया से स्पर्शेन्द्रिय बनती है। प्रकाश की क्रिया से दर्शनेन्द्रिय, जल की क्रिया से स्वादेन्द्रिय और पृथ्वी की क्रिया से घ्राणेन्द्रिय बनती है।

तैत्तिरीय उपनिषद्[4] में शिष्य पिता के पास जाकर यह प्रार्थना करता है कि वे उसे ब्रह्म का स्वरूप समझाएँ। उसे तात्त्विक परिभाषा बता दी जाती है और यह कहा जाता है कि अन्तर्वस्तु वह स्वयं अपने चिन्तन से प्राप्त करे। "जिससे ये सत्ताएं जन्मी हैं, जिसमें जनम लेने के बाद रहती हैं, और जिसमें अपनी मृत्यु के बाद चली जाती हैं, वह ब्रह्म है।" इस व्याख्या से मेल खानेवाला सत्य क्या है? पुत्र भौतिक व्यापार से प्रभावित है और भूतद्रव्य (अन्न) को मूल तत्त्व के रूप में लेता है। परन्तु उसे सन्तोष नहीं होता, क्योंकि भूतद्रव्य से जीवन के रूपों का स्पष्टीकरण नहीं हो सकता। वह प्राण को जगत् के आधार के रूप में लेता है। प्राण भूतद्रव्य से भिन्न श्रेणी में है। प्राण भी इसलिए आदितत्त्व नहीं हो सकता

1. छान्दोग्य उप., 4. 3. 1-2।
2. 2. 5।
3. 6. 8. 4.।
4. 3।

कि चेतन व्यापार सजीव रूपों के समान नहीं है। चेतना में प्राण से कुछ अधिक होता है। इसलिए वह सोचने लगता है कि चेतना (मन) आदितत्त्व है। परन्तु चेतन के विभिन्न स्तर होते हैं। पशुओं की सहज प्रेरणात्मक चेतना मनुष्यों की औद्धिक चेतना से बिल्कुल भिन्न है। इसलिए पुत्र यह मानता है कि बौद्धिक चेतना (विज्ञान) ब्रह्म है। प्रकृति की सन्तानों में अकेले मनुष्यों में ही यह क्षमता है कि वह अपने निजी प्रयत्न से अपने-आपको बदल सकता है और अपनी सीमाओं को पार कर सकता है। परनतु यह भी पूर्ण नहीं है क्योंकि यह असंगतियों और द्वैत भावनाओं से ग्रस्त है। मनुष्य की बुद्धि सत्य तक पहुँचना चाहती है, परन्तु वह केवल उसके सम्बन्ध में कुछ अन्दाज़े लगाने में ही सफल होती है। मनुष्य में कोई ऐसी शक्ति अवश्य है जो सत्य को नग्न रूप में देखती है। प्रकृति का मूल आशय, जिसे लेकर भूतद्रव्य, प्राण, मन और विज्ञान का विकास हुआ है, यदि पूरा होना है, तो चेतना का एक और भी गहरा तत्त्व अवश्य उभरना चाहिए। पुत्र अन्त में इस सत्य पर पहुँचता है कि आत्मिक मुक्ति या आनन्द, परिपूर्ण जीवन का परमानन्द ही आदितत्त्व है। यहाँ आकर खोज समाप्त हो जाती है, केवल इसलिए नहीं कि शिष्य की शंकाओं का समाधान हो जाता है, बल्कि इसलिए कि स्वयंसिद्ध सत्य के संदर्शन से शिष्य की शंकाएँ शान्त हो जाती हैं। सभी निम्नतर रूपों के पीछे छिपी सर्वोच्च एकता को वह अनुभव करता है। उपनिषद् बताती है कि वह विवादमय तर्क को छोड़कर उस एक का ध्यान करता है और परमानन्द में खो जाता है।[1] इस प्रसंग का अन्त इस निश्चित घोषणा से होता है कि ब्रह्म सत्य है, ज्ञान है, अनन्त है।

1. तुलना करें, जलालुद्दीन रूमी—
खनिज के रूप में मैं मरा और पौधा बन गया,
पौधे के रूप में मैं मरा और पशु बनकर उभरा,
पशु के रूप में मैं मरा और मनुष्य बन गया,
मुझे भय क्यों हो? मरने से मुझमें कमी कब आई है?
मनुष्य के रूप में मैं अभी एक बार और मरूँगा,
जिससे कि स्वर्गीय देवदूतों के साथ उड़ सकूँ,
परन्तु देवदूत की स्थिति से भी मुझे आगे जाना है।
ईश्वर के सिवा सभी नष्ट होते हैं
देवदूत की अपनी आत्मा का वलिदान कर देने पर
मैं वह बन जाऊंगा जिसकी किसी भी मन ने कभी कल्पना नहीं की है
अरे, मेरा अस्तित्व न रहे।
क्योंकि अस्तित्वहीनता यह घोषणा करती है कि
'हम उसी में लौट जाएंगे।'।

कुछ ऐसे भी हैं जो यह कहते हैं कि आनन्द ब्रह्म का सबसे अधिक समीपवर्ती तो है, पर वह स्वयं ब्रह्म नहीं है क्योंकि वह एक तर्कसम्मत रूप है। यह अनुभव हमें शान्ति देता है, पर जब तक हम उसमें सुस्थित नहीं हो जाते, हमें सर्वोच्च की प्राप्ति नहीं होती।

इस विवरण में उपनिषद् यह मानती है कि विकास का प्रकृतिवादी सिद्धान्त स्वीकार नहीं किया जा सकता। जगत् को एक ऐसा स्वयंचालित विकास समझना, जिसका कोई बौद्धिक क्रम या बुद्धिगम्य लक्ष्य नहीं है, ठीक नहीं है। भूतद्रव्य, प्राण, मन, बुद्धि अस्तित्व के विभिन्न रूप हैं, जिनके अपने-अपने विशिष्ट गुण और अपनी-अपनी कार्यप्रणालियाँ हैं। प्रत्येक की अन्य पर क्रिया होती है, पर वे एक-दूसरे में से उत्पन्न नहीं हुए हैं। भूतद्रव्य में से प्राण का विकास भौतिक तत्त्व द्वारा नहीं होता है, बल्कि एक नये जीवनतत्त्व की क्रिया द्वारा होता है जो भूतद्रव्य की परिस्थितियों को प्राण की उत्पत्ति के लिए प्रयुक्त करता है। प्राण भौतिक शक्तियों के पूर्ववर्ती समन्वय का यांत्रिक परिणाम नहीं है, बल्कि—जैसा कि अब उसका नामकरण किया गया है—एक उभार है। पूर्ववर्ती परिस्थितियों के पूर्णज्ञान से हम परवर्ती परिणाम का पहले से ही सही अनुमान नहीं लगा सकते। उसमें एक तत्त्व अननुमेय का रहता है। प्राण का आविर्भाव तब होता है जब ऐसी भौतिक परिस्थितियाँ उपलब्ध होती हैं जो प्राण को भूतद्रव्य में संगठित होने देती हैं। इस बात को हम यों कह सकते हैं कि भूतद्रव्य प्राण की ओर उठना चाहता है, परन्तु प्राण निष्प्राण कणों द्वारा उत्पन्न नहीं होता है। इसी प्रकार प्राण के लिए यह कहा जा सकता है कि वह मन की ओर उठना चाहता है या उससे युक्त होता है। और मन वहाँ इस बात के लिए तैयार होता है कि जैसे ही परिस्थितियाँ उसे सजीव द्रव्य में संगठित होने दें, वह उसमें से उभर आए। मन मनहीन वस्तुओं से उत्पन्न नहीं हो सकता। जब आवश्यक मानसिक परिस्थितियाँ तैयार हो जाती हैं, तो मानसिक प्राणी में बुद्धि की विशेषता आ जाती है। प्रकृति इसी मूल आशय के अनुसार कार्य कर रही है, और यह आशय इसलिए पूरा हो रहा है क्योंकि यह तत्त्वतः परमेश्वर का साधन है।

जगत् अर्थहीन संयोग का परिणाम नहीं है। एक प्रयोजन है, जो युग-युगान्तरों से कार्य कर रहा है। यह एक ऐसा मत है जिसकी आधुनिक विज्ञान पुष्टि करता है। सुदूर अतीत के आंशिक अवशेषों की व्याख्या करके विज्ञान हमें बताता है कि किस तरह यह पृथ्वी, जिसपर हम रहते हैं, धीरे-धीरे ऐसा स्थान बनी जहां जीवन विकसित हो सकता था, किस तरह असंख्य शताब्दियों में जीवन का आविर्भाव हुआ और वह विकसित होता गया जिससे आखिर उसमें पशु-चेतना जागी, और फिर किस तरह धीरे-धीरे उसका भी विकास होते-होते मनुष्य अपने

आत्मचेतन के विवेक सहित स्पष्टतः रंगमंच पर आ गया। मानव-जाति के विकास का लम्बा-चौड़ा लेखा और बुद्ध, सुकरात, ईसा जैसी आध्यात्मिक विभूतियों के महान वरदान यह सिद्ध करते हैं कि मनुष्य से भी श्रेष्ठतर दिव्य मनुष्य को होना है।

यह तर्क गलत है कि जब भौतिक कण एक विशिष्ट रीति से संगठित हो जाते हैं तो जीवन उत्पन्न हो जाता है। संगठन का तत्त्व भूतद्रव्य नहीं है। किसी चीज़ का स्पष्टीकरण उसमें ढूँढ़ना चाहिए जो अस्तित्व और मूल्य के स्तर पर उस चीज़ से ऊपर है। उसमें नहीं, जो उस चीज़ से नीचे है। भूतद्रव्य अपने-आपको ऊपर नहीं उठा सकता। वह उच्चतर स्तर पर उसकी सहायता से पहुँचता है जो स्वयं उच्चतर है। यदि कोई चीज़, जो उससे ऊपर है, उसपर अपनी क्रिया न करे तो उसके भीतर विकास नहीं हो सकता। निम्नतर उच्चतर के लिए सामग्री है। प्राण मन के लिए सामग्री और भौतिक द्रव्य के लिए आकार है। इसी तरह बुद्धि मन के लिए आकार और आत्मा के लिए सामग्री है। शाश्वत वास्तविक का उद्गम है और सुधार केलिए उसका प्रयास है। उसे पूर्णतया अनुभवातीत या एक भावी संभावना मानना, वास्तव में उसकी स्थिति को न देखना है। हम सर्वोच्च की आद्यता को भुला नहीं सकते। "वस्तुतः, इस जगत् के आरम्भ में ब्रह्म था।"[1] जगत् में सर्वोच्च की क्रिया निरन्तर चलती है।

उपनिषद् यह प्रतिपादित करता है कि ब्रह्म—जिसपर अन्य सब कुछ निर्भर है, जिसकी ओर सभी सत्ताएं उठना चाहती हैं, जो अपने-आपमें पर्याप्त है, जो किसी की ओर उठना नहीं चाहता, जिसे कुछ नहीं चाहिए अन्य सभी सत्ताओं का : बुद्धितत्त्व, अनुभव करनेवाले मन, प्राण और शरीर का, उद्गम है। यह वह तत्त्व है जो भौतिकीविद्, जीववैज्ञानिक, मनोवैज्ञानिक, तार्किक, सदाचारवादी और कलाकार की दुनिया में एकरूपता लाता है। आत्माहीन भूतद्रव्य से लेकर देवता तक, सभी वस्तुओं और सत्ताओं का धर्मशासन व्यवस्थित विश्व है। प्लेटो का विश्व-वास्तुकार, अरस्तू का विश्व-चालक इस व्यवस्थित विश्व से सम्बन्ध रखते हैं। यह जो व्यवस्थित विकास है, उत्तरोत्तर विकास की प्रगतिशील व्यवस्था है, यह इसीलिए है कि विश्व में दिव्य तत्त्व काम कर रहा है।

विश्व-प्रक्रिया व्यापक और सतत परिवर्तन की प्रक्रिया है,और वह स्वर्ग की पूर्ण व्यवस्था और अंधियारे जल की विशृंखलता के द्वैत पर आधारित है, जिनमें निरन्तर द्वन्द्व चल रहा है। जीवन परस्पर विरोधियों की रचना उनमें सामंजस्य लाने के लिए करता है, जैसे कि वह लिंग-भेद की रचना करता है। "आरंभ में उर्वशी बाढ़ में इधर-उधर पति को खोजने लगी।"[2] इन्द्र ने, उदाहरण के लिए,

1. बृहद् उप., 1. 4. 10—11; मैत्री उप., 6. 17।

2. "इच्छन्ति सलिले पतिम्"—जैमिनीय उपनिषद् ब्राह्मण, 1. 56।

विश्व को पृथ्वी और आकाश में विभाजित किया। उसने "अपने ही शरीर से अपने माता और पिता को उत्पन्न किया।" यह द्वंद्व समूचे अनुभूत जगत् में चल रहा है, और तभी समाप्त होगा जब सृष्टि का उद्देश्य पूरा हो जाएगा। सृजन ऊपर दिव्य की ओर बढ़ रहा है। जब नियंत्रण करनेवाली आत्मा और प्रकट होनेवाले भौतिक द्रव्य में पूर्ण एकता स्थापित हो जाएगी, तो जगत् का प्रयोजन, विकास की प्रक्रिया का लक्ष्य, पृथ्वी पर आत्मा का उद्घाटन पूरा हो जाएगा। पृथ्वी ईश्वर की पादपीठिका है, सभी प्राणियों की जननी है, जिनका पिता स्वर्ग है।[1]

द्वन्द्व अन्तिम चीज़ नहीं है। द्वैत निष्फल द्वैतवाद नहीं है। स्वर्ग और पृथ्वी, ईश्वर और भौतिक द्रव्य का उद्गम एक ही है।

आदिजात ईश्वर 'हिरण्यगर्भ' का जहां तक संबंध है, उसके लिए एक चक्राकार प्रक्रिया खोजी गई है। आदिसत् स्वेच्छा से आदिजल उत्पन्न करता है,

---

1. चीनियों का यह विश्वास है कि च्येन (स्वर्ग) समस्त लौकिक जीवन का पिता है और खुन (पृथ्वी) माता है। आकाश-पिता के रूप में ज़ियस का पृथ्वी माता से अनिवार्य संबंध है। दोनों परस्पर सम्बद्ध हैं। देखें, ए. बी. कुक–'ज़ियस' (1914), खंड 1, पृ. 779।

ज़ोरोस्थ्र एक अकेले आध्यात्मिक ईश्वर, ओरमुज़्द या अहुरमज़्द की धारणा पर पहुँचते हैं, जिसमें अच्छाई मूर्तिमान है। बुराई अहिर्मन या अंग्रमैन्यु में मूर्तिमान है जो अहुरमज़्द की सर्वशक्तिमत्ता पर रोक लगाता है। समूची सृष्टि इन दोनों का संघर्ष है। ये दोनों तत्त्व जीवन में निरन्तर संघर्ष करते रहते हैं, और मनुष्य इस संघर्ष में भाग लेते हैं। मनुष्य अपने अच्छे या बुरे कर्मों के लिए उत्तरदायी है। यदि वह बुराई के विरुद्ध संघर्ष करता है, ईश्वर को स्वीकार कर लेता है और अपनी देह और आत्मा की शुद्धि के लिए प्रयत्नशील रहता है, तो तीन-तीन हज़ार वर्ष के चार युग बीत जाने के बाद विश्व-इतिहास में एक समय ऐसा आएगा जब बुराई पर अच्छाई को, अहिर्मन पर ओरमुज़्द को अन्तिम विजय प्राप्त हो जाएगी। तब मुर्दे फिर से उठ खड़े होंगे और अन्तिम न्याय होगा, और उसका स्थान रक्षित और पुण्यात्माओं के बीच सुरक्षित रहेगा।

अच्छाई और बुराई के इन दो तत्त्वों को यहूदियों ने अपना लिया और वहाँ से उन्हें ईसाई धर्म ने ग्रहण कर लिया। जब ब्लेक स्वर्ग और नरक के विवाह की चर्चा करते हैं, तो स्वर्ग सबके ऊपर चमकते एक स्पष्ट आलोक का प्रतिनिधित्व करता है और नरक संवेदनाओं और लालसा के अंधकारपूर्ण संसार का प्रतिनिधित्व करता है। अलग-अलग दोनों ही एक जैसे निष्फल हैं, परंतु उनके संयोग से आनंद का प्रादुर्भाव होता है। ब्लेक की यह पुकार थी, "अरे, मनुष्य उन अमर क्षणों को खोजे? अरे, मनुष्य ईश्वर से बात कर सके।"

इससे देवताओं में सबसे पहले पैदा होनेवाले हिरण्यगर्भ की उत्पत्ति होती है, 'जो अजात की नाभि पर पड़ा प्रथम बीज था।[1] हिरण्यगर्भ, जो विश्वात्मा है, अपनी आत्मशक्ति परिवेश के द्वारा व्यक्त करता है। वह उन रूपों को प्रकट करता है जो उसके अन्दर निहित हैं। जगत् उसमें इस तरह जुड़ा है जैसे आरे पहिये की नाभि से जुड़े होते हैं। वह सूत्र है, 'सूत्रात्मा', जिसमें सभी प्राणी और सभी लोक माला के मनकों की तरह पिरोए हुए हैं। वह सबसे पहले जन्मा–'प्रथमज'–है। वह ब्रह्मा भी कहलाता है, और ये ब्रह्मा जगत् में हर बार उत्पन्न किए जाते हैं।[2]

ऋग्वेद में[3] हिरण्यगर्भ वह स्वर्णबीज है जो स्रष्टा के प्रथम कार्य के बाद सृष्टि का कार्यभार लेता है। सांख्यदर्शन में प्रकृति को अचेतन माना गया है और उसका विकास बहुत-सारे अलग-अलग पदार्थों के प्रभाव के कारण होता है। विकास-क्रम में पहले 'महत्' या बुद्धि की उत्पत्ति होती है। यह विश्व-प्रज्ञा या हिरण्यगर्भ का विकास है। अंत सृष्टि की ओर, बुद्धि सूक्ष्म शरीर या 'लिंग' का प्रथम तत्त्व है। यह व्यक्ति की आत्मशक्ति का सार है। बुद्धि विशिष्टीकरण के तत्त्व 'अहंकार' के विकास के लिए आधार बनती है। 'अहंकार' से एक ओर मन और दस इन्द्रियों–पांच ज्ञानेन्द्रियों और पांच कर्मेन्द्रियों–का विकास होता है और दूसरी ओर, सूक्ष्म तत्त्वों का विकास होता है, जिनसे फिर स्थूल तत्त्वों की उत्पत्ति होती है। 'सत्त्व' बुद्धि है, यह तीन क्षेत्रों में से सबसे अंदर का है। ब्राह्य क्षेत्र 'रज' और 'तम' है जिन्हें 'अहंकार' और 'मन' से अभिन्न माना गया है। 'अहंकार' और 'मन', 'रज' और 'तम' की अभिव्यक्तियां हैं। 'सत्त्व' या बुद्धि बीज है–सजीव व्यक्ति का बीज, क्योंकि इसमें कर्म के बीज रहते हैं, जो प्रत्येक जन्म पर एक इंद्रिय में विकसित होते हैं। 'सत्त्व' या 'लिंग' 'जीव' कहलाता है। बुद्धि जिस प्रकार व्यक्ति का सूत्र है, उसी प्रकार हिरण्यगर्भ जगत् का सूत्र है।

कठ उपनिषद्[4] में, तत्त्वों के विकास में 'महान आत्मा' की स्थिति अविकसित और आदिम शक्ति के बाद है। असत् के 'ईश्वर' से प्रभावित होने पर उससे सर्वप्रथम विश्व-आत्मा 'हिरण्यगर्भ' की उत्पत्ति होती है। सांख्यदर्शन का 'पुरुष' ईश्वर

---

1. ऋग्वेद, 10. 82; 4. 58. 5।
2. "ईश्वर ने एक बार ब्रह्मा हिरण्यगर्भ की रचना की और उसे वेद प्रदान किए।"--ब्रह्मसूत्र पर शांकरभाष्य, 1.4.।
3. ऋग्वेद, 10. 121. 1।
4. कठ उप. 3. 10. 11; 6. 7. 8; और देखें कौषीतकी उप., 7।

है जिसे अनेक कर दिया गया है। हिरण्यगर्भ 'महान आत्मा' है, जो 'अव्यक्त' में से उभरता है। 'अव्यक्त' आदिम द्रव्य या 'ब्राह्मणों' के जल या सांख्यदर्शन की 'प्रकृति' के समान है। हमें यहां पूर्ण निरपेक्ष परमात्मा मिलता है। परमात्मा अनन्तविषयी के रूप में, अनन्त विषय, जल या 'प्रकृति' को देखता है। 'महान आत्मा' अनन्तविषयी और अनन्तविषय की इस अन्योन्यक्रिया का प्रथम फल है। ईश्वर, जो शाश्वत स्रष्टा है, सृष्टि के इस नाटक के बाद भी कायम रहता है। शंकर भगवद्‌गीता का अपना भाष्य जिस श्लोक से आरंभ करते हैं उसका भाव यह है : "नारायण अव्यक्त से परे है। 'हिरण्यगर्भ' की उत्पत्ति अव्यक्त से होती है। पृथ्वी अपने सप्तद्वीपों सहित और अन्य सभी लोक हिरण्यगर्भ में हैं।" व्यक्त जगत् के नाम और रूप हिरण्यगर्भ में उसी तरह छिपे हैं जैसे कि भावी वृक्ष बीज में छिपा होता है।

'हिरण्यगर्भ' पाश्चात्य विचारधारा के 'लोगस' शब्द की तरह है। प्लेटो के लिए 'लोगस' आदर्शरूप विचार था। स्टोइक सम्प्रदाय वालों के लिए वह विवेक का तत्त्व है, जो भौतिक द्रव्य को द्रुत गति से चलाता है और अनुप्राणित करता है। फिलो दिव्य 'लोगस' को 'प्रथमजातपुत्र',[1] 'आदर्शरूप मनुष्य',[2] 'ईश्वर का बिम्ब'[3] और 'जिसमें से जगत् की सृष्टि हुई'[4] कहता है। 'लोगस', विवेक, "शब्द आरम्भ में था और शब्द मांस बन गया।" यूनानी नाम 'लोगस' का अर्थ विवेक और शब्द, दोनों है। शब्द दैवी इच्छा के कार्य का संकेत है। शब्द स्वभाव की सक्रिय अभिव्यक्ति है। दैवी प्रथा या विवेक की धारणा और ईश्वर के शब्द में अंतर यह है कि द्वितीय परमेश्वर की इच्छा का प्रतीक है। वाक् ब्रह्म है।[5] वाक्, शब्द, प्रज्ञा को ऋग्वेद में सर्वज्ञ बताया गया है। ऋत की प्रथम संतान वाक् है।[6] 'यावद् ब्रह्म तिष्ठति तावती वाक्।'[7] 'लोगस' की धारणा हिरण्यगर्भ की तरह पुरुषविध की गई है। "वह प्रकाश मनुष्यों का प्रकाश था।' 'लोगस मांस बन गया।'[8]

---

1. 1. 414।
2. 1. 411।
3. 1. 6।
4. 2. 225।
5. ऋग्वेद, 1. 3. 21।
6. अथर्ववेद, 2. 1. 4। देखें, मेरीला फॉक रचित 'नामरूप एण्ड धर्मरूप' (1943), अध्याय 1।
7. ऋग्वेद, 10. 114. 8।
8. जॉन, 1. 4. 5.। देखें, बी. एफ. वैस्टकॉट रचित 'द गॉस्पेल एकॉर्डिंग टु सेंट जॉन' (1886), पृष्ठ 17।

परमेश्वर की कल्पना आमतौर पर प्रकाश के रूप में की गई है–'ज्योतिषां ज्योतिः', प्रकाशों का प्रकाश। प्रकाश संप्रेषण का तत्त्व है। हिरण्यगर्भ आंगिक रूप से जगत् से बँधा है। वह स्वयं सृष्ट (रचा हुआ) है, सृष्टि में सबसे पहले जन्मा है, इसलिए समस्त सृष्टि की जो नियति है, अन्त में वही उसकी भी नियति है।[1] परंतु ईश्वर विश्व-आत्मा से पूर्ववर्ती है।[2] प्रक्रिया का तत्त्व ईश्वर पर लागू होता है। वह जहां अलौकिक की अभिव्यक्ति है, वहां लौकिक भी है। ईश्वर लौकिक हिरण्यगर्भ में कार्य करता है। रामानुज, जो ईश्वर को सभी जगत्-व्यापारों से ऊपर, सर्वोच्च, अनुभवातीत सत्य के रूप में देखते हैं, ब्रह्मा को सृष्टि का स्रष्टा मानते हैं, जो ईश्वर की ओर से और उसके आदेश पर निम्नतर जगत् की रचना करता है।

सृष्टि जैसी है वैसी क्यों है, और तरह की क्यों नहीं है? वहां यह चीज़ क्यों है, कोई और चीज़ क्यों नहीं है, इसका कारण दैवी इच्छा में ढूंढ़ा गया है। यह विश्व और इसकी नियंत्रक शक्ति परमेश्वर की अभिव्यक्तियां हैं। विश्व-आत्मा और विश्व का जहां आंगिक संबंध है और वे एक-दूसरे पर निर्भर हैं, वहां परमेश्वर और विश्व में इस तरह का कोई संबंध नहीं है, क्योंकि इसका अर्थ असीम को सीमित के अधीन करना होगा। व्हाइटहेड की भाषा में वह संबंध एक 'संयोग' है। 'संयोग' शब्द में दो विभिन्न विचारों की ध्वनि है। (1) दिव्य सृजनात्मकता इस जगत् से इस तरह से नहीं बंधी है कि जगत् में जो परिवर्तन होते हैं उनसे दिव्य की अखंडता भी प्रभावित हो। (2) जगत् दिव्य तत्त्व की एक संयोगघटित अभिव्यक्ति है। सृजनात्मकता अपने को इसी विशिष्ट रूप में अभिव्यक्त करने को बाध्य नहीं है। यदि चुनाव आवश्यक हो तो वह स्वतंत्र नहीं रहेगी। सृष्टि दिव्य मानस की स्वतंत्र अभिव्यक्ति, 'इच्छामात्रम्' है। जगत् 'हिरण्यगर्भ' की अभिव्यक्ति

---

1. "जब सभी चीज़ें उसके अधीन हैं तो स्वयं 'पुत्र' भी उसके अधीन होगा जिसने सभी चीज़ें अपने अधीन रखी हैं, ताकि ईश्वर हर एक के लिए हर चीज़ हो सके।"–15. 28।
2. तुलना करें, "पर्वतों के पैदा किए जाने और इस पृथ्वी और इस संसार तक के बनाए जाने से भी पहले से, तुम अनादि काल से ईश्वर हो और अनंत संसार हो।" देखें हैब्रूस, 1. 10-13।

   रिलिजिओ मेडिसी–"ईसा का यह वचन है कि अब्राहम से भी पहले से मैं हूं। पर यह बात यदि मैं अपने बारे में कहूं तो भी यह किसी अर्थ में सच होगी क्योंकि मैं न केवल अपने से बल्कि आदम से भी पहले था, यानी ईश्वर के विचार में। और उस धर्मसभा का यह आदेश अनादिकाल से चला आ रहा है। और इस अर्थ में, मैं कहता हूं, यह जगत् सृष्टि से पहले था, और अपने आरंभ होने से पहले समाप्त हो गया था।"

और ईश्वर की रचना है। जगत् ईश्वर का स्वतंत्र आत्मसंकल्प है। आत्मसंकल्प और आत्माभिव्यक्ति की शक्ति ईश्वर से संबंध रखती है। वह अपने-आप नहीं है। उसका संबंध उस पूर्ण निरपेक्ष से है जो सभी संभावनाओं का घर है, और उसकी सृजनात्मक शक्ति द्वारा इनमें से एक सम्भावना परिपूर्ति के लिए चुन ली जाती है। अभिव्यक्ति की शक्ति सत् के लिए विरोधी नहीं है। वह उसमें बाहर से प्रवेश नहीं करती। वह सत् के भीतर है, उसमें अन्तर्निहित है। वह सक्रिय या निष्क्रिय हो सकती है। इस प्रकार हम एक पूर्ण निरपेक्ष, 'ब्रह्म'—'ईश्वर' की कल्पना पर पहुंचते हैं। इनमें से पहला नाम जहां असीम सत् और सम्भावना का सूचक है, वहां दूसरा सृजनात्मक स्वतंत्रता का संकेत करता है।[1] निरपेक्ष ब्रह्म, जो पूर्ण है, असीम है, जिसे किसी भी चीज़ की आवश्यकता और इच्छा नहीं है, आखिर बाहर जगत् में क्यों आता है? वह ऐसा करने के लिए बाध्य नहीं है। उसमें यह क्षमता हो सकती है, पर वह इससे बँधा नहीं है, बाध्य नहीं है। वह गति करने या न करने को, अपने को आकारों में फेंकने या निराकार रहने को स्वतंत्र है। यदि वह अपनी सृजनात्मक शक्ति को फिर भी प्रयोग में लाता है, तो अपनी स्वतंत्र इच्छा के कारण।

ईश्वर में हमें दो तत्त्व मिलते हैं, शिव और शक्ति। दूसरे तत्त्व के द्वारा सर्वोच्च, जो अपरिमित और अपरिमेय है, परिमित और निर्धारित बन जाता है। अपरिवर्तनीय सत् अनन्त उर्वरता बन जाता है। विशुद्ध सत्, जो ब्रह्मांड के अस्तित्व का स्वतंत्र आधार और अवलम्ब है, हमें अनुभव होनेवाला पूर्ण नहीं है। निरपेक्ष और विश्व-आत्मा के बीच सृजनात्मक चेतना है। वह 'प्रज्ञानघन' या सत्य-चेतना है। यदि 'सत्' आदिसत्ता को उसकी अभिन्न एकता में सूचित करता है, तो 'सत्य' अपनी भिन्नताओं में व्याप्त वही सत्ता है। यदि निरपेक्ष ऐसी विशुद्ध एकता है जिसमें किसी भी तरह का प्रसार या भेद नहीं है, तो ईश्वर वह सृजनात्मक शक्ति है जिसके द्वारा लोक अस्तित्व में आते हैं। निरपेक्ष अपनी आदि शांत मुद्रा से बाहर आ गया है और ज्ञान-संकल्प बन गया है। वह सर्व-निर्णायक तत्त्व है। ईश्वर और स्रष्टा के रूप में वह कार्यरत निरपेक्ष है। निरपेक्ष जहां देशहीन, कालहीन क्षमता है, वहाँ ईश्वर विराट आत्मचेतना है जो प्रत्येक संभावना

1. ताओ धर्म के 'ताओ ती चिंग' में 'ताओ', जिसका शाब्दिक अर्थ 'मार्ग' है, निरपेक्ष, दिव्य आधार के लिए प्रयुक्त होता है और 'ती' शक्ति के लिए, दिव्य संभावनाओं के उद्‌घाटन के लिए प्रयुक्त होता है। और तुलना करें 'तथता' अर्थात् विशेषता और 'आलयविज्ञान' अर्थात् सभी को ग्रहण करनेवाली चेतना से।

की धारणा और बोध रखती है।[1]

ब्रह्म मात्र एक वैशिष्ट्यहीन निरपेक्ष नहीं है। वह यह समस्त जगत् है। वायु को प्रत्यक्ष ब्रह्म कहा गया है। श्वेताश्वतर उपनिषद् कहती है कि ब्रह्म पशु है, पक्षी है, कृमि है, जर्जर वृद्ध है, बालक है, बालिका है। ब्रह्म जगत् को संभाले हुए है और वह प्रत्येक व्यक्ति का आत्मभाव है। पारलौकिक अनुभवातीतता और लौकिक सर्वव्यापकता—ये दोनों ही एक सर्वोच्च के वास्तविक रूप हैं। पहले रूप में वह लौकिक विविधता पर किसी भी तरह निर्भर नहीं है। दूसरे रूप में वह लौकिक विविधता के तत्त्व के रूप में काम करता है। पारलौकिक नीरवता और लौकिक एकीकरण, दोनों वास्तविक हैं। निर्गुण और सगुणब्रह्म, दोनों अलग-अलग नहीं हैं। जयतीर्थ कहते हैं कि शंकर का ब्रह्म को दो प्रकार का मानना ठीक नहीं है... 'ब्रह्मणो द्वैरूप्यस्य अप्रामाणिकत्वात्।[2] विभिन्न रूपों में वर्णित वह वही ब्रह्म है।

ईश्वर के व्यक्तित्व की कल्पना मानवीय लीकों पर नहीं करनी चाहिए। उसे एक विराट पुरुष के रूप में नहीं सोचना चाहिए। दिव्य में हमें मानवीय गुण, जैसे कि वे हमें ज्ञात हैं, आरोपित नहीं करने चाहिए।[3] हमारे पास अब (1) निरपेक्ष ब्रह्म

---

1. एकहार्ट कहते हैं : "ईश्वर और ईश्वरत्व इतने भिन्न हैं जितने कि स्वर्ग और पृथ्वी... ईश्वर बनता है और मिटता है।" "ईश्वरत्व में सब एक हैं, और उसके विषय में कुछ कहा नहीं जा सकता। ईश्वर कार्य करता है, पर ईश्वरत्व कार्य नहीं करता। उसके लिए करने को कोई कार्य नहीं है और उसमें कोई कार्य नहीं होता। कार्य के विषय में उसने कभी भी कुछ नहीं सोचा। ईश्वर और ईश्वरत्व उसी तरह से भिन्न हैं जैसे कार्य करना और कार्य न करना।... जब मैं आधार में, गहराई में, ईश्वरत्व के प्रवाह और सोते में आऊंगा तो कोई भी मुझसे यह नहीं पूछेगा कि मैं कहां से आया हूं या कहां जाऊंगा। तब कोई भी मेरा अभाव अनुभव नहीं करेगा। ईश्वर तब गायब हो जाता है।"—सर्मन 56, 'ईवन्स' अंग्रेज़ी अनुवाद।
2. न्यायसुधा, पृष्ठ 124।
3. एक्विनस कहते हैं : "ईश्वर और अन्य सत्ताओं के विषय में जो एक जैसी बातें कही जाती हैं, वे न तो बिल्कुल समान अर्थ में कही गई होती हैं और न सर्वथा विभिन्न अर्थ में ही कही गई होती हैं। वे उपमा के रूप में कही गई होती हैं।"' 'सम्मा कोण्ट्रा जेंटिलस' 34। ईश्वर अच्छा या प्रिय मानवीय अर्थ में नहीं है। "क्योंकि ईश्वर के मन को किसने जाना है?"—'रोमन्स' 11. 34। ईश्वर पुरुषविध है, परन्तु जैसा कि कार्ल बार्थ ने कहा है, "पुरुषविध एक अज्ञेय ढंग से है, क्योंकि उसके व्यक्तित्व की धारणा व्यक्तित्व संबंधी हमारे सभी विचारों को अतिक्रमण कर जाती है। ऐसा इसलिए है कि वह और केवल वही→

है (2) सृजनात्मक शक्ति के रूप में ईश्वर है, और (3) इस जगत् में व्याप्त ईश्वर है। इन्हें पृथक् सत्ताएं नहीं समझना चाहिए। इन्हें इस क्रम में तर्कसंगत प्राथमिकता की दृष्टि से रखा गया है। निरपेक्ष ब्रह्म अपनी तमाम संभावनाओं सहित पहले होना चाहिए, उसके बाद ही दिव्य सृजनात्मकता उनमें से एक को चुन सकती है। और दिव्य चुनाव पहले होना चाहिए, उसके बाद ही इस जगत् में व्याप्त दिव्य हो सकता है। यह एक तर्कसंगत अनुक्रम है, भौतिक अनुक्रम नहीं है। विश्व के होने से पहले विश्व-आत्मा अवश्य होनी चाहिए। इस प्रकार हमें सत्य की चार मुद्राएं या स्थितियां मिलती हैं : (1) निरपेक्ष, 'ब्रह्म' (2) सृजनात्मक शक्ति, 'ईश्वर', (3) विश्व-आत्मा, 'हिरण्यगर्भ', और (4) जगत्। हिंदू विचारक परम सत्य के अखंड स्वरूप की इसी तरह व्याख्या करते हैं। माण्डूक्य उपनिषद् कहती है कि ब्रह्म 'चतुष्पात्', चार पैरों वाला है और उसके चार तत्त्व–'ब्रह्म', 'ईश्वर', 'हिरण्यगर्भ' और 'विराज' हैं।[1]

→एक सच्चा, वास्तविक और असली पुरुष है। जब हम इस बात पर ध्यान नहीं देते हैं और अपनी शक्ति के अनुरूप और व्यक्तित्व की अपनी धारणा के अनुसार ईश्वर की कल्पना करने की कोशिश करते हैं, तो हम ईश्वर की प्रतिमा बना देते हैं'–'द नॉलेज ऑव गॉड एण्ड द सर्विस ऑव गॉड' (1938), पृष्ठ 31 और उससे आगे।

1. प्लौटिनस में हमें एक ऐसी ही योजना मिलती है। (1) केवल एक, अकृत्रिम, निरपेक्ष। संत बेसिल के अनुयायियों का सत्ता से परे ईश्वर। एकहार्ट का ईश्वरत्व, जिसका केवल नकारात्मक शब्दों में ही संकेत दिया जा सकता है। हम उसके अस्तित्व तक की पुष्टि नहीं कर सकते, यद्यपि वह अस्तित्वहीन नहीं है। उसकी अनुभव के विषयी या विषय के रूप में कल्पना नहीं की जा सकती, क्योंकि उसमें विषयी और विषय एकाकार है। वह विशुद्ध अवैयक्तिक अनुभव है या समस्त अनुभव का आधार है। वह विशुद्ध चेतना है, अवर्णनीय और अस्तित्व से परे है। वह आदिकारण नहीं है, स्रष्टा ईश्वर नहीं है। वह कारण केवल इस अर्थ में है कि वह सर्वत्र है और उसके बिना कुछ भी संभव नहीं था। (2) 'नाउस'। बुद्धिगम्य जगत् जिसे प्लौटिनस एक–अनेक कहता है, प्लेटो के रूपों या मूलादर्शों का जगत। केवल विचार या 'दिव्य विचारक' द्वारा सोची गई चीज़ें नहीं, केवल निष्क्रिय मूलादर्श रूप चित्र नहीं। वे दिव्य मानस के अन्दर की सक्रिय शक्तियां हैं। वह पुरुषविध ईश्वर है। एकता को विविधता से पृथक् नहीं किया जा सकता। अभिव्यंजक क्रिया का पूर्णतम रूप है विचार या बोधप्रक्रिया, 'विज्ञान', दिव्य प्रज्ञा, प्रथम विचारक और विचार, पुरुषविध ईश्वर, विश्व-प्रज्ञा। अज्ञेय→

तैत्तिरीय उपनिषद् के चतुर्थ अनुभाग में 'त्रिसुपर्ण' की कल्पना विकसित की गई है। ब्रह्म की एक नीड़ के रूप में कल्पना की गई है, जिसमें से तीन पक्षी बाहर आए हैं—'विराज', 'हिरण्यगर्भ' और 'ईश्वर'। निरपेक्ष की, जब जैसाकि वह अपने-आप में है, हर तरह के सृजन से स्वतंत्र, कल्पना की जाती है, तो वह 'ब्रह्म' कहलाता है। जब उसे इस रूप में सोचा जाता है कि उसने अपने-आपको विश्व में व्यक्त किया है, तो वह 'विराज' कहलाता है। जब उसे उस आत्मा के रूप में सोचा जाता है जो विश्व में सर्वत्र गतिशील है, तो वह 'हिरण्यगर्भ' कहलाता है। जब उसकी विश्व के स्रष्टा, रक्षक और संहारक पुरुषविध ईश्वर के रूप में कल्पना की जाती है, तो वह 'ईश्वर' कहलाता है। ईश्वर के इन तीन कार्यों को

→निरपेक्ष का संबंध हमसे दिव्य-प्रज्ञा के माध्यम से है। प्लौटिस का यह प्रज्ञातत्त्व उपनिषदों का 'ईश्वर' है। यह विश्वप्रज्ञा बहुविध संसार को सम्भव बनाती है। प्लौटिनस के लिए यह तत्त्व दिव्य विचारों या प्लेटो के 'विचारों' की समष्टि है। ये विचार वास्तविक सत्ताएं, शक्तियां हैं। निम्नतर क्षेत्रों में जितना भी अस्तित्व है ये उसके मूल, मूलादर्श, बौद्धिक रूप हैं। भौतिक सत्ता की निम्नतम चरम सीमा या दृश्य जगत् के सत्ता के निम्नतम रूपों तक अस्तित्व की जितनी भी अवस्थाएं हैं, वे सब आदर्श रूप से दिव्य विचारों के इस क्षेत्र में उपस्थित हैं। इस दिव्य प्रज्ञातत्त्व में सत्-असत्, दोनों हैं। प्लौटिनस के अनुसार इसके दो कार्य हैं—ऊपर की ओर उस एक का ध्यान और नीचे की ओर प्रजनन। (3) एक और अनेक। सबकी आत्मा तीसरा तत्त्व है, जो भौतिक जगत् को दिव्य विचारों, दिव्य मानस में एकत्रित विचारों के नमूने पर बनाता है। यह व्यवस्थित विश्व का नित्य कारण है, स्रष्टा है और इसलिए जगत् का सबसे महत्त्वपूर्ण तत्त्व है। ईश्वर को जगत् और उसके स्रष्टा या रचयिता से पृथक् माना गया है। ईश्वर-संबंधी मानव विचार इसके चहुं ओर केन्द्रित हैं। प्लौटिनस इन्द्रियग्राह्य जगत् को सीधा बुद्धिगम्य जगत् से निकला नहीं मानता। वह विश्व-आत्मा, नव-प्लेटोवादियों की 'त्रयी' के तृतीय पुरुष की उपज या रचना है, जबकि 'त्रयी' स्वयं बुद्धिगम्य जगत्—'नाउस' में से निकली है। हमारी आत्माएं विश्व-आत्मा के अंश हैं या उसमें से निकली हैं। ये तीन तत्त्व सामूहिक रूप से, प्लौटिनस के अनुसार, एक अनुभवातीत सत्ता बनते हैं। सर्वआत्मा दिव्य की शक्ति की अभिव्यक्ति है, जैसे कि प्रज्ञा-तत्त्व ईश्वरत्व के चिंतन या संदर्शन की अभिव्यक्ति है। (4) केवल अनेक। यह विश्व-शरीर, रूपहीन भौतिक जगत् है। यह प्रकट-रूप की संभावना है।

जब हम पृथक्-पृथक् लेते हैं तो वह 'ब्रह्मा', 'विष्णु' और 'शिव' बन जाता है।[1] सत्य इन सबका जोड़ नहीं है। वह एक अवर्णनीय एकता है जिसमें ये धारणा-संबंधी भेद किए गए हैं। ये चार प्रकार हमारी मानसिक दृष्टि के लिए हैं, जो केवल ऊपरी तौर पर ही पृथक् किए जा सकते हैं। यदि हम सत्य को सत् की किसी एक निर्धारित की जा सकनेवाली स्थिति के समान मान लेते हैं, चाहे वह स्थिति कितनी ही शुद्ध और पूर्ण क्यों न हो, तो हम एकता को भंग करते हैं और अविभाज्य को विभाजित करते हैं। ये विभिन्न दृष्टिकोण एक-दूसरे से संगति रखते हैं, एक-दूसरे के पूरक हैं और जीवन तथा विश्व के एक सर्वांगीण पर्यवेक्षण के लिए सब के सब आवश्यक हैं। यदि हम इन्हें एकत्रित रख सकें तो उन परस्पर-विरोधी मतों में जिन पर भारतीय वेदान्त के कुछ संप्रदाय ऐकान्तिक ज़ोर देते हैं, सामंजस्य स्थापित हो जाएगा।

निरपेक्ष सत् कोई ऐसा विद्यमान गुण नहीं है जो हमें चीज़ों में मिल सके। वह चिन्तन का विषय या उत्पादन का परिणाम नहीं है। जो चीज़ें हैं वह उनका बिल्कुल उलट है और उनसे मूलतः भिन्न है, जैसे कि अनस्तित्व अपने तरीके से होता है। उसे केवल नकारात्मक शब्दों में या उपमा द्वारा व्यक्त किया जा सकता है। वह, वह है जिसके पास से हमारी वाणी और मन, उसकी पूर्णता को ग्रहण न कर सकने के कारण लौट आते हैं।[2] वह, वह है जिसे मनुष्य की जिह्वा ठीक-ठीक व्यक्त नहीं कर सकती और मानवबुद्धि ठीक-ठीक सोच नहीं सकती। ब्रह्मसूत्र[3] पर अपने भाष्य में शंकर ने उपनिषद् के एक पाठ का उल्लेख किया है जो इस समय उपलब्ध किसी भी उपनिषद् में मिलता नहीं है। बाष्कलि ने बाह्व से जब ब्रह्म के स्वरूप की व्याख्या करने के लिए कहा तो वे कुछ नहीं बोले। उसने प्रार्थना की, "आर्य, मुझे समझाएं!" आचार्य मौन रहे। उसने जब दूसरी और तीसरी बार यही बात कही तो उन्होंने कहा, "मैं तो समझा रहा हूं, पर तुम समझ नहीं रहे हो। यह आत्मा मौन है।"[4]

हम निरपेक्ष को केवल नकारात्मक शब्दों में ही व्यक्त कर सकते हैं।

---

1. और देखें पैंगल उप.।
2. तैत्तिरीय उप., 2. 4; और देखें केन उप., 1. 3, 2. 3; कठ उप., 1. 27।
3. ब्रह्मसूत्र पर शांकरभाष्य, 3. 2. 17।
4. 'उपशान्तोऽयमात्मा'। तुलना करें इस माध्यमिक मत से–'परमार्थतस्तु आर्याणां तूष्णीम्भाव एव'।
   "केवल तभी तुम उसे देखोगे जब उसके विषय में बोल नहीं सकोगे, क्योंकि उसका ज्ञान गहरा मौन और सभी इन्द्रियों का दमन है।'–हर्मस ट्रिस्मेगिस्टस, 10.5।

प्लौटिनस के शब्दों में, "हम यह कहते हैं कि वह क्या नहीं है। हम यह नहीं कह सकते कि वह क्या है।" निरपेक्ष का निरूपण नहीं हो सकता। वह बौद्धों की 'शून्यता' है। "वह स्थूल नहीं है, सूक्ष्म नहीं है, लघु नहीं है, दीर्घ नहीं है, दीप्त नहीं है, छायामय नहीं है, अंधकारमय नहीं है, संलग्न नहीं है। उसमें रस नहीं है,गंध नहीं है, नेत्र नहीं हैं, कान नहीं हैं, वाणी नहीं है, श्वास नहीं है, मुख नहीं है। वह न अंतस्थ है और न बाह्य है। न वह किसी का उपभोग करता है और न उसका ही कोई उपभोग करता है।"[1] उसका सही-सही नामकरण नहीं

---

1. देखें, बृहद् उप. 2. 8. 8; और देखें; 2.3. 6; 3. 9. 26; 4. 2. 4; 4. 4. 22; 4. 5.। मांडूक्य उप., 7। बुद्ध, अमरकोश के अनुसार, अद्वयवादी है।–1. 1. 14।

"कोई ऐसी चीज़ थी जो निराकार पर पूर्ण थी,
स्वर्ग और पृथ्वी से पहले जिसका अस्तित्व था,
जो शब्दरहित थी, द्रव्यरहित थी,
जो किसी पर निर्भर नहीं थी, अपरिवर्तनशील थी,
जो सर्वव्यापक थी, अक्षय थी,
उसे आकाश के नीचे विद्यमान सभी चीज़ों की
जननी कहा जा सकता है,
उसका सही नाम हमें ज्ञात नहीं,
हमने उसका कल्पित नाम 'ताओ' रखा है।

–'ताओ ती चिंग', 25 ए. वेली का अंग्रेज़ी अनुवाद
'द वे एण्ड इट्स पॉवर' (1934)।

प्लेटो का कहना है कि विश्व का अथाह आधार, निरपेक्ष, 'सत्त्व और सत्य से परे' है। प्लौटिनस उस 'एक' की चरम अनुभवातीतता का इस प्रकार वर्णन करता है : "क्योंकि उस 'एक' की प्रकृति या देवकाया समस्त की जननी है; इसलिए वह स्वयं समस्त की चीज़ों में से कोई नहीं हो सकता। वह कोई चीज़ नहीं है। उसमें गुण या परिमाण नहीं है। वह कोई बौद्धिक तत्त्व नहीं है, आत्मा नहीं है। वह न गतिशील है, न स्थिर है। वह देश और काल से बाहर है। तात्त्विक रूप से उसका रूप अद्वितीय है या उसका कोई रूप ही नहीं है, क्योंकि वह रूप से पूर्ववर्ती है; जैसे कि वह गति और स्थिरता से पूर्ववर्ती है। ये सब पदार्थ-भेद केवल अस्तित्व के क्षेत्र में ही होते हैं और उस विविधता की रचना करते हैं जो निम्नतर क्षेत्र की विशेषता है।"–'एन्नीड्स' 6. 9. 3। "यह आश्चर्य, यह एक, जिसे वस्तुतः कोई नाम नहीं दिया जा सकता।"–यही, 6. 9. 5। →

हो सकता। किसी भी तरह के वर्णन से वह कुछ चीज़ बन जाता है, जबकि वह चीज़ों में से कुछ भी नहीं है। वह अद्वैत है। द्वैत को वह स्वीकार नहीं करता। परन्तु इसका अर्थ यह नहीं है कि निरपेक्ष असत् है। इसका अर्थ केवल यह है कि निरपेक्ष में सब कुछ आ जाता है और उसके बाहर कुछ नहीं है।

→ "हमारा मार्ग तब हमें ज्ञान के परे ले जाता है। एकता से तब कहीं भटकना नहीं चाहिए। ज्ञान और ज्ञेय सबको एक तरफ छोड़ देना चाहिए। चिंतन के प्रत्येक विषय से उच्चतम तक से हमें आगे जाना चाहिए क्योंकि जितना कुछ अच्छा है वह इसके बाद का है। ...निःसंदेह हमें देखने की बात नहीं करनी चाहिए। परंतु, द्वैत की भाषा में, देखे हुए और देखनेवाले के विषय में बोले बिना हमारा काम नहीं चलता, जबकि साहस के साथ एकता की निष्पत्ति की बात की जानी चाहिए। इसे देखने में हमारे सामने न तो कोई चीज़ होती है और न हमें कोई भेद नज़र आता है। वहां कोई द्वैत नहीं है। मनुष्य बदल जाता है। न उसका अपनापन रहता है और न अपने से संबंध रहता है। वह सर्वोच्च में मिल जाता है, उसमें डूब जाता है, उसके साथ एकाकार हो जाता है। द्वैत केवल वियोग में है। इसीलिए इस संदर्शन के विषय में कुछ बताया नहीं जा सकता। हम सर्वोच्च को उसका वर्णन करने के लिए अलग नहीं कर सकते। यदि हमें कोई चीज़ इस तरह अलग दिखाई दी है, तो हमें सर्वोच्च की प्राप्ति नहीं हुई है।"—'एन्नीड्स', 6. 9. 4 और 10।

स्यूडो-निओनीसियस, जिनके वचन कभी लगभग पोप के संदेश की तरह प्रामाणिक माने जाते थे, कहते हैं : "ईश्वर की स्तुति के लिए उस पर कुछ आरोपित करने से अच्छा यह है कि उसमें से कुछ हटा लिया जाए। विशेष से सामान्य की ओर ऊपर उठते हुए हम सभी कुछ उसमें से हटा लेते हैं, जिससे कि सभी ज्ञेय चीज़ों के भीतर और नीचे जो अज्ञेय छिपा है उसे हम अनावृत रूप से जान सकें। और तब हमें अस्तित्व से परे का वह अंधकार दिखाई देता है जो समस्त प्राकृतिक प्रकाश के नीचे छिपा है।"

चुआङ् त्ज़ू का असीम जगत् का दृष्टिकोण इस प्रकार है : "कुएं के मेंढक को—संकीर्ण क्षेत्र के प्राणी को—तुम यह समझा नहीं सकते कि समुद्र क्या होता है। टिड्डे को—मौसमी जीव को—तुम यह समझा नहीं सकते कि बर्फ क्या होती है। पांडित्याभिमानी को—बहुत ही सीमित दृष्टिकोण वाले को—तुम यह समझा नहीं सकते कि 'ताओ' क्या होता है।"—वैली : 'थ्री वेज़ ऑव थॉट इन एंश्येंट चाइना' (1939), पृ. 55-56। एच. ए. गाइल्स : 'चूआङ त्ज़ू, मिस्टिक मौरलिस्ट एण्ड सोशल रिफॉर्मर' (1926), अध्याय 18।

आनन्दगिरि कठ उपनिषद् का अपना भाष्य इस श्लोक से आरंभ करते हैं : →

नकारात्मक लक्षणों से हमें इस भ्रम में नहीं पड़ना चाहिए कि ब्रह्म असत्ता है। वह जहां अनुभवातीत है, वहां यह समूचा अनुभूत जगत् उसमें अन्तर्भूत है। निरपेक्ष के लिए यह कहा गया है कि वह प्रकाश और अप्रकाश, इच्छा और अनिच्छा, क्रोध और अक्रोध, नियम और अनियम—दोनों से पूर्ण है। वह वस्तुतः निकट को और दूर को, इसको और उसको—सबको भरे हुए है।[1] नकारात्मक और निश्चयात्मक चित्रण सत्ता की असंदिग्धता की पुष्टि के लिए दिए गए हैं।

ब्रह्म के स्वरूप की व्याख्या नहीं की जा सकती, इस कथन का अर्थ यह नहीं है कि उसका अपना कोई मूलभूत स्वरूप नहीं है। हम उसकी व्याख्या उसके गौण लक्षणों से नहीं कर सकते, क्योंकि उनका संबंध उसके मूलतत्त्व से नहीं है। ब्रह्म के बाहर कुछ नहीं है क्योंकि बिना किसी वर्णन के उसके स्वरूप की छानबीन नहीं की जा सकती, इसलिए उसका स्वरूप 'सत्' अर्थात् सत्ता, 'चित्'

→ धर्माधर्माद्यसंसृष्टं कार्यकारणवर्जितम।
कालादिभिरविच्छन्नं ब्रह्म यत्तन्नमाम्यहम्॥

पॉल एक ऐसे संदर्शन का उल्लेख करते हैं जिसके विषय में कुछ कहा नहीं जा सकता और उन्होंने ऐसे शब्द सुने थे जो दोहराए नहीं जा सकते'—2 कोरिन्थियन्स 12 और उससे आगे। तुलना करें 'ग्रेगरी ऑव न्यासा' के देवगीत से, "तुम समस्त अस्तित्व से पूर्णतया परे हो।" "हे प्रभु, मेरे ईश्वर, अपने भक्तों के सहायक, मैं तुम्हें स्वर्ग के द्वार पर देख रहा हूं, और मैं नहीं जानता, कि मैं क्या देख रहा हूं, क्योंकि मैं कोई भी ऐसी चीज़ नहीं देख रहा जो चक्षुगाह्य हो। मैं केवल इतना जानता हूं कि जो कुछ मैं देख रहा हूं उसे जानता नहीं हूं और न कभी जान सकता हूँ। मैं नहीं जानता कि तुम्हें क्या नाम दूं, क्योंकि मैं नहीं जानता कि तुम क्या हो। और यदि कोई मुझसे यह कहता है कि तुम्हें इस या उस नाम से पुकारा जाता है, तो इस तथ्य से ही कि उसने तुम्हें यह नाम दिया है। मुझे यह जान लेना चाहिए कि यह तुम्हारा नाम नहीं है। जिस दीवार के पास मैं तुम्हें देख रहा हूं वहां नामों का सब अर्थ समाप्त हो जाता है।...।" निकोलस ऑव क्यूसा; 'द विज़न ऑव गॉड', ई. टी. साल्टर कृत अंग्रेज़ी अनुवाद (1928), अध्याय 13। "किसी स्वयंभू या त्रयी द्वारा उस सर्वातिशयी परमेश्वर की सर्वातिशयी गुह्यता व्यक्त नहीं की जा सकती जो वैशिष्ट्य से परे है और अस्तित्व से परे है।" "ईश्वर को उसकी महत्ता के कारण सही तौर पर यह कहा जा सकता है कि वह कुछ नहीं है।"—स्कौटस एरिजेना।

1. बृहद् उप., 4. 4. 5। ईश उप., 4. 5। कठ उप., 1. 2. 20—21; 1. 3. 15; 2. 6. 17। मुण्डक उप., 1. 1. 6; 1. 7। श्वेताश्वतर उप., 5. 8-10।

अर्थात् चेतना और 'आनन्द' कहा गया है।[1] एक ही सत्ता के लिए ये विभिन्न उक्तियां हैं। आत्मसत्ता, आत्मचेतना और आत्मानन्द एक हैं। वह पूर्ण सत्ता है जिसमें कोई अनस्तित्व नहीं है। वह पूर्ण चेतना है जिसमें कोई जड़ता नहीं है। वह पूर्ण आनंद है जिसमें कोई दुःख या आनंद का अभाव नहीं है। समस्त दुःख किसी दूसरे के, किसी बाधा के कारण हैं और समस्त आनंद किसी रोक ली गई चीज़ की प्राप्ति से, बाधाओं पर काबू पाने, सीमा को पार कर लेने से पैदा होता है। यही आनंद सृजन में उमड़ता है। निरपेक्ष की आत्माभिव्यक्ति, असंख्य लोकों की सृष्टि का कारण भी ब्रह्म में ढूंढ़ा गया है। सभी चीज़ें, जिनका अस्तित्व है, अपने-अपने रूप में ब्रह्म के 'सत्' 'चित्' और 'आनंद' स्वरूप के कारण हैं। सभी चीज़ें एक निर्विकार सत्ता की आकृतियां हैं, अपरिवर्तनीय सत्य की परिवर्तनशील अभिव्यक्तियां हैं। ब्रह्म को जगत् का जागरण बताना उसकी 'तटस्थता' या नैमित्तिक विशेषता का उल्लेख करना है।[2] पारिभाषिक लक्षण दोनों अवस्थाओं में हमारी तार्किक आवश्यकता के कारण हैं।[3] निरपेक्ष को जब जगत् का आधार और स्पष्टीकरण माना जाता है तो उसकी कल्पना सबके स्वामी, सर्वज्ञ और सबके आन्तरिक नियन्त्रक के रूप में की जाती है।[4] ईश्वर सर्वत्र बाहर निकला हुआ है 'स पर्यगात्'। श्वेताश्वतर उपनिषद् एक ईश्वर का उल्लेख करती है, जिसके समान कोई दूसरा नहीं है, जो सभी लोकों की रचना करता है, अपनी शक्तियों से उन पर शासन करता है, तथा काल के अंत में उन्हें फिर से लपेट लेता है।[5] वह सभी चीज़ों में रहता है।[6] और फिर भी उनसे परे है। सर्वव्यापी आत्मा सूर्य

---

1. ये ब्रह्म के गुण नहीं हैं, बल्कि ब्रह्म का स्वरूप हैं। ''सत्यं ज्ञानमनन्तं ब्रह्म'' इस अंश का भाष्य करते हुए शंकर लिखते हैं :

''सत्यादीनि हि त्रीणि विशेषणार्थानि पदानि विशेष्यस्य ब्रह्मणः।''

2. ''तटस्थत्वं च लक्ष्यस्वरूपबहिर्भूतत्वम्।''–'सिद्धान्तलेशसंग्रह' (कुम्भकोनम संस्करण), पृ. 53।
3. इन्हें कल्पित कहा गया है, क्योंकि अद्वैत ब्रह्म के लिए यह कहा गया है कि वह इन गुणों को अंतःकरण के साथ अपने संसर्ग के कारण धारण करता है। ये अभिव्यक्तियां एक अपूर्ण माध्यम में से होती हैं, इसलिए ये ब्रह्म का सीमित साक्षात्कार हैं।
4. मांडूक्य उप., 6।
5. श्वेताश्वतर उप. 3. 2. 3; 6. 1–12।
6. बृहद् उप., 1. 4. 7। श्वेताश्वतर उप., 2. 17।

की तरह है जो समस्त विश्व का नेत्र है और जिसे हमारी दृष्टि के दोष छू नहीं पाते हैं[1] उसके लिए यह कहा जाता है कि वह सारे जगत् में समाया हुआ है और फिर भी उसकी सीमाओं से परे है। वस्तुतः, ईश्वर एक एकाकी वृक्ष की तरह स्वर्ग में अचल स्थित है, और फिर भी वह इस सारे जगत् में समाया हुआ है।[2]

ब्रह्म अपने-आप में और ब्रह्म जगत् में, अभिव्यक्ति से परे अनुभवातीत और अभिव्यक्ति में अनुभवातीत, निर्गुण और सगुण में जो अन्तर है, वह ऐकान्तिक नहीं है।[3] दोनों एक ही सत्य के दो पक्षों की तरह हैं। सत्य साथ ही चरितार्थ भी हो रहा है।

छन्दोबद्ध उपनिषदों में, भगवद्गीता की तरह, पुरुषविध को अपुरुषविध से श्रेष्ठ कहा गया है।[4] 'पुरुषान्न परं किञ्चित्' पुरुष से परे कुछ नहीं है। ब्रह्मसूत्र के रचयिता ब्रह्म में सगुण और निर्गुण का भेद स्वीकार करते हैं, इसमें सन्देह है। निर्गुण ब्रह्म तक गुणों से रहित नहीं है। सूत्रकार अपुरुषविध और पुरुषविध में, अर्थात् ब्रह्म और ईश्वर में भेद करते हैं। इनमें दूसरा मनुष्य की कल्पना, या दुर्बल मन वालों के लिए की गई एक रियायत नहीं है। निराकार और साकार एक ही सत्य के विभिन्न पहलू हैं। साधक अपनी आध्यात्मिक साधनाओं में इनमें से किसी को चुन सकता है। ब्रह्मसूत्र 3.3. में सूत्रकार यह कहते हैं कि 'अक्षर' पाठ, जिनमें कि ब्रह्म का वर्णन निषेधात्मक ढंग से 'नेति' 'नेति' कहकर किया गया है, 'ध्यान' के लिए उपयोगी नहीं है।[5] वे कहते हैं कि ब्रह्म जागरण, स्वप्न और निद्रा की विभिन्न अवस्थाओं से प्रभावित नहीं होता। ब्रह्म में परिवर्तन होते हैं, इस मत का खंडन इस आधार पर किया गया है कि परिवर्तनों का संबंध उन प्रभावों से है जो ब्रह्म के आत्म-संगोपन के कारण होते हैं। बादरायण किसी दूसरे तत्त्व को सत्य नहीं मानते।

'हिरण्यगर्भ', विश्व-आत्मा दिव्य स्रष्टा है, इस विश्व में काम करनेवाला

---

1. कठ उप., 2. 5. 11।
2. श्वेताश्वतर उप., 3. 9।
3. तुलना करें, एकहार्ट : "ईश्वरत्व ने सब कुछ ईश्वर को दे दिया। ईश्वरत्व निर्धन है, नग्न है और खाली है मानो वह हो ही नहीं। उसके पास कुछ नहीं है, वह कोई इच्छा नहीं रखता, उसे किसी चीज़ की आवश्यकता नहीं है, वह कोई कार्य नहीं करता, वह कुछ प्राप्त नहीं करता। कोष और नववधू ईश्वर में ही हैं, ईश्वरत्व तो रिक्त है मानो वह हो ही नहीं।"
4. कठ उप., 1.3. 11। मुण्डक उप., 2. 1. 1.–2।
5. 'आध्यानाय प्रयोजनाभावात्' 3. 3. 14; और देखें, 3. 3. 33।

ईश्वर है। निरपेक्ष की एक निर्धारित संभावना इस जगत् में चरितार्थ हो रही है। उपनिषदों में 'ईश्वर' और 'हिरण्यगर्भ', ईश्वर और विश्व-आत्मा के बीच स्पष्ट भेद नहीं किया गया है। यदि विश्व-आत्मा 'ईश्वर' में आधारित नहीं है, यदि वह ऐकान्तिक रूप से लौकिक है, तो विश्व प्रक्रिया के अंत के बारे में निश्चित रूप से कुछ कहा नहीं जा सकता। उपनिषद् जब यह कहते हैं कि व्यक्ति के अहं का मूल आत्मा में है, तो विश्व-आत्मा को ईश्वर या ब्रह्म से असम्बद्ध मानना असंगत होगा।[1] 'हिरण्यगर्भ' जिसमें समूचा विकास बीजरूप में है, जल पर कार्य करता है। जैसाकि हम पहले देख चुके हैं, जल एक प्राचीन बिम्ब है, जिसके द्वारा मानव-चिंतन सृष्टि के विकास को स्पष्ट करने का प्रयत्न करता है। जल आरम्भ में शान्त है और इसलिए लहरों या आकारों से मुक्त है। पहला स्पन्दन, पहला संक्षोभ आकार पैदा करता है और सृष्टि का बीज है। दो का खेल सृष्टि का जीवन है। जब विकास पूर्ण हो जाता है, जो कुछ बीज में है वह जब प्रकट हो जाता है, तो जगत् संपूर्ण हो जाता है। 'हिरण्यगर्भ' जगत् की रचना शाश्वत वेद के अनुसार करता है, जिसमें चीज़ों के सभी प्रकारों के मूल नमूने शाश्वत रूप से अंतर्निहित हैं। मध्यकालीन पाश्चात्य शास्त्रवादियों का ईश्वर भी 'विचारों' के शाश्वत मूलादर्श के अनुसार ही रचना करता है, जिसे वह शाश्वत जगत् के रूप में शाश्वत रूप से अपने पास रखता है। जितना कुछ भी ज्ञात और अभिहित है उस सबकी एकता ब्रह्म है।[2] 'हिरण्यगर्भ' या 'ब्रह्मा' 'विश्व-आत्मा'[3] है और वह जगत् के परिवर्तनों से प्रभावित होता है। वह कार्य ब्रह्म है और 'ईश्वर' से

---

1. वेलेण्टिनस, जिसका कार्यकाल 130-150 ई. माना जा सकता है, इसी तरह के विचार का उपदेश देता है। आदितत्त्व 'गहन' (बाइथोस) है। उसके साथ एक विचार रहता था, जो 'लालित्य' भी कहलाता था (क्योंकि वह प्रतिबद्ध नहीं था) और 'मौन' भी कहलाता था (क्योंकि वह अपने अस्तित्व का कोई संकेत नहीं देता था)। प्रोफेसर बर्किट्ट लिखते हैं : "अथाह 'गहन' ने किसी प्रकार अपने ही विचार को उर्वर कर दिया और इस तरह मन ('नाउस') की उत्पत्ति हुई। यद्यपि इसे अद्वितीय कहा गया था, पर इसका एक सापेक्षिक पक्ष था जो सत्य कहलाता था.. 'नाउस', मन एक प्रज्ञावान बोध है, जिसका अनिवार्य प्रतिरूप सत्य है क्योंकि यदि जानने के लिए कोई सत्य न हो तो प्रज्ञावान बोध भी नहीं हो सकता।"–'कैम्ब्रिज एंश्येंट हिस्ट्री', खंड 12 (1939), पृ. 470।

   एकहार्ट जब यह कहते हैं कि 'ईश्वर बनता है और मिटता है', तो उनका आशय वहां विश्व-आत्मा से है, परमेश्वर से नहीं है।
2. बृहद् उप., 1. 5. 17।
3. विश्व-आत्मा के रूप में आत्मा के लिए देखें अथर्ववेद, 10. 8. 44।

जो कारण ब्रह्म है, पृथक् है। 'हिरण्यगर्भ' हर बार जगत् के आरंभ में आविर्भूत होता है और हर बार जगत् के अंत में लुप्त हो जाता है। 'ईश्वर' इन परिवर्तनों से प्रभावित नहीं होता। शंकर और रामानुज, दोनों के लिए 'हिरण्यगर्भ' एक अप्रधान और रचे हुए स्रष्टा की स्थिति रखता है। 'ईश्वर' शाश्वत है और वह उत्पन्न होते और मिटते जगतों के इस खेल में शामिल नहीं होता, बल्कि उसका निर्देशन करता है और स्वयं अनुभवातीत रूप से अनादिकाल से विद्यमान है। वैदिक देवता 'ईश्वर' के अधीन है और जगत् के निर्माण और नियंत्रण में उनकी स्थिति ईश्वर की तुलना में वही है जो पाश्चात्य शास्त्रवादियों और दांते के स्वर्गीय धर्मशासन में दैवी शक्तियों और निर्देशकों की है।

इस प्रकार हमें एक पूर्ण के चार पक्ष मिलते हैं : (1) अनुभवातीत सर्वव्यापी सत्, जो किसी भी मूर्त्तसत्ता से पूर्ववर्त्ती है; (2) समस्त विभिन्नता का कारण रूप तत्त्व; (3) जगत् का अन्तरतम सार; और (4) व्यक्त जगत्। ये साथ-साथ रहने वाली मुद्राएं हैं, वैकल्पिक मुद्राएं नहीं हैं जिनमें या तो निष्क्रिय ब्रह्म हो, या स्रष्टा ईश्वर ही हो। एक ही सत्य के ये समकालीन पक्ष हैं।

11

परम सत्य : आत्मा

'आत्मा' शब्द 'अन्', श्वास लेना, धातु से बना है। यह जीवन का श्वास है।[1] धीरे-धीरे इसके अर्थ का विस्तार होता गया और इससे जीवन, आत्मा, आत्म या व्यक्ति की मूलसत्ता का बोध होने लगा। शंकर 'आत्मा' शब्द को उस धातु से बना मानते हैं जिसका अर्थ प्राप्त करना, खाना या उपभोग करना या सबमें व्याप्त होना होता है।[2] आत्मा मनुष्य के जीवन का तत्त्व है; यह वह आत्मा है जो उसकी सत्ता में, प्राण में, प्रज्ञा में व्याप्त है और उनसे परे है। जब प्रत्येक चीज़, जो आत्म नहीं है, नष्ट हो जाती है, आत्मा तब भी रहती है। ऋग्वेद अजन्मे भाग :

---

1. 'आत्मा ते वातः'—ऋग्वेद, 7. 87. 2।
2. 'आप्नोतेरत्तेरततेर्वा'—ऐतरेय उप., 1. 1 पर शंकर। और तुलना करें—

यच्चाप्नोति यदादत्ते यच्चात्ति विषयानिह।
यच्चास्य सन्ततो भावस्तस्मादात्मेति कीर्त्यते ॥

'अजोभागः' की चर्चा करता है।[1] मनुष्य में एक अजन्मा और इसीलिए अमर तत्त्व है,[2] जो शरीर, जीवन, मन और बुद्धि से भिन्न है। ये आत्म नहीं बल्कि उसके रूप है, बाह्य अभिव्यक्तियां हैं। हमारा वास्तविक आत्म विशुद्ध अस्तित्व है, आत्मविज्ञ है, वह मन और बुद्धि के रूपों से प्रतिबद्ध नहीं है। जब हम आत्म को सभी बाहरी व्यापारों से मुक्त कर लेते हैं तो अंतर की गहराइयों से एक गुह्य और अपूर्व विचित्र और महान अनुभूति उत्पन्न होती है। वह आत्मज्ञान का चमत्कार है।[3] जिस प्रकार विश्व में सत्य ब्रह्म है और नाम व रूप केवल अभिव्यक्ति का एक खेल है, उसी प्रकार 'जीव' एक विश्वव्यापी आत्मा की विविध अभिव्यक्तियां हैं। जिस प्रकार विश्व की प्रेरणा और हलचल के नीचे ब्रह्म शाश्वत शांति है, उसी प्रकार व्यक्ति की चेतन शक्तियों के नीचे मूलभूत सत्य, मानव आत्मा की अंतर्भूमि आत्मा है। विचार और प्रयत्न के धरातल के नीचे हमारे जीवन की एक चरम गहराई है। आत्मा 'जीव' का अतिसत्य है।

छांदोग्य उपनिषद् में एक कथा है कि देव और असुर, दोनों आत्म के सच्चे स्वरूप को जानने की इच्छा से प्रजापति के पास जाते है। प्रजापति कहते हैं कि आत्मा पाप से मुक्त है, जरा से मुक्त है, मृत्यु और शोक से मुक्त है, भूख और प्यास से मुक्त है। वह न कुछ चाहती है और न कुछ कल्पना करती है। वह वह अटल शक्ति है जो जागरण, स्वप्न और निद्रा, मृत्यु, पुनर्जन्म और मुक्ति के सभी परिवर्तनों में अविकृत रहती है। पूरे विवरण में यह माना गया है कि जब हम सोए होते हैं या किसी विष या आघात के प्रभाव से मूर्छित या संज्ञाहीन हो जाते

---

1. 10. 16. 4।
2. सायण कहते हैं : "अजः जननरहितः, शरीरेन्द्रियभागव्यतिरिक्तः, अंतरपुरुषलक्षणो योऽभागोऽस्ति।" एकहार्ट एक अज्ञात विधर्मी दार्शनिक की यह उक्ति अपने अनुमोदन-सहित उद्धृत करते हैं, "यह और वह, यहां और वहां—सबको दूर कर और तू आप बन जा, जैसा कि तू अपने भीतरी अस्तित्व में है," जो कि यह वे अपनी ओर से जोड़ते हैं, "मेन्स' है।
3. अन्नपूर्णा उप. कहता है कि हमें अपने अंदर की सत्ता के स्वरूप की छानबीन करनी चाहिए : मैं कौन हूं? यह जगत् कैसे बना? यह क्या है?

   जन्म और मरण कैसे आए?
   अपने अंदर इस बात की जिज्ञासा करो,
   इससे तुम्हें बहुत लाभ होगा।
   "कोऽहं कथमिद् किं वा कथं मरणजन्मनी।
   विचारयान्तरे वेत्थं महत्तत् फलमेष्यसि॥"—1. 40।

हैं, तब उन अचेत-सी लगने वाली अवस्थाओं में भी चेतना रहती है। देवों ने इन्द्र को और असुरों ने विरोचन को अपना प्रतिनिधि बनाकर भेजा था कि वे सत्य का ज्ञान प्राप्त करें। पहला प्रस्ताव यह है कि हम नेत्र में, जल में या दर्पण में जो आकृति देखते हैं, वह आत्म है। परन्तु भौतिक शरीर आत्म है, यह धारणा उपयुक्त नहीं है। यह बताने के लिए कि दूसरे के नेत्र में, जल के घड़े में या दर्पण में जो हम देखते हैं वह वास्तविक आत्म नहीं है, प्रजापति उनसे कहते हैं कि तुम अपने सबसे सुन्दर वस्त्र पहन लो और फिर देखो। इन्द्र ने जो कठिनाई थी, वह समझ ली और वे प्रजापति से बोले, क्योंकि यह आत्म (जल में दिखनेवाली छाया) शरीर के सुसज्जित होने से सुसज्जित होता है, शरीर के सुन्दर वेशभूषा में होने से सुन्दर वेशभूषा में होता है, शरीर के स्वच्छ होने से स्वच्छ होता है, इसलिए आत्म शरीर के अन्धा होने से अन्धा हो जाएगा, शरीर के लंगड़ा होने से लंगड़ा हो जाएगा, शरीर के अपंग होने से अपंग हो जाएगा और शरीर के नष्ट होते ही नष्ट भी हो जाएगा। इस तरह का मत स्वीकार नहीं किया जा सकता। यदि आत्म शरीर नहीं है तो क्या वह वह है जो स्वप्न देखता है? दूसरा प्रस्ताव यह है कि वास्तविक आत्म "वह है जो स्वप्नों में सुख से इधर-उधर फिरता है।" फिर एक कठिनाई सामने आई। इन्द्र कहते हैं, यद्यपि यह सच है कि यह स्वप्न देखनेवाला आत्म शरीर के परिवर्तनों से प्रभावित नहीं होता, परन्तु स्वप्नों में हमें ऐसा लगता है कि हमारे ऊपर आघात हुआ है या कोई हमारा पीछा कर रहा है, हमें पीड़ा होती है और हम आंसू बहाते हैं। स्वप्नों में हम क्रुद्ध होते हैं, रोष से गरजते हैं, विकृत, नीच और दुष्ट हरकतें करते हैं। इन्द्र को लगता है कि स्वप्न-चेतना आत्म नहीं है। मानसिक स्थितियों की समष्टि आत्म नहीं है, चाहे वे स्थितियां शरीर की घटनाओं से कितनी ही स्वतन्त्र क्यों न हों। स्वप्न की स्थितियां स्वयंजात नहीं हैं। इंद्र फिर प्रजापति से पूछते हैं, जो उनके सम्मुख एक और प्रस्ताव रखते हैं कि प्रगाढ़ निद्रा में रहनेवाली चेतना आत्म है। इंद्र सोचते हैं कि उस स्थिति में न आत्म की चेतना रहती है और न वस्तु जगत् की। वे तब न अपने को जानते हैं और न किसी ऐसी चीज़ को जिसका कि अस्तित्व है। वे पूर्ण शून्यता में पहुंच जाते हैं किंतु प्रगाढ़ निद्रा में भी आत्म रहता है। विषय के न रहने पर भी विषयी वहां रहता है। अंतिम सत्य सक्रिय सर्वव्यापी चेतना है, जिसे शारीरिक चेतना, स्वप्न चेतना या प्रगाढ़ निद्रा की चेतना के साथ गड्डमड्ड नहीं करना चाहिए। स्वप्नरहित प्रगाढ़ निद्रा में प्रज्ञा द्वारा परिवेष्टित आत्म को विषयों की चेतना नहीं होती, पर वह अचेत नहीं होता। वास्तविक

आत्म निरपेक्ष आत्म है, जो कोई अमूर्त काल्पनिक पदार्थ नहीं बल्कि विश्वसनीय दिव्य आत्म है। अन्य रूपों का सम्बन्ध विषयाश्रित सत्ता से है। आत्म जीवन है, कोई विषय नहीं है। यह एक ऐसा अनुभव है जिसमें आत्म एक साथ ज्ञाता विषयी भी होता है और ज्ञात विषय भी होता है। आत्म केवल आत्म के आगे अप्रच्छन्न है। आत्मजीवन आत्मज्ञान के सम्मुख एक विषय के रूप में नहीं रखा गया है। आत्म न तो वस्तुपरक सत्य है और न कोई विशुद्ध व्यक्तिपरक चीज़ ही है। व्यक्ति-वस्तु-संबंध की सार्थकता केवल विषयों की दुनिया में, तार्किक ज्ञान के क्षेत्र में ही है। आत्म प्रकाशों का प्रकाश है और जगत् में जो प्रकाश है वह केवल उसी के द्वारा है। वह सतत और स्थायी प्रकाश है। वह न जीता है न मरता है, उसमें न गति है न परिवर्तन है। जब अन्य सब चला जाता है वह तब भी कायम रहता है। वह द्रष्टा है, दृष्ट वस्तु नहीं है। जो भी विषय है वह आत्म नहीं है। आत्म सतत साक्षी चेतना है।[1]

व्यक्तिपरक दृष्टि से चार अवस्थाएं चार प्रकार की आत्माओं के लिए हैं, 'वैश्वानर' जो स्थूल वस्तओं को अनुभव करती है; 'तैजस' जो सूक्ष्म को अनुभव करती है; 'प्राज्ञ' जो अव्यक्त वास्तविकता को अनुभव करती है; और 'तुरीय' अर्थात् परम आत्म। माण्डूक्य उपनिषद् चेतना की चार अवस्थाओं—जागरित, स्वप्न, प्रगाढ़ निद्रा और आलोकित चेतन का विश्लेषण कर यह प्रतिपादित करती है कि इनमें से अन्तिम शेष तीन का आधार है। वस्तुपरक दृष्टि से हमारे पास विश्व अर्थात् 'विराज', विश्व-आत्मा अर्थात् 'हिरण्यगर्भ', 'ईश्वर' और 'ब्रह्म' है।[2] 'ईश्वर'

---

1. चेतना सभी मासों, वर्षों, युगों और कल्पों में, काल के सभी विभागों में, भूत और भविष्य में एक और आत्मदीप्त रहती है। वह न उदित होती है और न अस्त होती है।

   मासाब्दयुगकल्पेषु गता गम्येष्वनेकधा।
   नोदेति नास्तमेत्येका संविदेषा स्वयंप्रभा—पंचदशी, 1. 7।

2. तुलना करें, विलियम लॉ : "यद्यपि ईश्वर हर कहीं विद्यमान है, फिर भी वह तेरे लिए केवल तेरी आत्मा के सबसे गहरे और केंद्रीय भाग में ही उपस्थित है। नैसर्गिक इंद्रियां ईश्वर को ग्रहण नहीं कर सकतीं और न तुझे उससे मिला सकती हैं। बोध, संकल्प और स्मृति की तेरी अंतःक्षमताएं ईश्वर के पीछे केवल दौड़ सकती हैं, पर वे तुझमें उसका निवासस्थान नहीं बन सकतीं। किंतु तुझमें एक मूल या गहराई ऐसी है जहां से ये सब क्षमताएं फूटती हैं, जैसे कि केंद्र बिंदु से रेखाएं या वृक्ष के तने से उसकी शाखाएं फूटती हैं। इस गहराई को आत्मा का केंद्र, भंडार या तल कहते हैं। यह गहराई तेरी आत्मा की एकता है, अमरता है—बल्कि मैं तो यह कहने जा रहा था कि असीमता है, क्योंकि यह इतनी असीम है कि ईश्वर की असीमता के सिवा और कोई चीज़ इसे संतोष या शांति प्रदान नहीं कर सकती।" एल्डॉस हक्सले द्वारा लिखित 'पेरेनियल फिलॉसोफी' (1944)⟶

को 'प्राज्ञ' के रूप में देखना इस बात का व्यंजक है कि सुप्तावस्था में रहनेवाली सर्वोच्च प्रज्ञा सभी चीज़ों को एक अव्यक्त स्थिति में धारण करती है। दिव्य प्रज्ञा सभी चीज़ों को मानव-बुद्धि की तरह भागों और संबंधों में नहीं देखती, बल्कि उनके अस्तित्व के मूल कारण में, उनके आदिसत्य और यथार्थ में देखती है। स्टोइकवादी इसी को 'स्परमेटिकोस' या बीज लोगस कहते हैं, जो चेतन सत्ताओं में अनेक बीज लोगसों में व्यक्त होता है।

योग-ग्रंथों में सुप्तावस्था की गुप्त सर्वचेतना को 'कुण्डलिनी' नामक एक चमकीली नागिन या 'वाग् देवी' के रूप में प्रस्तुत किया गया है। इस तरह का निरूपण हमें पूर्ववर्ती ग्रंथों में भी मिलता है। ऋग्वेद में 'वाक्' को 'सर्पराज्ञी'[1], सांपों की रानी, बताया गया है। योग-प्रक्रिया में इस चमकीली नागिन को जगाया जाता है और निम्नतम क्षेत्र से हृदय तक उठाया जाता है, जहां 'प्राण' वायु के संयोग से इसके सर्वव्यापक स्वरूप की अनुभूति होती है, और वहां से इसे कपाल के शिखर तक उठाया जाता है। यह जिस छिद्र में से बाहर निकलती है उसे 'ब्रह्मरंध्र' कहते हैं, जिसके सदृश ब्रह्माण्ड में आकाश के शिखर का वह छिद्र है जो सूर्य से बना है।

12

आत्मा के रूप में ब्रह्म

प्रारंभिक गद्य-उपनिषदों में आत्मा वैयक्तिक चेतना का तत्त्व है और ब्रह्म व्यवस्थित विश्व का अपुरुषविध आधार है। यह भेद शीघ्र ही कम होने लगता है और

→में पृष्ठ 2 पर उद्धृत। और देखें, "मेरा 'मैं' ईश्वर है, और स्वयं अपने ईश्वर के सिवा मैं किसी और 'मैं' को नहीं मानती हूं।"

—सेंट कैथेरीन ऑव जेनेवा (वही, पृ. 11)।

एकहार्ट : "आत्मा को यदि नापना हो तो हमें ईश्वर से नापना चाहिए, क्योंकि ईश्वर का धरातल और आत्मा का धरातल एक ही है।" (वही, पृ. 12) और देखें, "आत्मा का सर्वोच्च भाग कालातीत और काल से सर्वथा अनभिज्ञ है।" "आत्मा में एक तत्त्व है जो पूर्णतया दिव्य है। मैं उसे आत्मिक ज्योति या स्फुलिंग कहा करता था परंतु अब मैं कहता हूं कि उसका कोई नाम नहीं है, कोई रूप नहीं है। वह एक और सहज है, जैसे कि ईश्वर. एक और सहज है।"

1. 1. 10. 189; 10. 125. 3। अथर्ववेद, 4. 1।

दोनों एकाकार हो जाते हैं। ईश्वर केवल अनुभवातीत अन्य दिव्य तत्त्व नहीं है, बल्कि विश्वव्यापी आत्मा भी है, जो मनुष्य के व्यक्तित्व और उसकी नित्य-नवीन जीवनी शक्ति का आधार है। विश्व का आदितत्त्व, ब्रह्म मनुष्य के आंतरिक आत्म, आत्मा द्वारा जाना जाता है। शतपथ ब्राह्मण[1] और छांदोग्य उपनिषद्[2] में कहा गया है : "वस्तुतः यह समस्त जगत् ब्रह्म है", और यह कि "हृदय के अंदर जो यह मेरी आत्मा है वह ब्रह्म है।" "वह पुरुष जो नेत्र में दिखाई देता है वह आत्मा है, अर्थात् ब्रह्म है।"[3] ईश्वर सर्वथा अन्य, अनुभवातीत और जगत् तथा मनुष्य से पूर्णतया परे है, और फिर भी वह मनुष्य में प्रवेश करता है, उसमें रहता है और उसके अस्तित्व का ही अन्तरतम सार बन जाता है।[4]

'नारायण' मनुष्य में विद्यमान ईश्वर है, जो निरन्तर 'नर' (मनुष्य) के साथ रहता है। वह मर्त्यों में रहनेवाला अमर्त्य है।[5] मनुष्य विश्व से अधिक है। वह स्वतंत्र रूप से अपनी निजी अवर्णनीय असीमता में रहता है तथा साथ ही ब्रह्मांडीय संगतियों में भी रहता है। विश्व-चेतना में प्रवेश करके हम सम्पूर्ण विश्व-जीवन के

---

1. 10. 6. 3।
2. 3. 14. 1।
3. बृहद् उप., 1. 4. 10। तुलना करें, कीथ : "इस बात को अस्वीकार नहीं किया जा सकता कि आत्मा-ब्रह्म सिद्धांत का 'ब्राह्मणों' में एक लम्बा पूर्व इतिहास मिलता है और यह ऋग्वेद के एकता के विचार का एक तर्कसम्मत विकास है।"—'द रिलीजन एण्ड फिलासोफी ऑव द वेद एण्ड द उपनिषद्स', पृ. 494। हैरेक्लिटस कहते हैं, "मैंने अपने को खोजा। 'लोगस' को अन्दर ढूंढ़ना चाहिए, क्योंकि मनुष्य की प्रकृति एक सूक्ष्म ब्रह्माण्ड है और वह पूर्ण की प्रकृति का प्रतिनिधित्व करती है।

   तुलना करें, प्लौटिनस : "जो दिव्य मानस की प्रकृति का अन्वेषण करना चाहता है उसे स्वयं अपनी आत्मा की प्रकृति को, अपने दिव्यतम स्थल को, गहराई से देखना चाहिए। उसे पहले शरीर को अलग करना चाहिए! फिर निम्नतर आत्मा, जिसने वह शरीर बनाया है, अलग करना चाहिए। फिर सभी इन्द्रियों, सभी इच्छाओं और भावनाओं को और इस तरह की प्रत्येक क्षुद्रता को, उस सबको जिसका झुकाव नाशवान की ओर है, अलग करना चाहिए। इस अलगाव के बाद जो कुछ बचता है वह भाग है जिसे हम दिव्य मानस का प्रतिबिंब कहते हैं, ऐसा निःसरण जिसमें उस दिव्य प्रकाश का कुछ अंश सुरक्षित है।—'एन्नीड्स' 5. 3. 9।
4. छान्दोग्य उप., 4. 15। और, आत्मैव देवताः सर्वाः सर्व ह्यात्मन्यवस्थितम्।
5. ऋग्वेद 4. 2. 1।

साथ एक हो सकते हैं। अलौकिक चेतना में प्रवेश करके हम संपूर्ण विश्व जीवन से श्रेष्ठ बन जाते हैं। चेतना की चार अवस्थाओं–जागरित, स्वप्न, प्रगाढ़ निद्रा और आत्मिक चेतना–के अनुरूप व्यक्ति की भी चार अवस्थाएं हैं : 'स्थूल', सूक्ष्म', 'कारण' और 'शुद्ध आत्म'। जिस प्रकार 'ईश्वर' जगत् का कारण है उसी प्रकार 'कारण' आत्म सूक्ष्म और स्थूल शरीरों के विकास का स्रोत है।[1]

13
जगत् की स्थिति : माया और अविद्या

दिव्य मिलन का हर्षोन्माद, आत्मज्ञान का आनंद मनुष्य को इस बात के लिए प्रेरित करता है कि वह इस दोषपूर्ण जगत् की उपेक्षा करे और इसे मात्र एक क्लेश और दुःख देनेवाला स्वप्न समझे। जगत् का वास्तविक ढांचा, जिसमें प्रेम और घृणा, युद्ध और संघर्ष, ईर्ष्या और प्रतियोगिता तथा साथ ही अयाचित हितकारिता, 'सतत बौद्धिक प्रयत्न और तीव्र नैतिक संघर्ष' भी मिलता है, केवल एक मिथ्या स्वप्न लगता है–एक ऐसा मायाजाल, जो विशुद्ध सत् के ढांचे पर नाच रहा है। मानव-इतिहास के पूरे दौर में मनुष्य तनावों, संतापों और अपमानों की इस दुनिया से तंग आकर एक पराशक्ति के बोध में शरण लेते रहे हैं। इस प्रार्थना में कि "हमें असत्य से सत्य की ओर, अंधकार से प्रकाश की ओर, मृत्यु से अमरता की ओर ले चल" सत्य, प्रकाश और अमरता तथा असत्य, अंधकार और मृत्यु के बीच भेद स्वीकार किया गया है। कठ उपनिषद् हमें यह चेतावनी देती है कि इस जगत् के असत्यों में सत्य और अनिश्चितताओं में निश्चितता नहीं ढूंढ़नी चाहिए।[2] छांदोग्य उपनिषद् हमें बताती है कि असत्य का आवरण परम सत्य को हमसे छिपाए हुए है, जैसे कि मिट्टी की ऊपरी तह अपने नीचे गड़े खज़ाने को छिपाए रहती है।[3] सत्य असत्य (अनृत) से ढंका है। बृहद्-आरण्यक और ईश

1. प्रथम तत्त्व आविर्भाव का मूल है, वह 'महत्' या महान तत्त्व कहलाता है। 'अहंकार' में हमें वैयक्तिक चेतना मिलती है, जो एक विशिष्टीकृत संकल्प द्वारा प्रज्ञा-तत्त्व से निःसृत होती है। कभी-कभी 'चित्त' को 'प्रकृति' की प्रथम उपज कहा गया है, जिसका त्रिविध स्वरूप 'बुद्धि' अर्थात् विवेक, 'अहंकार अर्थात् आत्म-भावना और'मानस अर्थात् मन है।
2. 2. 4. 2।
3. 8. 3. 1-3।

उपनिषदें सत्य को स्वर्ण की थाली से ढंका बताती हैं और ईश्वर से प्रार्थना करती हैं कि वह आवरण को हटा ले और हमें सत्य को देखने दे।[1] श्वेताश्वतर उपनिषद् के अनुसार, हम ईश्वर की उपासना द्वारा विश्व-माया से निवृत्ति पा सकते हैं।[2] आत्मिक अनुभव का यह पहलू ही यदि सब कुछ हो तो अज्ञान, अंधकार और मृत्यु का संसार, जिसमें कि हम रहते हैं, अंतर्निहित वास्तविकता के संसार से, सत्य, प्रकाश और जीवन के संसार से बिलकुल भिन्न होगा। तब ईश्वर और जगत् एक-दूसरे के बिलकुल प्रतिकूल होंगे। तब जगत् एक दुःस्वप्न मात्र रह जाएगा, जिससे हमें शीघ्रतिशीघ्र जाग जाना चाहिए।[3]

परंतु संसार के प्रति उपेक्षा आत्मिक चेतना की मुख्य विशेषता नहीं है। ब्रह्म का, जो पूर्णतया अनुभवातीत है, विशुद्ध शांति है, एक और भी पक्ष है। ब्रह्म को दो रूपों में जाना जाता है। शंकर कहते हैं : "द्विरूपं हि ब्रह्मावगम्यते, नामरूप विकारभेदोपाधिविशिष्टम्, तद्विपरीतं सर्वोपाधिवर्जितम्।" निरपेक्ष और पुरुषविध ईश्वर, दोनों सत्य हैं; केवल पहला दूसरे का तर्कसिद्ध पूर्ववर्ती है। आत्मा जब पूर्ण एकाग्रता की स्थिति पर पहुंच जाती है तो वह अपने को एकाकी सर्वव्यापी चेतना से सम्बद्ध जानती है, परन्तु जब वह बहिर्मुखी होती है तो वस्तु-जगत् को इस एकाकी चेतना की एक अभिव्यक्ति के रूप में देखती है। जगत् से अलगाव आत्मिक अन्वेषण का अन्तिम लक्ष्य नहीं है। जगत् का जो रूप हमारे सामने है, उसी को अन्तिम स्वीकार न करने के अटल बोध के साथ जगत् में फिर वापस आया जाता है। जगत् का उद्धार करना है और उसका उद्धार किया जा सकता है, क्योंकि उसका स्रोत ईश्वर है और अंतिम शरण ईश्वर है।

बहुत-से अंश ऐसे हैं जिनमें द्वैत के लिए यह कहा गया है कि वह केवल दिखावटी है।[4] द्वैत के अस्तित्व को पूर्णतया सत्य नहीं माना गया है। छांदोग्य उपनिषद् में जहां सत्ता के तीन मूल घटकों—अग्नि, जल और अन्न—के रूपांतरों की चर्चा की गई है, वहां यह कहा गया है कि जैसे मिट्टी, तांबे या लोहे से बनी प्रत्येक चीज़ केवल एक रूपांतर, एक शाब्दिक अभिव्यक्ति, एक नाममात्र है और वास्तविकता केवल मिट्टी, तांबा या लोहा ही है, उसी तरह सभी चीज़ों को वास्तविकता के

1. 2. 15।
2. 1. 10।
3. तुलना करें, 'आत्मबोध' 7

तावत् सत्यं जगद् भाति शुक्तिका रजतं यथा।
यावन्न ज्ञायते ब्रह्म सर्वाधिष्ठानमद्वयम्॥

4. 'जहां द्वैत जैसा (इव) होता है।'—बृहद् उप., 2. 4. 14; और देखें, 4. 3. 31।

तीन मूल रूपों में लाया जा सकता है। संकेत यह है कि सभी चीज़ें वास्तविकता में परिवर्तित की जा सकती हैं, क्योंकि वे केवल उसका रूपांतर हैं। इस सबका अर्थ यह समझना चाहिए कि निरपेक्ष बनने और मिटने से ऊपर और परे है।

मैत्री उपनिषद् में निरपेक्ष की तुलना उस चिनगारी से की गई है जो घुमाई जाने पर आग का एक चक्र-सा पैदा कर देती है। गौडपाद ने इसी विचार को माण्डूक्य उपनिषद् की अपनी कारिका में विकसित किया है। इससे यह ध्वनि निकल सकती है कि जगत् एक आभास मात्र है। परन्तु यहां भी उद्देश्य, अनुभूत सत्य को एक भ्रम सिद्ध किए बिना, निरपेक्ष सत्य और अनुभूत सत्य का भेद दिखलाना हो सकता है।

इस कथन में कि आत्मज्ञान से सब कुछ जान लिया जाता है,[1] आत्म से जो उत्पन्न है उसकी वास्तविकता का बहिष्कार नहीं है। ऐतरेय उपनिषद् जब यह प्रतिपादित करती है कि जगत् चेतना पर आधारित है और उसके द्वारा निर्देशित है, तो वह जगत् की वास्तविकता को स्वीकार करती है और उसके अस्तित्व को केवल आभास नहीं मानती। एक को खोजने का अर्थ अनेक को न मानना नहीं है। नाम और रूप के जगत् का मूल ब्रह्म में है, यद्यपि वह ब्रह्म का स्वरूप नहीं है।[2] जगत् न तो ब्रह्म के साथ एकरूप है और न ब्रह्म से सर्वथा अन्य है। वास्तविकता का जगत् सत् के जगत् से अलग नहीं हो सकता। एक सत्ता से कोई अन्य सत्ता उत्पन्न नहीं होती है, वह केवल दूसरे रूप में रहती है, 'संस्थानान्तरेण'।[3]

माया इस दृष्टिकोण से इस तथ्य की सूचक है कि ब्रह्म अपनी पूर्णता को खोए बिना जगत् का आधार है। सभी विशेषताओं से रहित होते हुए भी ब्रह्म जगत् का मूल कारण है।[4] 'यदि कोई चीज़ किसी अन्य चीज़ से अलग टिक नहीं सकती, तो दूसरी चीज़ उसका सार होती है।'' कारण का कार्य से पहले होना तर्कसिद्ध है।[5] भौतिक आरंभ और विकास के प्रश्न कारण और परिणाम

---

1. बृहद् उप., 2. 4. 5, 7, 9। छांदोग्य उप., 6. 1. 2। मुंडक उप., 1. 1. 3।
2. ''अतो नामरूपे सर्वावस्थे ब्रह्मणैवात्मवति, न ब्रह्म तदात्मकम्।''—तैत्तिरीय उप., 2. 6. 1 पर शंकर।
3. छांदोग्य उप., 6. 2. 2 पर शंकर ''कृत्स्नस्य जगतो ब्रह्मकार्यत्वात् तदनन्यत्वाच्च।''—ब्रह्मसूत्र, 2. 1. 20 पर शांकरभाष्य।
4. ''सर्वविशेषरहितोऽपि जगतो मूलम्।'' कठ उप., 2. 3. 1। 2 पर शंकर।
5. बृहद् उप., 2. 4. 7 पर शंकर।
   ''अतः सिद्धः प्राक् कार्योत्पत्तेः कारणसद्भावः।''—बृहद् उप., 1. 2.। पर शंकर।

के इस संबंध के आगे गौण हैं। जगत् का अपना कोई अर्थ नहीं है। उसे अंतिम और चरम समझना अज्ञान का कार्य है। जगत् की स्वतंत्रता का यह गलत दृष्टिकोण जब तक दूर नहीं होता, तब तक हमें सर्वोच्च श्रेयस् की प्राप्ति नहीं हो सकती।

जगत् ईश्वर की, सक्रिय प्रभु की, रचना है। ससीम असीम का आत्म-परिसीमन है। कोई भी ससीम स्वतः अपने-आपमें नहीं रह सकता। वह असीम के द्वारा रहता है। यदि हम गतिशील पहलू को खोजते हैं तो हमारी प्रवृत्ति विशुद्ध चेतना के अनुभव को त्यागने की ओर हो जाती है। या तो विशुद्ध चेतना ही हो या गतिशील चेतना ही—यह बात नहीं है। एक ही सत्य की ये विभिन्न स्थितियाँ हैं। सर्वव्यापी चेतना में ये एक साथ उपस्थित है।

ईश्वर पर जगत् की निर्भरता विभिन्न तरीकों से स्पष्ट की गई है। छांदोग्य उपनिषद् में ब्रह्म को 'तज्जलान्' कहा गया है, अर्थात् वह (तत्) जो जगत् को जन्म देता है (ज), अपने में लीन कर लेता है (ला) और कायम रखता है (अन्)।[1] बृहद्-आरण्यक उपनिषद् का यह तर्क है कि 'सत्यम्' तीन अक्षरों—'स', 'ति', 'यम्', से बना है, जिनमें से पहला और अन्तिम सत्य है और दूसरा असत्य है, 'मध्यतो अनृतम्'। क्षणिक दोनों ओर शाश्वत से घिरा है, जो सत्य है।[2] जगत् ब्रह्म में से आता है और ब्रह्म में लौट जाता है। जो भी कुछ सत्ता है उसका अस्तित्व ब्रह्म के कारण है।[3] विश्व किस प्रकार अपने केंद्रीय मूल से उत्पन्न होता है, ब्रह्म के सदा पूर्ण और अक्षुण्ण रहते हुए यह उत्पत्ति किस प्रकार होती है—इस बात को स्पष्ट

---

1. 3. 14।
2. 5. 1. 1। ईसाई धर्म को मान्यता देने के प्रश्न पर अपना निर्णय देने के लिए 627 में जो एंग्लो-सैक्सन काउंसिल बुलाई गई थी उसकी चर्चा करते हुए बेड लिखते हैं कि एक ड्यूक ने पृथ्वी पर मनुष्य के जीवन की तुलना सर्दियों में दावत के हॉल में घुस आई किसी चिड़िया की उड़ान से की। "भीतर आग की अच्छी गरमाई है, जबकि बाहर वर्षा और बर्फ का तूफान जारी है। चिड़िया एक दरवाज़े में से अंदर आती है और तुरंत ही दूसरे में से बाहर उड़ जाती है। जब तक वह अंदर होती है, शीत के तूफान से बची रहती है। लेकिन अच्छे मौसम की एक छोटी-सी अवधि के बाद वह तुरंत आपकी दृष्टि से ओझल हो जाती है, उसी अंधेरे शीत में चली जाती है जिसमें से कि वह प्रकट हुई थी। इसी तरह मनुष्य का यह जीवन एक छोटी-सी अवधि के लिए प्रकट होता है। उससे पहले क्या था और बाद में क्या होगा, इसका हमें कुछ पता नहीं है।"—बेड द वेनरेबिल, "एक्लीस्यास्टिकल हिस्ट्री ऑव द इंग्लिश नेशन' (1916), पृ. 91 और उससे आगे। देखें, भगवद्गीता, 3. 28।
3. देखें, तैत्तिरीय उप., 3; बृहद् उप., 3. 8।

करने के लिए विभिन्न रूपक प्रयुक्त किए गए हैं।[1] "जिस प्रकार मकड़ी (अपना तार) बाहर फेंकती है और भीतर खींच लेती है, जिस प्रकार धरती पर जड़ी-बूटियां उगती हैं, जिस प्रकार जीवित व्यक्ति के सिर और शरीर पर बाल (उगते हैं), उसी प्रकार अविनाशी से यह विश्व उत्पन्न होता है।"[2] और प्रज्वलित अग्नि से एक ही तरह की हज़ारों चिनगारियां फूटती हैं, उसी प्रकार निर्विकार से बहुत तरह की सत्ताएं उत्पन्न होती हैं और वे उसी में लौट भी जाती हैं।"[3] अनेक उसी प्रकार ब्रह्म का भाग है जिस प्रकार कि लहरें समुद्र का भाग हैं। जगत् की सभी सम्भावनाएं आदिसत्ता, ईश्वर में स्वीकार की गई हैं। संपूर्ण विश्व अपनी अभिव्यक्ति से पहले वहां था। व्यक्त विश्व का पूर्ववर्ती अव्यक्त विश्व, अर्थात् ईश्वर, है। ईश्वर जगत् की रचना नहीं करता, बल्कि वह जगत् बन जाता है। सृष्टि अभिव्यक्ति है। ऐसा नहीं है कि कुछ नहीं से कुछ बनाया जाता हो। यह उतना बनाना नहीं है जितना कि बन जाना है। यह सर्वोच्च का आत्मप्रक्षेपण है। प्रत्येक चीज़ का सर्वोच्च के गुप्तगृह में अस्तित्व है।[4] आदि-सत्य के अपने अंदर ही अपनी गति और परिवर्तन का स्रोत है।

श्वेताश्वतर उपनिषद् में सृष्टि-संबंधी विभिन्न मतों का, जो उसकी रचना के समय प्रचलित थे, उल्लेख है—जैसे कि इसका कारण काल है, प्रकृति है, आवश्यकता है, संयोग है, मूलतत्त्व है पुरुष है, या इन सबका सम्मिलन है। वह इन सब मतों को अस्वीकार करके जगत् का मूल सर्वोच्च की शक्ति में खोजता है।[5]

---

1. तुलना करें, प्लौटिनस : "एक ऐसे सोते की कल्पना करो जिसका कहीं आरंभ नहीं है, जो सभी नदियों को अपना जल दे रहा है, और उनके लेने से कभी भी छीजता नहीं; सदा शान्त और पूर्ण रहता है।"—3. 8. 9, 'एन्नीड्स'।
2. मुण्डक उप., 1. 1. 7।
3. 2. 1. 1।
4. ऋग्वेद में इस तरह के संकेत हैं कि अविनाशी जगत् का आधार है और एक पुरुषविध ईश्वर 'ब्रह्मणस्पति' (10. 72. 2), 'विश्वकर्मा', 'पुरुष' (10. 90), 'हिरण्यगर्भ' (10. 121. 1) जगत् को उत्पन्न करता है। उपनिषदों में सृष्टि-संबंधी प्रारम्भिक परिकल्पनाओं का उल्लेख तो मिलता है, पर वे उनमें विशेष रुचि नहीं लेते।
5. गौडपाद सृष्टि-संबंधी विभिन्न सिद्धांतों का उल्लेख करते हैं। कुछ सृष्टि को ईश्वर की अतिमानवीय शक्ति की अभिव्यक्त 'विभूति' मानते हैं। कुछ उसे स्वप्न और माया के समान, 'स्वप्न माया स्वरूप' मानते हैं। कुछ उसे ईश्वर की इच्छा, 'इच्छा मात्रं प्रभोः सृष्टिः' कहते

श्वेताश्वतर उपनिषद् ईश्वर को 'मायी', आश्चर्यजनक कार्य करनेवाला शक्तिशाली सत्त्व, बताती है, जो अपनी शक्तियों से जगत् की सृष्टि करता है।[1] यहां 'माया' शब्द का प्रयोग, ऋग्वेद की तरह, उस दिव्य कला या शक्ति के अर्थ में

हैं। कुछ लोग 'काल' को उसका स्रोत मानते हैं। कुछ का विचार है कि सृष्टि ईश्वर के 'भोग' के लिए है; कुछ के अनुसार वह केवल 'क्रीड़ा' के लिए है। परंतु गौडपाद का अपना मत यह है कि सृष्टि सर्वोच्च के स्वभाव की अभिव्यक्ति है क्योंकि ईश्वर में, जिसकी इच्छा सदा पूर्ण रहती है, कौन-सी इच्छा हो सकती है?

"देवस्यैष स्वभावोऽयमाप्तकामस्य का स्पृहा।"

—'कारिका' 1. 6-9

जगत् ईश्वर के स्वभाव का प्रकाशन है। पूर्णसत्ता शाश्वत रूप से अपने-आपमें संकेन्द्रित रहने की बजाय इस जगत् की अभिव्यक्ति की घटना को क्यों भोगती है? इस प्रश्न का उत्तर यह है कि अभिव्यक्ति ईश्वर स्वभाव ही है। जो अपने स्वभाव से ही शाश्वत, स्वयंभू और स्वतंत्र है, उसके लिए हमें कोई कारण, उद्देश्य या प्रयोजन खोजने की आवश्यकता नहीं है। शिव के नृत्य का एकमात्र उद्देश्य नृत्य ही है।

1. 3. 10। यह 'शक्ति' सर्वोच्च में उसी तरह अन्तर्निहित है जैसे तिल में तैल होता है।

शिवेच्छया परा शक्तिः शिवतत्त्वैकतां गता।
ततः परिस्फुरत्यादौ सर्गे तैलं तिलादिव॥

यह 'शक्ति' या माया है। 'शक्ति' को हम जब माया कहते हैं तो वह कथन पर्याप्त नहीं होता। देवीभागवत में नारद राम से कहते हैं कि यह शक्ति नित्य आदि और सनातन है :

शृणु राम सदा नित्या शक्ति राद्या सनातनी।

इसकी सहायता के बिना कोई चीज़ हिल नहीं सकती :

तस्याः शक्तिं विना कोऽपि स्पन्दितुं न क्षमो भवेत्।

सृजन, पालन और संहार को जब हम ब्रह्मा, विष्णु और शिव के रूप में देखते हैं, तो उनकी शक्ति भी यही 'शक्ति' है :

विष्णोः पालनशक्तिस्सा
कर्तृशक्ति पितुर्मम।
रुद्रस्य नाशशक्तिस्सा
त्वन्या शक्तिः परा शिवा।

प्रत्येक की शक्ति दिव्य 'शक्ति' का एक अंश है। सर्वोच्च ने अपनी शक्ति से स्रष्टा ब्रह्मा को रचा, 'पूर्व संसृज्य ब्रह्मादीन्।'

राम और सीता में सीता 'शक्ति' बन जाती है। सीता उपनिषद् में उसे →

हुआ है, जिसके द्वारा ईश्वर अपने में अंतर्निहित मूलादर्शों या विचारों का एक प्रतिरूप तैयार करता है। इन्द्र के लिए यह कहा गया है कि उसने अपनी 'माया' से अनेक रूप धारण किए हैं।[1] माया ईश्वर की वह शक्ति है जिससे जगत् उत्पन्न होता है। उसने इस जगत् को बनाया है, "धरती की धूल से मनुष्य को बनाकर उसने उसमें एक जीवित आत्मा फूंकी।" जगत् के सभी कार्य उसी के किए हुए हैं। काल में सीमाबद्ध प्रत्येक अस्तित्व तत्त्व रूप में सृजनशील अनंत में विद्यमान है। सर्वोच्च अनुभवातीत और सर्वव्यापी, दोनों है। वह एक है, वायुरहित है और फिर भी सांस लेता है। 'तदेकमनीदवातम्'। वह व्यक्त भी है और अव्यक्त भी है, 'व्यक्ताव्यक्तः'। मौन भी है और बोलता भी है, 'शब्दाशब्दः'। वह वास्तविक भी है और अवास्तविक भी है, 'सदसत्'।[2]

जगत् को विशुद्ध सत् की तुलना में, जो अविभाज्य और अपरिवर्तनीय है, एक आभास जैसा माना गया है। पर, फिर भी वह उस ईश्वर की रचना है जो अभिव्यक्ति की शक्ति रखता है। माया वह है जो निराकार में आकारों का नाप निश्चित करती है, उन्हें ढालती है। ईश्वर माया पर नियंत्रण रखता है, वह उसके अधीन नहीं है। यदि ईश्वर माया के अधीन हो तो वह असीम सर्वोच्च सत्ता नहीं हो सकता। जो सत्ता अपने को व्यक्त करने को बाध्य हो वह स्वतंत्र नहीं हो सकती। 'ईश्वर' अपने को व्यक्त करने, न करने और किसी अन्य रूप में करने—कर्तुम्, अकर्तुम् अन्यथाकर्तुम्'—की शक्ति स्वयं अपने अंदर रखता है। 'ब्रह्म' तर्क की दृष्टि से अभिव्यक्ति की शक्ति रखनेवाले 'ईश्वर' का पूर्ववर्ती है, और जिस समय वह अपने स्वरूप को व्यक्त नहीं कर रहा होता है उस समय उसे अपनी अनुभवातीत सत्ता में धारण करता है।

सर्वोच्च का यह दोहरा स्वरूप ईश्वर और मनुष्य में व्यक्तित्व की वास्तविकता के लिए आधार प्रदान करता है, और इसलिए विश्वसनीय धार्मिक अनुभूति

→'मूलप्रकृति' कहा गया है :

सीता भगवती ज्ञेया मूलप्रकृतिसंज्ञिता।

देवी उपनिषद् में दुर्गा के नाम की व्याख्या की गई है। जिससे परे कुछ न हो, वह दुर्गा कहलाती है। क्योंकि वह संकट से बचाती है, इसलिए दुर्गा कहलाती है।

यस्याः परतरं नास्ति सैषा दुर्गा प्रकीर्तिता।
दुर्गात् संत्रायते यस्माद देवी दुर्गेति कथ्यते॥

1. 6. 47. 18; देखें, बृहद् उप., 2. 5. 19।
2. ऋग्वेद, 10. 5. 7। मुण्डक उप. 2. 2. 1। प्रश्न उप., 2. 5. 6।

के लिए भी आधार प्रदान करता है। यह जगत् न केवल अवास्तविक नहीं है, बल्कि दिव्य सत्य से घनिष्ठ रूप में जुड़ा हुआ है। यह जटिल विकासशील विश्व सर्वोच्च सत्ता की शक्तियों की भौतिक द्रव्य से आत्मिक स्वतंत्रता की ओर–'अन्न' से 'अन्नद' की ओर एक प्रगतिशील अभिव्यक्ति है। विश्व के क्रमिक विकास का उद्देश्य उस शक्ति को प्रकट करना है जो उसके मूल में विद्यमान है। ईश्वर हममें से प्रत्येक के भीतर रहता है, अनुभव करता है और कष्ट भोगता है, और कालांतर में उसके गुण–ज्ञान, सौंदर्य और प्रेम हममें से प्रत्येक में प्रकट होंगे।

कठ उपनिषद् जब यह कहती है कि परमेश्वर कर्मों का फल भोगता है,[1] तो उसका संकेत यह होता है कि हम ईश्वर के प्रतिरूप और छवियां हैं, और जब हम अपने कर्मों का फल भोगते हैं तो वह भी भोगता है। ईश्वर और आत्माओं के जगत् में परस्पर घनिष्ठ संबंध हैं।[2]

ड्यूसेन का यह मत है कि याज्ञवल्क्य का आदर्शवादी अद्वैतवाद उपनिषदों की मुख्य शिक्षा है और ईश्वरवाद के अन्य सिद्धांत तथा विश्वोत्पत्तिवाद उस शिक्षा के व्यतिक्रम हैं, जो इसलिए पैदा हो गए कि मनुष्य विशुद्ध काल्पनिक चिंतन की ऊंचाइयों पर रह नहीं सकता। जो मत विश्व को वस्तुतः सत्य मानता है, आत्मा को ही इस अनुभूत जगत् के रूप में देखता है, उस मत के बारे में तथा ईश्वरवाद के विकासों के बारे में यह कहा जाता है कि ये याज्ञवल्क्य के उच्च आदर्शवाद का परित्याग हैं। कठ और श्वेताश्वतर उपनिषदों में जिस ईश्वरवाद पर ज़ोर दिया गया है उसे विशुद्ध अद्वैतवादी आदर्शवाद से पतन समझना कोई आवश्यक नहीं है। उपनिषदों की चिंतनधारा का वह सीधा क्रमिक विकास है।

निरपेक्ष कोई तात्त्विक अमूर्तीकरण या नीरव शून्य नहीं है। वह इस सापेक्ष व्यक्त जगत् का निरपेक्ष है। इस घटना-जगत् में जो परिवर्तित और विकसित

---

1. 1. 3. 1।
2. तुलना करें, एंगेलस सिलेसियस : "मैं जानता हूं कि मेरे बिना ईश्वर एक क्षण भी नहीं रह सकता।"

एकहार्ट : "ईश्वर को मेरी उतनी ही ज़रूरत है जितनी कि मुझे उसकी ज़रूरत है।"

लेडी जूलियन : "हम ईश्वर के लिए आनंद हैं,क्योंकि वह हममें अपार आनंद प्राप्त करता है।" पास्कल जब यह कहते हैं कि ईसा मसीह जगत् के अन्त तक संतप्त रहेंगे, तो उनका अभिप्राय यह होता है कि ईश्वर का एक पक्ष, लौकिक, ऐसा है जिसमें वह हर निर्दोष व्यक्ति के पीड़ित होने और यंत्रणा पाने पर दुःख अनुभव करता है।

होता रहता है, वह निरपेक्ष जगत् में अपनी पूर्णता पर पहुंच जाता है। परम तत्त्व घटना-जगत् का लोप या उन्मूलन नहीं है, बल्कि उसका रूपांतरण है। निरपेक्ष इस जीवन का जीवन है, इस सत्य का सत्य है।

यदि जगत् सर्वथा मिथ्या है, तो हम मिथ्या से सत्य पर पहुंच नहीं सकते। यदि अनुभूत से सत्य पर पहुंचना संभव है, तो सत्य अनुभूत में भी मिलना चाहिए; मन और इंद्रियों का अज्ञान और मानव-जीवन की स्पष्ट निःसारताएं, ये उस सत् की आत्माभिव्यक्ति के लिए, उसके उन्मीलन के लिए सामग्री हैं। ब्रह्म जगत् के अस्तित्व को स्वीकार करता है। परम सत्य जगत् की लीला को जीवित रखता है और उसमें रहता है। इसीलिए हम जगत् की वस्तुओं की निरपेक्ष से दूरी नाप सकते हैं और उसके अनुसार, उनकी सत्ता के स्वरों को आंक सकते हैं।[1] इस जगत् में कोई भी चीज़ ऐसी नहीं है जो ईश्वर से दीप्त न हो। भौतिक पदार्थ तक, जिनमें अपनी सत्ता के दिव्य आधार के स्वरूप को खोजने की बुद्धि नहीं है, ईश्वर की सृजनात्मक शक्ति से निःसृत हैं और पैनी नज़र के लिए वे अपने भौतिक ढांचों के भीतर के दिव्य को प्रकट कर सकते हैं। जो चीज़ जड़ और विवेकहीन सत्ताओं के लिए संभव नहीं है वह विवेकी मानव-प्राणी के लिए सम्भव है। वह अपनी सत्ता के दिव्य आधार का ज्ञान प्राप्त कर सकता है। वह इसके लिए बाध्य नहीं है, बल्कि उसे स्वेच्छा से उसे प्राप्त करना है। सर्वोच्च की अपरिवर्तनीयता का यह अर्थ नहीं है कि विश्व एक निर्दोष रीति से जोड़ी गई यंत्र-रचना है, जिसमें हर चीज़ आरंभ से ही रख दी गई है। जगत् का ब्रह्म पर आधारित जो रूप है वह सत्य है, जगत् अपने-आपमें मिथ्या है।

विश्व-सत्ता में सत्य और मिथ्या, दोनों की विशेषता है। वह पूर्णतया सत्य बनने की महत्त्वाकांक्षा रखती है।[2] छांदोग्य उपनिषद् इस मत को स्वीकार नहीं करती कि जगत् आरंभ में 'असत्' था और उससे समस्त अस्तित्व पैदा हुआ है।[3]

1. तुलना करें, सेंट बर्नार्ड : "ईश्वर जो, अपने सहज तात्त्विक रूप में, सभी में सर्वत्र एक जैसा है, सामर्थ्य की दृष्टि से, विवेकी प्राणियों में अविवेकी प्राणियों की अपेक्षा भिन्न रूप में है, और अच्छे विवेकी प्राणियों में बुरों की अपेक्षा भिन्न रूप में है। अविवेकी प्राणियों में वह इस रूप में है कि उसे जान नहीं पाते हैं। परंतु सभी विवेकी प्राणी ज्ञान द्वारा उसे जान सकते हैं। किंतु केवल अच्छे प्राणी ही उसे प्रेम के द्वारा भी जान सकते हैं।"
2. तुलना करें, 'वाक्य सुधा' :

   अस्ति भाति प्रिय रूपं नाम चेत्यंशपश्चकम्।
   आद्यं त्रयं ब्रह्मरूपं जगद्रूपमतो द्वयम्।

3. 6. 2. 1।

वह प्रतिपादित करती है : "आरंभ में यह जगत् मात्र 'सत्' था, केवल एक—अद्वितीय।"[1]

सर्वोच्च को 'कवि' कहा गया है—कलाकार, रचयिता या स्रष्टा; केवल अनुकर्ता नहीं। जिस प्रकार कला मनुष्य के जीवन के ऐश्वर्य को प्रकट करती है, उसी प्रकार जगत् ईश्वर के जीवन की विराटता को प्रकट करता है। ब्रह्मसूत्र जगत् की सृष्टि को एक 'लीला', चिर तरुण कवि का उल्लास, कहता है।

यदि अपरिवर्तनीयता सत्य की कसौटी है, तो व्यक्त जगत् के लिए सत्य का दावा नहीं किया जा सकता। परिवर्तन जगत् की व्यापक विशेषता है। परिवर्तनशील चीज़ों का आरंभ में अनस्तित्व होता है और अंत में भी अनस्तित्व होता है।[2] वे निरंतर विद्यमान नहीं रहतीं। उन सभी सत्ताओं पर जो जन्म, क्षय, विघटन और मृत्यु के अधीन हैं, नश्वरता की छाप पड़ी हुई है। हमारा यह ग्रह भी क्षीण और लुप्त हो जाएगा। परिवर्तन सापेक्ष जगत् का लक्षण है, पर यह परिवर्तनशील जगत् निरपेक्ष में अपनी पूर्णता पर पहुंच जाता है। सापेक्ष घटना-जगत् में जो अपूर्ण है वह सत् के निरपेक्ष जगत् में पूर्ण हो जाता है।

'माया' का प्रयोग 'प्रकृति' के लिए, उस विषयपरक तत्त्व के लिए, भी हुआ है जिसे पुरुषविध ईश्वर सृष्टि के लिए प्रयुक्त करता है। समस्त प्रकृति, निम्नतम स्तर तक में, निरंतर गतिशील है और अगली उच्चतर स्थिति पर पहुंचने के लिए, जिसकी कि वह स्वयं प्रतिकृति या निम्नतर अभिव्यक्ति है, आकांक्षा रखती है। 'प्रकृति', अनात्म, सत्ता के क्षेत्र से बाहर क्षिप्त भौतिक द्रव्य धीरे-धीरे आत्म में लौटने की ओर प्रवृत्त है, वह रूप ग्रहण करता है और इस प्रकार निरपेक्ष सत्ता से जुड़ जाता है। भौतिक द्रव्य तक ब्रह्म है।[3] 'प्रकृति' अपने-आप उतनी एक अस्तित्वमय तथ्य नहीं है जितनी कि चिंतन की एक मांग है। निम्नतम अस्तित्व तक पर सृजनात्मक आत्म की छाप लगी है। वह पूर्णतया अनस्तित्व नहीं है। निरपेक्ष असत् का अस्तित्व नहीं है। सत् की वदान्यता से मुक्तरूप में प्रवाहित इस जगत् में वह असम्भव है। 'प्रकृति' असत् कहलाती है, पर यह पूर्णतया सही नहीं है। यह निरूपण सत् से उसकी दूरी का निर्देश करता है। दिव्य से उतार की ओर वह चरम संभावना है, लगभग असत् है, पर पूर्ण असत नहीं है।

---

1. 6. 2. 2। 'सदास्पदं सर्व सर्वत्र'—शंकर।
2. आदावन्ते च यिन्नास्ति वर्तमानेऽपि तत्तथा।—गौडपाद : 'कारिका', 2. 6।

   तिब्बती रहस्यवादी मिलरेपा कहते हैं : "सभी लौकिक प्रयत्नों का अंत विच्छिन्नता में होता है, निर्माण का विनाश में; मिलन का वियोग में : जन्म का मृत्यु में।"
3. अन्नं ब्रह्मेति व्यजानात्—तैत्तिरीय उप., 3।

'प्रकृति' को ईश्वर की माया कहा गया है, पर उसके रूप हम जीवात्माओं को अपने से बाह्य लगते हैं। उसके वास्तविक स्वरूप के बारे में हमारे अज्ञान का यही कारण है।

जगत् ईश्वर की माया की शक्ति द्वारा रचा गया है, पर व्यक्तिगत आत्मा को माया ने अविद्या या अज्ञान में बांध रखा है। आदिसत्ता की अभिव्यक्ति उसके मूल स्वरूप का छिपाव भी है। आत्मदीप्त विश्व-आलोक की विभूतियों से आच्छादित घूमता है, जो कि उसका वास्तविक स्वरूप नहीं है। हमें विश्व-आवरण को फाड़ना होगा और उस स्वर्णिम प्रभा के पीछे जाना होगा जो 'सविता' ने फैला रखी है। उपनिषद् कहते हैं : "दो पक्षी, जो अभिन्न मित्र हैं, एक ही पेड़ पर जमे हुए हैं। उनमें से एक मधुर फल को खाता है, दूसरा खाता नहीं है, केवल देखता है। एक ही पेड़ पर मनुष्य संताप भोगता, चिंता में डूबा, अपनी ही अक्षमता (अनीश) से घबराया हुआ बैठा है। परंतु जब वह दूसरे स्वामी (ईश) को संतुष्ट देखता है और उसकी महत्ता को जान लेता है, तो उसका संताप दूर हो जाता है।"[1] हम अनेकता को परम सत्य समझने की गलती करते हैं। यदि हम एकता की उपेक्षा करेंगे तो अज्ञान में खो जाएंगे।

जब हम 'प्रकृति' की धारणा पर आते हैं तो हम 'हिरण्यगर्भ' के राज्य में होते हैं। उपनिषदों में जो उपमाएं दी गई हैं—नमक और जल, आग और चिनगारियां, मकड़ी और उसका तार, वंशी और ध्वनि—उनमें सत् से भिन्न एक तत्त्व के अस्तित्व को स्वीकार किया गया है। प्रकृति की आदिम नीरवता में हिरण्यगर्भ या ब्रह्मा ध्वनि, 'नाद ब्रह्म', छोड़ते हैं। उसके उन्मत्त नृत्य से जगत् विकसित होता है। 'नटराज' के प्रतीक का यही अर्थ है। उसका नृत्य भ्रम नहीं है। दिव्य सत्य का वह एक समयातीत तथ्य है। रूप सत्य की अभिव्यक्तियां हैं, वे अनस्तित्व में से निकले स्वच्छंद आविष्कार नहीं हैं। रूप अरूप का प्रकट होना है। नाम वह शब्द नहीं है जिससे कि हम किसी चीज़ का वर्णन करते हैं, बल्कि सत्य की वह शक्ति या विशेषता है जो किसी चीज़ के रूप में मूर्त हुई है। असीम नामहीन है क्योंकि उसमें सभी नाम समाविष्ट हैं। ज़ोर बराबर ब्रह्म पर जगत् की निर्भरता पर ही दिया जाता है। सापेक्ष निरपेक्ष पर आश्रित है। ध्वनि के बिना प्रतिध्वनि नहीं हो सकती। जगत् स्वयंसिद्ध नहीं है; वह अपना आप कारण नहीं है। वह एक कार्य है। ईश उपनिषद् बताती है कि मूल सत्य एक है, और व्युत्पन्न तथा अवलंबी सत्य अनेक हैं।[2] केन उपनिषद् जब यह कहती है कि ब्रह्म मन का मन है, जीवन का जीवन है, तो वह मन और जीवन की अवास्तविकता का प्रतिपादन नहीं

---

1. श्वेताश्वतर उप., 4. 6 और 7।
2. 4 और 5।

करती, बल्कि हमारे वर्तमान अस्तित्व की हीनता और अपूर्णता पर ज़ोर देती है। जगत् में हम जो भी कुछ देखते हैं, वह सब निरपेक्ष सत्ता में शाश्वत रूप से विद्यमान की एक अपूर्ण प्रतिकृति है, एक विभाजित अभिव्यक्ति है।

जगत् ब्रह्म पर निर्भर है, ब्रह्म जगत् पर निर्भर नहीं है। "ईश्वर जगत् का निवास स्थान है; पर जगत ईश्वर का निवास स्थान नहीं है", यह यहूदी धर्म का एक सुप्रसिद्ध सिद्धांत है। अनुभूत जगत जागरण, स्वप्न और प्रगाढ़ निद्रा की अपनी तीनों स्थितियों सहित, विषयी-विषय-संबंध पर आधारित है। यह द्वैत समस्त अभिव्यक्ति का तत्त्व है। जागरण और स्वप्न, दोनों में विषयों का अनुभव होता है और दोनों में द्रष्टा और दृष्ट का भेद रहता है। व्यक्त जगत् निरपेक्ष पर निर्भर है। निरपेक्ष आत्मा, जो विषयी और विषय के भेद से परे है, तर्कसंगत रूप से व्यक्त जगत् से पूर्ववर्ती है।[1] जगत् होने की एक प्रक्रिया है, वह होना नहीं है।

उपनिषदें यह स्पष्ट कर देती हैं कि जागरण की स्थिति और स्वप्न की स्थिति बिलकुल अलग-अलग हैं। स्वप्नावस्था में अनुभूत चीज़ें भ्रांतिजनक होती हैं। जागरितावस्था में अनुभूत चीज़ें ऐसी नहीं होतीं। "उस (स्वप्न की) अवस्था में न रथ होते हैं, न घोड़े, न मार्ग। वह स्वयं ही रथों, घोड़ों और मार्गों की रचना कर लेता है।"[2] काल्पनिक वस्तुओं का अस्तित्व केवल कल्पना-काल तक ही रहता है किंतु वास्तविक वस्तुओं का अस्तित्व न केवल जब हम उन्हें अनुभव करते हैं तब तक रहता है, बल्कि जब हम उन्हें अनुभव नहीं करते तब भी रहता है। 'बाह्याश्च द्वयकाला।'[3] देशकालधर्मी व्यवस्था एक तथ्य है, कोई मनःस्थिति या चेतना की दशा नहीं है।

'अविद्या' को उपनिषदों में भ्रांति का मूल कहा गया है। कठ उपनिषद् ऐसे लोगों की चर्चा करती है जो अज्ञान में रहते हैं और अपने-आपको बुद्धिमान समझते हैं और सत्य की खोज में भटकते रहते हैं। वे अंधे के पीछे-पीछे चलने वाले अंधों की तरह हैं। यदि उन्होंने अपने-आपको 'अविद्या' अर्थात् अज्ञान की बजाय 'विद्या' अर्थात् ज्ञान में रखा होता, तो वे आसानी से सत्य को देख सकते थे।[4] छांदोग्य उपनिषद् 'विद्या' अर्थात् ज्ञान का, जो एक शक्ति है, और 'अविद्या' अर्थात् अज्ञान का, जो अक्षमता है, परस्पर भेद दिखाती है।[5] माया जहां भावार्थ में विश्वपरक

1. देखें, माण्डूक्य उप., 2. 4 और 5 पर गौडपाद की 'कारिका'।
2. बृहद् उप., 4. 3. 9 और 10।
3. 'माण्डूक्य कारिका', 2. 14 पर शंकर।
4. कठ उप., 1. 2. 4. 5।
5. छांदोग्य उप., 1. 1. 10।

अधिक है, वहां अविद्या व्यक्तिपरक अधिक है। हम जब पदार्थों और जीवों की अनेकता को अंतिम और मौलिक समझते हैं तो अविद्या के अधीन होते हैं। इस तरह की दृष्टि सत्य को झुठलाती है। यह अविद्या की भ्रांति है। अनेक रूप जगत् है और वह अपना स्थान रखता है, परंतु यदि हम उसे एक स्वयंजात व्यवस्था के रूप में देखते हैं तो हम गलती करते हैं।[1] विश्व प्रक्रिया जहां सत्य की कुछ संभावनाओं को प्रकट करती है, वहां वह सत्य के पूर्ण स्वरूप को छिपाती भी है। अविद्या स्वार्थ को जन्म देती है और हृदय में एक गांठ बन जाती है। अपने हृदय की गहराइयों में स्थित आत्म को यदि हम ग्रहण करना चाहते हैं तो हमें पहले उस गांठ को खोलना होगा।[2] प्रश्न उपनिषद् हमें बताती है कि जब तक हम अपने भीतर की कुटिलता को, असत्यता (अनृत) को, और भ्रांति (माया) को दूर नहीं करेंगे, तब तक हम ब्रह्म के संसार में पहुँच नहीं सकेंगे।[3]

जगत् हमें इस भ्रम में डालता है कि हम उसी को सब कुछ और आत्मनिर्भर समझें, और जगत की इस भ्रमोत्पादक प्रवृत्ति को भी 'अविद्या' के अर्थ में माया कहा गया है। जब हमसे यह कहा जाता है कि हम माया को जीतें, तो वह सांसारिकता को छोड़ने का आदेश होता है। हमें इस जगत् की चीज़ों में आस्था नहीं रखनी चाहिए। माया का संबंध जगत् के अस्तित्व से नहीं बल्कि उसके अर्थ से है, जगत् की वास्तविकता से नहीं बल्कि उसे देखने के दृष्टिकोण से है।

उपनिषदों में ऐसे अंश हैं जिनमें जगत् को एक आभास, 'वाचारम्भणं विकारो नामधेयम्', और विशुद्ध सत्ता को सत्य बताया गया है। अन्य अंश जगत् की वास्तविकता को स्वीकार करते हैं, यद्यपि वे यह कहते हैं कि ब्रह्म से अलग इसमें कोई वास्तविकता नहीं है। शंकर हमें बताते हैं कि पहला मत उपनिषदों की सच्ची शिक्षा है, जबकि दूसरा मत केवल परीक्षार्थ, शिक्षा की पहली सीढ़ी के रूप में रखा जाता है, जो कि बाद में वापस ले लिया जाता है। जगत् की जो वास्तविकता स्वीकार की गई है वह केवल अनुभूत है, मौलिक नहीं है।

यदि हम सर्वोच्च के चतुर्विध स्वरूप को ध्यान में रखें तो हमें जगत् की स्थिति के संबंध में कोई भ्रांति नहीं होगी। यदि हम ब्रह्म, निरपेक्ष पर ध्यान केंद्रित करते हैं तो हम अनुभव करते हैं कि जगत् ब्रह्म से स्वतंत्र नहीं है, बल्कि

---

1. माया वह शक्ति मानी गई है जो भ्रम पैदा करती है।

"माश्च मोहार्थवचनः याश्च प्रापणवाचकः।
तां प्रापयति या नित्यं माया मा प्रकीर्तिता॥" –ब्रह्मवैवर्तपुराण, 27।

2. मुंडक उप., 2. 1. 10।

3. प्रश्न उप., 1. 16।

ब्रह्म पर आश्रित है। दोनों के बीच जो संबंध है वह तर्क से साफ-साफ रखा नहीं जा सकता। यदि हम पुरुषविध ईश्वर की ओर मुड़ते हैं तो हम देखते हैं कि जगत् ब्रह्म की सृष्टि है और वह उसकी आंगिक अभिव्यक्ति नहीं है। सृजन की शक्ति माया कहलाती है। यदि हम विश्वप्रक्रिया की ओर मुड़ते हैं, जो कि एक निरंतर बनना है, तो वह सत् और असत, दिव्यतत्त्व और प्रकृति का एक मिश्रण मालूम होती है। 'हिरण्यगर्भ' और उसका जगत्, दोनों काल के अधीन हैं और शाश्वत से भिन्न समझे जाने चाहिए। परंतु कालगत बनना किसी भी तरह मिथ्या नहीं है।

जहां तक इस प्रश्न का संबंध है कि सर्वोच्च का यह चतुर्विध स्वरूप क्यों है, वह जैसा है वैसा क्यों है, हम उसे केवल उपस्थित सत्य के रूप में स्वीकार कर सकते हैं। यह इस अर्थ में चरम तर्कहीनता है कि उस उपस्थित की कोई तार्किक व्युत्पत्ति संभव नहीं है। उसका हमें आत्मिक चेतना में बोध होता है, और वह अनुभव के स्वरूप को उसके सभी पहलुओं में स्पष्ट करता है। यही एकमात्र संभव या आवश्यक दार्शनिक स्पष्टीकरण है।

14
जीवात्मा

'जीव' का शाब्दिक अर्थ है, 'जो सांस लेता है', और यह 'जीव्', 'सांस लेना', धातु से बना है। प्रारंभ में इससे मनुष्य की प्रकृति के उस जीवविज्ञानीय पहलू का बोध होता था जो जागरण, स्वप्न और निद्रा की अवस्थाओं में—जीवनभर—कायम रहता है। इसे 'पुरुष' कहा गया है। इस अर्थ में कि यह 'पुरिशय' अर्थात् 'हृदय के दुर्ग में रहता है'। इसका अर्थ यह है कि जीवविज्ञानीय पहलू किसी अन्य आत्मा या मन का उद्देश्य पूरा करता है। यही वह आत्मा है जो कर्मों का फल भोगती है और भौतिक शरीर की मृत्यु के बाद भी कायम रहती है। यह 'भोक्ता' और 'कर्ता' है।[1] यह 'विज्ञानमय आत्मा' है। 'जीव' में एक भौतिक अंग, 'प्राण-तत्त्व', रहता है जो व्यक्ति की अचेतन क्रियाओं का नियमन करता है, और चेतन क्रियाओं का तत्त्व (मानस) रहता है जो दर्शन, श्रवण, स्पर्श, गंध और स्वाद की पांच ज्ञानेन्द्रियों और वाणी, हाथ, पैर, मलोत्सर्जन और प्रजनन की पांच कर्मेन्द्रियों को काम में लाता है। ये सब 'विज्ञान' या बुद्धि द्वारा संगठित हैं।

1. देखें, प्रश्न उप. 4.9। कठ उप., 1. 3. 4।

अहं की वैयक्तिकता का आधार 'विज्ञान' या बुद्धि है जो मन, जीवन और शरीर को अपने में केंद्रित रखती है।[1] अहं का संबंध सापेक्ष जगत् से है, वह अनुभव की एक धारा है, जीवन का एक धारावाही ओज है, एक ऐसा केंद्र है जिसमें हमारे इंद्रियानुभव और मानसिक अनुभव केंद्रित हैं। इस पूरे ढांचे के पीछे सर्वव्यापी चेतना, आत्मा, है जो हमारी वास्तविक सत्ता है।

मानव व्यक्ति पांच तत्त्वों—'अन्न', 'प्राण', 'मन', 'विज्ञान' और 'आनंद' का सम्मिश्रण है। सर्वोच्च आत्मा, जो समस्त सत्ता का आधार है, जिसके साथ मनुष्य की संपूर्ण सत्ता उसकी यात्रा के अंत में एक हो जानी चाहिए, उसके अहंभाव में योग नहीं देती है। जीवन और भूत द्रव्य 'स्थूल शरीर' में संगठित हैं, मन और जीवन 'सूक्ष्म शरीर' में संगठित हैं, बुद्धि 'कारण शरीर' में संगठित है और आत्मा, सर्वव्यापी आत्मा, वह सर्वोच्च सत्ता है जो और सभी को संभाले हुए है। अहं सर्वव्यापी आत्मा की अभिव्यक्ति है; वह स्मृति और नैतिक सत्ता को, जो परिवर्तनशील रचनाएं हैं, प्रयोग में लाता है। आत्मा के लिए, जो बुद्धि से उच्चतर है, कभी-कभी 'पुरुष' शब्द का भी प्रयोग होता है। 'बुद्धि' सत्ता की वस्तुपरक श्रेणी से संबंध रखती है। 'पुरुष' चेतना का वह व्यक्तिपरक प्रकाश है जो सभी सत्ताओं में प्रतिबिम्बित होता है।

प्राकृतिक विज्ञान, भौतिकी और रसायनविज्ञान, शरीर-रचनाविज्ञान और शरीर-क्रियाविज्ञान, मनोविज्ञान और समाजविज्ञान मनुष्य को अन्वेषण का एक विषय मानते हैं। वे यह सिद्ध करते हैं कि मनुष्य सजीव सत्ताओं की शृंखला की एक कड़ी है, अनेक में से एक है। उसका एक अपना शरीर और एक अपना मन होता है, परंतु उसकी आत्मा इनमें से किसी से भी व्युत्पन्न नहीं है, यद्यपि वह इन सबका मूल है। सभी अनुभव-सिद्ध कार्य-कारण-सम्बन्ध और विकास की जीवविज्ञानीय प्रक्रियाएं उसकी बाह्य सत्ता पर लागू होती हैं, उसकी आत्मा पर नहीं। भौतिक, जीवविज्ञानीय, मनोवैज्ञानिक और तार्किक पहलू उसकी प्रकृति के

1. तुलना करें, "जो आत्मा को अधिकाधिक स्पष्ट देखता है, उसे अधिकाधिक पूर्ण सत्ता प्राप्त होती है। पौधों और वृक्षों में केवल रस दिखाई देता है, पशुओं में चेतना। आत्मा मनुष्य में अधिकाधिक स्पष्ट होती है, क्योंकि वह बुद्धि से सर्वाधिक सम्पन्न है। वह आनेवाले कल को जानता है, वह जगत् को जानता है और जो जगत् नहीं है उसे जानता है। इस तरह सम्पन्न होने के कारण यह मर्त्य से अमर्त्य की कामना करता है। पशुओं का जहां तक संबंध है, उनका ज्ञान भूख और प्यास तक सीमित है। पर यह मनुष्य तो सागर है, यह सारे जग से ऊपर है। यह चाहे कहीं भी पहुंच जाए, उसके आगे जाने की इच्छा करेगा।" ऐतरेय आरण्यक, 2. 1. 3।

पहलू हैं, जिन्हें कि तैत्तिरीय उपनिषद् उसके 'कोश' कहती है। प्रयोगसिद्ध अन्वेषण से बड़ी-बड़ी सम्भावनाएं हैं, परंतु मनुष्य जो कुछ वह अपने विषय में जानता है उससे कहीं अधिक है।

अहं शरीर, जीवन, मन और बुद्धि की एकता है। वह मात्र एक प्रवाह नहीं है, जैसा कि कुछ प्रारंभिक बौद्ध और हिंदू सोचते थे। बुद्धि, जो एकरूपता लाने वाला तत्त्व है, हमें अहं-चेतना देती है। स्मृति एक कारण है जो अहं की अविच्छिन्नता को कायम रखने में सहायक होती है। अहं कई ऐसे कारणों से भी प्रभावित होता है जो हमारी स्मृति के सम्मुख उपस्थित नहीं होते हैं और जिन्हें ऊपरी चेतना शायद ही ग्रहण कर पाती है। अवचेतन उसमें एक बड़ी भूमिका अदा करता है अहं का स्वरूप संगठन के तत्त्व और संगठित होने वाले अनुभव पर निर्भर करता है। क्योंकि नाना प्रकार के ऐसे अनुभव होते हैं जिनके साथ हम अपने को एकाकार कर सकते हैं, ख्याति, सफलता, ऐश्वर्य, अधिकार आदि असंख्य प्रकार के ऐसे विषय होते हैं जिनका हम अनुसरण कर सकते हैं, इसलिए असंख्य प्रकार के व्यक्ति होते हैं जो अपने पिछले और मौजूदा अनुभवों,अपनी शिक्षा और वातावरण द्वारा चिह्नित होते हैं। हम क्या हैं, यह इस बात पर निर्भर करता है कि हम क्या रह चुके हैं। अहं शाश्वत सत्ता की पृष्ठभूमि पर एक परिवर्तनशील रचना है, वह केंद्र है जिसके चहुं ओर हमारी मानसिक और जीवनगत क्रियाएं संगठित हैं। अहं निरंतर परिवर्तित होता रहता है। वह ऊपर जाता है और नीचे आता है---ऊपर दिव्य ईश्वरत्व से एकता की ओर या नीचे स्वार्थ, मूर्खता और कामुकता की दानवी पराकाष्ठाओं की ओर। 'जीव' की आत्म से भी परे चले जाने की क्षमता इस बात का प्रमाण है कि वह, जैसा कि वह अपने को समझता है, सीमित सत्ता नहीं है।

अस्तित्व और मूल्य की श्रेणियां परस्पर संगति रखती हैं। गोचर विषयों की जिस श्रेणी में अस्तित्व के स्तर पर सत्य निम्नतम मात्रा में होता है, वहां नैतिक या आत्मिक स्तर पर मूल्य निम्नतम मात्रा में होता है। मानव व्यक्ति पशु, पौधे या खनिज से उच्चतर है।

सर्वव्यापी आत्मा का जीवात्माओं से क्या संबंध है, इस विषय में विभिन्न मत हैं। शंकर यह मानते हैं कि सर्वव्यापी आत्मा जीवात्मा से अभिन्न है। रामानुज कहते हैं कि जीवात्मा सर्वव्यापी आत्मा से शाश्वत रूप से अभिन्न है और भिन्न भी है। मध्व के अनुसार, जीवात्मा सर्वव्यापी आत्मा से शाश्वत रूप से भिन्न है।[1]

---

1. ''अंशो नानाव्यपदेशादन्यथा चापि'' (जीव ईश्वर का एक अंश है, इसलिए कि उन्हें अलग-अलग नहीं बताया गया है, और प्रतिकूल भी नहीं बताया गया है), इस सूत्र के अपने भाष्य में शंकर यह दिखाते हैं कि जीव और ईश्वर में परस्पर चिनगारी और आग का-सा→

आत्मा को जब दिव्य मानस का एक अंश कहा जाता है तो उसका अर्थ यह संकेत करना होता है कि दिव्य विचार के ग्रहीता के रूप में वह दिव्य मानस की परवर्ती है। आत्माएं दिव्य रूपों के लिए भौतिक द्रव्य का काम देती हैं। आत्माओं की अनेकता के सांख्य सिद्धांत में इसी सत्य का निर्देश किया गया है। यद्यपि व्यक्त जगत् में आत्मा सभी में एक है, फिर भी आत्मा का एक अंश, भाग या ऐसी किरण है जो युग-युगांतर में हमारे व्यक्तिगत जीवनों की गतिविधियों पर आधिपत्य रखती है। यह स्थायी दिव्य रूप ही वह वास्तविक व्यक्तित्व है जो हमारी सत्ता के उत्परिवर्तनों को शासित करता है। यह सीमित अहं नहीं है, बल्कि हमारे व्यक्तिगत अनुभव में प्रतिबिंबित असीम आत्मा है। हम शरीर, जीवन और मन की मात्र एक फुहार नहीं है जो एक विशुद्ध आत्मा के—ऐसी आत्मा के, जो हमें किसी भी तरह प्रभावित नहीं करती—पर्दे पर फेंक दी गई है। इस फुहार के पीछे हमारी सत्ता की स्थायी शक्ति है जिसमें से असीम आत्मा अपने-आपको व्यक्त करती है। दिव्य की अभिव्यक्ति की बहुत-सी विधाएं और बहुत-से स्तर हैं, और इन विधाओं के प्रयोजनों की पूर्ति से अनंत साम्राज्य के सर्वोच्च क्षेत्र का निर्माण होता है। व्यक्त जगत् में किसी भी रचित सत्ता का आधार ईश्वर का तत्संबंधी विचार है, जोकि दिव्य होने के कारण स्वयं उस सत्ता से अधिक वास्तविक होता है। आत्मा, इसलिए, दिव्य मानस के एक विचार की प्रतिनिधि है, और विभिन्न आत्माएं सर्वोच्च का अंश हैं। आत्मा पूर्णता के अपने विचार को उस दिव्य स्रष्टा से लेती है जिसने उसे अस्तित्व दिया है। आत्मा का वास्तविक अस्तित्व दिव्य मानस से उत्पन्न होता है, और उसकी पूर्णता दिव्य मानस के संदर्शन में है, उस दिव्य नमूने को जो उसके लिए निर्धारित है अपनी चेतना और विशेषता के अंदर पूरा करने में है।

जीवात्माएं मिथ्या हैं, इस बात का कोई संकेत नहीं मिलता। वे सब केवल आत्मा के द्वारा रहती हैं और उससे अलग उनकी कोई वास्तविकता नहीं है। सर्वोच्च आत्मा को जगत् का विधायक सत्य मानते हुए उसकी और जीवात्माओं की एकता पर जो ज़ोर दिया गया है, उससे जीवात्माओं की अनुभूत वास्तविकता का खंडन नहीं होता। जीवात्माओं की अनेकता उपनिषदों में स्वीकार की गई है। व्यक्त जगत् जब तक अपना कार्य कर रहा है, तब तक जीव अपने-आपको सर्व-

→संबंध है, "जीव ईश्वरस्यांशो भवितुमर्हति, यथोग्नेर्विस्फुलिंग" जिनमें ताप समान होता है (यद्यपि चिनगारियों और आग में भेद किया जा सकता है) और वे इस निष्कर्ष पर पहुंचते हैं कि भिन्नता और अभिन्नता के इन दो सिद्धांतों से अंशत्व का अर्थ निकलता है।—ब्रह्मसूत्र, 2. 3. 43 पर शांकरभाष्य।

व्यापी निरपेक्ष में विगलित नहीं करते। मुक्त जीव अपने-आपको आत्मा द्वारा अनुप्राणित मनो-भौतिक वाहन नहीं, बल्कि आत्मा ही समझते हैं, और इसलिए वे आत्मा का अवतार हैं। ये वाहन कारण द्वारा निर्धारित हैं और परिवर्तित होते रहते हैं।

जीव को, एक तरह से, ईश्वर ने अपने रूप के अनुरूप और अपने सदृश रचा है परंतु सृष्ट के नाते उसका अपना रूप है। हम स्वयं अपनी संभावनाओं से अनभिज्ञ हैं। जीवात्मा जब यह सोचती है कि वह अन्य सब जीवात्माओं से पृथक् और भिन्न है, तो वह 'अविद्या' या अज्ञान के वश में होती है। पृथक्ता की इस भावना, 'अहंकार' का परिणाम यह होता है कि वह विश्व के साथ अपनी एकलयता और एकता स्थापित नहीं कर पाती है। यह असफलता शारीरिक कष्ट और मानसिक द्वंद्व में व्यक्त होती है। स्वार्थपूर्ण इच्छा पराधीनता और बंधन का चिह्न है। जीव जब इस 'अविद्या' को हटा देता है, तो वह सभी प्रकार की स्वार्थपरता से मुक्त हो जाता है, सभी कुछ प्राप्त कर लेता है और सभी चीज़ों में आनंद पाता है।[1]

आत्मा की एकता से जीवात्माओं के भेद असंगत नहीं हो जाते हैं। विभिन्न जीवात्माएं क्योंकि 'बुद्धि' के साथ अपने संयोग के कारण भिन्न रहती हैं, इसलिए कर्म के फल अलग-अलग होते हैं।[2] हमारे जीवन में दिव्य 'लोगस' का जितना अंश होता है जीवन उतना ही सार्थक होता है। हमारे भीतर तर्क या विवेक का जो तत्त्व है उसके साथ घनिष्ठ संबंध में 'लोगस' दिखाई देता है। हमारे विवेक में दिव्य विवेक अंतर्निहित है। बुद्धि पास में होने से जीवात्मा को नैतिक चुनाव की क्षमता प्राप्त होती है। वह अन्तस्थ परमात्मा की ओर मुड़ सकती है या अहं के पृथक् हितों का अनुसरण कर सकती है। वह अपने को परमात्मा के आगे खोल सकती है या उससे दूर अपने को बंद रख सकती है। एक मार्ग प्रकाश और जीवन की ओर ले जाता है, और दूसरा अंधकार और मृत्यु की ओर। दोनों के बीज हममें हैं। हम रक्त-मांस और पार्थिव बुद्धि से नियंत्रित जीवन जी सकते हैं, या अपने-आपको ईश्वर के आगे खोल सकते हैं और उसे अपने भीतर कार्य करने दे सकते हैं। यह या वह जो भी मार्ग हम चुनते हैं, उसके अनुसार मृत्यु या अमरता की ओर जाते हैं।[3] अपने वास्तविक स्वरूप को जब हम भूल जाते हैं और अपने

1. तुलना करें, बोथियस : "अन्य प्राणियों में आत्मज्ञान का अभाव उनकी प्रकृति है; मनुष्य में वह दुर्गुण है।"

2. बुद्धिभेदेन भोक्तृभेदात्—ब्रह्मसूत्र, 2. 3. 49 पर शांकरभाष्य।

3. तुलना करें, महाभारत : →

आपको सांसारिक चीज़ों में खो देते हैं, तो हम दुष्कर्म करते हैं और दुःख पाते हैं।

अपने वास्तविक स्वरूप से अलग होना नरक है, और उससे एकता स्वर्ग है। मानव-जीवन में निरंतर एक तनाव रहता है, निरंकुशता से अस्तित्व की एक आदर्श स्थिति में पहुंचने के लिए एक प्रयत्न चलता रहता है। जब हम अपने स्वरूप को दिव्य बना देते हैं, तो हमारा शरीर, मन और आत्मा निर्दोष रूप से एक साथ काम करते हैं और उनमें एक ऐसी लय आ जाती है जो जीवन में दुर्लभ है।

जीव के बिना न तो बंधन हो सकता है और न मुक्ति। शाश्वत अपने अनुभवातीत—'ब्रह्म' रूप में, अथवा विश्वसत्ता अपने 'ईश्वर' रूप में अमरता पर नहीं पहुंचती है। जीवन ही अज्ञान के वश में होता है और आत्मज्ञान पर पहुंचता है। जीवों के माध्यम से सर्वोच्च की आत्माभिव्यक्ति तब तक जारी रहेगी जब तक कि वह पूर्ण नहीं हो जाएगी। दिव्य की एकता सदैव रहती है, और विश्व प्रक्रिया में उसका उद्देश्य उस एकता को नाना सचेत आत्माओं के माध्यम से एक अनंत अनुभव में प्राप्त करना है। जब तक हम अज्ञान के वश में रहते हैं, तब तक हम ईश्वर से दूर अपने सीमित अहं में डूबे रहते हैं।

जब हम आत्मज्ञान की स्थिति में आ जाते हैं तो दिव्य सत्ता हमें अपने अंदर ले लेती है और हम उस अनंत विश्वव्यापी चेतना से जिसमें कि हम रहते हैं, अभिज्ञ हो जाते हैं।

15

अंतःस्फूर्ति और बुद्धि

विद्या (ज्ञान) और अविद्या (अज्ञान)

यदि 'बुद्धि' (विज्ञान) अपनी सत्ता को सर्वव्यापी आत्मा की ओर मोड़ती है तो उससे अंतःस्फूर्ति या सच्चा ज्ञान विकसित होता है। परंतु साधारणतः, बुद्धि भ्रांत तर्क में व्यस्त रहती है और शंका, युक्ति और कुशल सिद्धीकरण की प्रक्रियाओं

→ अमृतं चैव मृत्युश्च द्वयं देहे प्रतिष्ठितम्।
मृत्युरापद्यते मोहात् सत्येनापद्यतेऽमृतम्॥

प्रत्येक मानव-शरीर में अमरता और मृत्यु, दोनों के तत्त्व स्थित हैं। भ्रम के पालन से हम मृत्यु प्राप्त करते हैं, सत्य के पालन से हम अमरता प्राप्त करते हैं।

द्वारा ऐसे ज्ञान पर पहुंचती है जो अपनी सर्वश्रेष्ठ अवस्था में भी अपूर्ण होता है। वह मन या इंद्रिय-मन द्वारा प्रदान की गई आधार-सामग्री पर चिंतन करती है और उसके ज्ञान की जड़ें संवेदनाओं और क्षुधाओं में होती हैं। बौद्धिक स्तर पर हम चीज़ों के बाह्य दृश्य को टटोलते हैं जिसमें चीज़ें ऊपरी तौर पर एक-दूसरे के विरुद्ध होती हैं। हम भूल और अक्षमता से घिरे हैं। अखण्ड ज्ञान अपने विषय को सच्चे रूप में और दृढ़ता से ग्रहण करता है। उससे कुछ भी बाह्य नहीं है। उसके लिए कुछ भी अन्य नहीं है। उसकी सर्वतोमुखी आत्म-अभिज्ञता में कोई भी चीज़ विभाजित या विरोधी नहीं है। वह ज्ञान का साधन है और स्वयं ज्ञान है।

अंतःस्फूर्ति-ज्ञान अव्यवहित होता है जो भ्रांत और व्यवहित ज्ञान से भिन्न है। यह संवेदनात्मक सहज ज्ञान से अधिक अव्यवहित है, क्योंकि इसमें ज्ञाता और ज्ञात का भेद नहीं रहता, जैसा कि संवेदनात्मक सहज ज्ञान में रहता है। यह पूर्ण ज्ञान है, जबकि अन्य समस्त ज्ञान अपूर्ण और सदोष है, क्योंकि उसमें विषयी और विषय की एकरूपता स्थापित नहीं होती। अन्य समस्त ज्ञान परोक्ष है और उसका मूल्य केवल एक प्रतीक या प्रतिनिधि जितना है। सामान्यतः सार्थक ज्ञान केवल वही होता है जो चीज़ों की प्रकृति में अंतःप्रवेश करता है। परंतु ज्ञान के निम्नतर रूपों में विषय में विषयी का यह अंतःप्रवेश सीमित और आंशिक होता है। वैज्ञानिक बोध यह मानता है कि कोई चीज़ केवल तभी जानी जा सकती है जब वह अपने सरलतर घटकों में तोड़ दी जाए। यदि किसी आंगिक रचना के साथ ऐसा किया जाए तो उसकी सार्थकता नष्ट हो जाती है।

अंतःस्फूर्ति चेतना के प्रयोग से हम चीज़ को कम विकृत किए ही अधिक यथार्थता से जान लेते हैं। हम चीज़ को जैसी वह है वैसी ही अनुभव करने के निकट पहुंच जाते हैं।

ज्ञान के लिए विचार और सत्ता की एकता या एकरूपता पहले आवश्यक है, ऐसी एकता जो विषयी और विषय के भेद का अतिलंघन कर जाए। इस तरह का ज्ञान मनुष्य के खुद अस्तित्व में ही प्रकट होता है।[1] वह प्राप्त नहीं होता है, बल्कि उद्‌घाटित होता है। ज्ञान अविद्या से आच्छादित है और वह जब हट जाती है तो ज्ञान अपने-आपको प्रकट कर देता है। हम जो कुछ हैं वही देखते हैं, और जो कुछ देखते हैं वही हम हैं। हमारा चिंतन, हमारा जीवन और हमारी सत्ता शुद्धता से ऊपर उठ जाते हैं और हम सत्य के साथ एकरूप हो जाते हैं। यद्यपि

1. एकहार्ट कहते हैं : "ईश्वर अपने पूर्ण ईश्वरत्व सहित शाश्वत रूप से अपने प्रतिरूप (स्वयं आत्मा) में रहता है।"—रुडोल्फ ओटो : 'मिस्टिसिज़्म : ईस्ट एण्ड वैस्ट' (1932), पृ. 12।

हम उसे समझने और उसका वर्णन करने में असमर्थ होते हैं, पर हम उसका आस्वादन करते हैं और उससे सम्पन्न होते हैं। हम नूतन बन जाते हैं।[1] निरपेक्ष सत्ता का आनंददायी दर्शन जब चकित द्रष्टा को एक बार हो जाता है तो इंद्रियगाह्य का रस उसके लिए समाप्त हो जाता है क्योंकि वह उसे प्राकृतिक तत्त्व में निमग्न दिखाई देता है।

मन और इंद्रियों द्वारा दी गई सूचना, जब तक कि वे अंतरात्मा द्वारा आलोकित न हों, भ्रामक होती है। फिर भी उसी सूचना के आधार पर हमें आगे बढ़ना है। जगत् और जीव जैसे प्रतीत होते हैं यह उनके वास्तविक रूप की एक विकृति है, फिर भी उस विकृति के द्वारा ही हम वास्तविकता पर पहुंचते हैं। व्यावहारिक बुद्धि के निष्कर्षों को जिस तरह वैज्ञानिक बोध के निष्कर्षों द्वारा ठीक किया जाता है, उसी तरह वैज्ञानिक बोध के निष्कर्षों को भी अंतरात्मा के आलोक द्वारा ठीक करने की आवश्यकता है। बुद्धि की कल्पनाओं को आत्मिक अनुभव की वास्तविकता में और आत्मा के मूर्त संदर्शन में बदलने की आवश्यकता है।

सत्य को यदि ज्ञान का विषय समझने की गलती की जाएगी तो वह जाना नहीं जा सकेगा। अनुभूत विषय बाह्य निरीक्षण या अन्तर्निरीक्षण से जाने जा सकते हैं परंतु आत्मा अपने को ज्ञाता और ज्ञात में विभाजित नहीं कर सकती। तार्किक ऊहापोह ईश्वर और मनुष्य, निरपेक्ष और सापेक्ष की जीवंत एकता को ग्रहण करने में असमर्थ है परंतु तार्किक अक्षमता वास्तविक असंभावना का प्रमाण नहीं है। भ्रांत तर्क जिन्हें संयुक्त करने में असमर्थ है, वास्तविकता उन्हें एक कर देती है। जीवन का प्रत्येक परमाणु ईश्वर और जगत् की एकता और उनके द्वैत का साक्षी है। सत् कभी भी विषय नहीं बन सकता, बाह्य नहीं हो सकता। वह मनुष्य में अन्तर्निहित है और उसका सहभागी है। वह अज्ञेय इसलिए है कि हम अस्तित्व को वस्तुपरकता के साथ एकाकार कर देते हैं। यह चीज़ मेज़ों और कुर्सियों जैसी

1. तुलना करें, प्लौटिनस : "और जिसका इस दृश्य से साक्षात्कार हो जाएगा उसमें प्रेम का कितना उन्माद उमड़ेगा, कामना की कितनी कसक, और कितनी उत्कंठा के साथ वह इसमें घुल जाना और एकाकार हो जाना चाहेगा, कितना अपूर्व आनंद है! जिसने इस सत्ता को कभी नहीं देखा है वह यदि इसे अपना समस्त श्रेय मानकर इसके लिए लालायित रहता है, तो जिसने इसे जान लिया है वह इसे साक्षात् सौंदर्य मानेगा और इसके प्रति प्रेम और श्रद्धा से अभिभूत हो जाएगा। विस्मय, आह्लाद और एक कल्याणकारी त्रास का ज्वार उसे प्लावित कर देगा। उसका प्रेम सच्चा प्रेम होगा जिसमें तीव्र कामना रहेगी। इस प्रेम के सिवा वह और सभी प्रेमों को तुच्छ समझेगा, और उस सबकी जो कभी अच्छा लगता था, अवज्ञा करेगा।"—'एन्नीड्स', अंग्रेज़ी अनुवाद, मैक्केन्ना, खंड 1 (1917), पृ. 86।

नितांत बाह्य वस्तुओं के लिए एक सीमा तक सही है। उन चीज़ों को हमें जाननेवाले मन में उठती संवेदनाओं और धारणाओं में विघटित करना नहीं होता है परंतु आध्यात्मिक सत्य उस प्रकार प्रकट नहीं होता है जिस प्रकार कि प्राकृतिक जगत् की वस्तुएं या तर्क के सिद्धांत जाने जाते हैं। याज्ञवल्क्य हमें बताते हैं कि जब सूर्य छिप जाता है, जब चंद्रमा छिप जाता है, जब अग्नि बुझ जाती है, तब आत्मा ही उसका अपना प्रकाश होती है, 'आत्मैवास्य ज्योतिर्भवति'।[1] शरीर, प्राण, मन और बुद्धि के परिधानों के पीछे वह हमारी गहनतम सत्ता है। वस्तुपरकता सत्य की कसौटी नहीं है, बल्कि हमारी सत्ता में ही प्रकट हुआ सत्य स्वयं कसौटी है। हम ज्ञान की एक कसौटी की मांग इस धारणा के आधार पर करते हैं कि ज्ञाता विषयी और ज्ञात विषय के बीच द्वैत है। यदि विषय परकीय और अभेद्य लगता है, तो उसे जानना एक समस्या बन जाती है परंतु कोई भी विषय आत्मा का विरोधी नहीं हो सकता, इसलिए कसौटी का सवाल पैदा ही नहीं होता। सच्चा ज्ञान आत्मा की एक अखंड रचनात्मक क्रिया है—उस आत्मा की, जो किसी भी चीज़ को तनिक भी बाह्य नहीं समझती है। उसके लिए प्रत्येक चीज़ उसका अपना जीवन है। यहां विषय को गहनतम स्तर पर एकरूप कर लिया जाता है, अधिकार में ले लिया जाता है, आत्मसात् कर लिया जाता है। आध्यात्मिक जीवन में सत्य किसी अन्य वास्तविकता की छाया या अभिव्यक्ति नहीं है। यह स्वयं वास्तविकता है। सत्य को जो जानते हैं वे सत्य बन जाते हैं, 'ब्रह्मविद् ब्रह्मैव भवति'। यह सत्य का आशय या बोध ग्रहण करने का प्रश्न नहीं है। यह सत्य का केवल प्रकट होना है। यह सत्ता और स्वयं जीवन का आलोकित होना है। यह सत्य है, ज्ञान है। ज्ञान और सत्ता एक ही चीज़ है, एक ही सत्य के अभिन्न पहलू हैं। जहां सब कुछ द्वैतहीन है वहां सत्ता को अलग पहचाना तक नहीं जा सकता।

जहां द्वैत है, वहां एक अन्य को देखता है, अन्य को सुनता है। वहां हमें विषयाश्रित ज्ञान होता है।[2] 'विज्ञान' का क्षेत्र जहां द्वैत जगत् है, वहां 'आनंद' विषयी और विषय की मौलिक एकरूपता का, अद्वैत का सूचक है। विषयाश्रित करना अलगाव है। विषयाश्रित जगत् 'पतित', खंडित और बंदी जगत् है, जिसमें विषयी ज्ञान के विषय से अलग कर दिया गया है। यह विच्छेद, वियोग और अलगाव का जगत् है। इस 'पतित' स्थिति में मनुष्य का मन विषयाश्रित वास्तविकताओं

---

1. बृहद् उप., 4. 3. 2–6।
2. बृहद् उप., 2. 4. 14।

के दबाव से कभी भी मुक्त नहीं होता है। हम वियोग और अलगाव को पार करने के लिए, विषयाश्रित जगत् और उसके नियमों व सीमाओं से ऊपर उठने के लिए संघर्ष करते हैं।

परंतु यदि हम अपने-आपको विभाजित और विच्छिन्न विषयों के जगत् से मुक्त न करें तो हम सच्चे जीवन से उसकी एकता और अनेकता में, निरपेक्षता और सापेक्षता में अवगत नहीं हो सकते। विषयाश्रित जगत् में जहां अलगाव और परिसीमाओं का बोलबाला है, ऐसी सत्ताएं हैं जो अभेद्य हैं। परंतु जिस ज्ञान में हमें जीवन की पूर्णता और असीमता मिलती है, वहां कोई भी चीज़ बाह्य नहीं है, बल्कि सब कुछ भीतर से जाना जाता है। बुद्धि एक विषय से दूसरे विषय पर फिरती है। उन सबको क्योंकि वह ग्रहण नहीं कर पाती, इसलिए वह उनकी अनेकता कायम रखती है। बौद्धिक ज्ञान अविभाजित और असीम जीवन की, जो सर्वसम्पन्न और नित्यसंतुष्ट है, एक बिखरी हुई और खंडित गति है। अंतःस्फूर्ति की अभिज्ञता देश-विभागों, कालक्रमों या कार्य-कारण शृंखलाओं से जकड़ी नहीं होती है। हमारा बौद्धिक चित्र अखंड ज्ञान की, जो विषय को सच्चे रूप में दृढ़ता से ग्रहण करता है, एक छायामात्र होता है।

सत्य एक तथ्य है और तथ्य, चाहे वे प्रत्यक्ष ज्ञान के विषय हों या अप्रत्यक्ष ज्ञान के, अंतःस्फूर्ति द्वारा जाने जाते हैं। दिव्य आदि सत्य अनुभूत जगत् का तथ्य नहीं है, फिर भी केंद्रीय आत्मिक तथ्य होने से हमें उसका प्रत्यक्ष बोध होना चाहिए। हमारा तार्किक ज्ञान हमें उसकी परोक्ष सन्निकटता तो प्रदान कर सकता है, पर उस पर प्रत्यक्ष अधिकार प्रदान नहीं कर सकता।[1] उपनिषदों के ऋषियों में न

1. तुलना करें, जॉन स्मिथ, प्लेटोवादी : "शुष्क और निष्फल विवेचनाएं सत्य के अवगुण्ठन की कुछ पर्तों को खोल सकती हैं, पर वे उसका सुंदर मुख नहीं उघाड़ सकतीं।"

विलियम लॉ लिखते हैं : "ईश्वर को किसी बाहरी प्रमाण द्वारा या किसी भी चीज़ द्वारा उसके सच्चे रूप में खोजना या जानना अब या भविष्य में तुम्हारे लिए कभी सम्भव नहीं होगा। उसका तो केवल यही उपाय है कि ईश्वर स्वयं तुम्हारे भीतर अपने को व्यक्त कर दे, स्वयं स्पष्ट हो जाए। क्योंकि न तो ईश्वर, न स्वर्ग, न नरक, न शैतान और न इंद्रिय-पिपासा ही किसी भी तरह तुममें या तुम्हारे द्वारा जानी जा सकती है—ये सब तुम्हारे भीतर अपने अस्तित्व और अपनी अभिव्यक्ति द्वारा ही जाने जा सकते हैं। इनमें से किसी भी चीज़ का, तुम्हारे भीतर अपने जन्म की इस स्वयं स्पष्ट अनुभूति को छोड़कर, और जितना भी दिखावटी ज्ञान है वह उस अंधे व्यक्ति के प्रकाश के ज्ञान की तरह है जिसके भीतर प्रकाश कभी प्रविष्ट नहीं हुआ है।"

केवल गहरा संदर्शन है बल्कि वे अपने संदर्शनों को सुबोध और प्रत्ययकारी वाणी का रूप भी दे सके हैं। वे ऐसा केवल संकेतों और बिम्बों, ध्वनियों और प्रतीकों के द्वारा ही कर सकते हैं, क्योंकि वे उन्हें समुचित रूप से अभिव्यक्त कर सकने की स्थिति में नहीं हैं।

उपनिषदें 'अपरा विद्या', निम्नतर ज्ञान और 'परा विद्या' उच्चतर ज्ञान में भेद करती हैं। प्रथम जहां हमें वेदों और विज्ञानों का ज्ञान देती है, वहां द्वितीय से हमें उस अविनाशी का ज्ञान प्राप्त करने में सहायता मिलती है।[1] आदि तत्त्व अपने को छिपाकर रखता है।[2] बृहदारण्यक उपनिषद् में आत्मा को वास्तविकता की वास्तविकता के रूप में देखा गया है।[3] जगत् की वास्तविकता अनुभूत है, सच्ची वास्तविकता आत्मा है जिसे अनुभूत वास्तविकता छिपाए रखती है। छांदोग्य उपनिषद् में शास्त्रों के ज्ञाता और आत्मा के ज्ञाता के बीच भेद किया गया है।[4] श्वेतकेतु वेदों का बहुत ज्ञान रखते हुए भी पुनर्जन्म के प्रश्न को समझ नहीं पाता है। तैत्तिरीय उपनिषद् वेदों को गौण स्थान देती है, क्योंकि वह उन्हें मनोमय आत्म को समर्पित करती है जिसे कि परम सत्य की प्राप्ति से पहले जीतना होता है।[5] कठ उपनिषद् के अनुसार, आत्मा को तर्क से नहीं बल्कि अध्यात्म योग से जाना जाता है।[6] सत्य की प्राप्ति बुद्धि के बल से या बहुत अध्ययन से नहीं होती है, बल्कि जिसकी इच्छा ईश्वर में शांति से केंद्रित हो जाती है, सत्य उसके सम्मुख प्रकट हो जाता है।[7] हम ईश्वर को ज्ञान के प्रकाश से, 'ज्ञानप्रसादेन' अनुभव करते हैं।[8]

बृहदारण्यक उपनिषद् की यह शिक्षा है कि जो अपनी निष्ठा बुद्धि में रखते हैं वे ब्रह्म का ज्ञान प्राप्त नहीं कर सकते, पर जो बालकों जैसे हैं, वे उसकी सत्ता को

---

1. मुंडक उप., 1. 1. 4–5।

    केवल पुस्तक-ज्ञान बेकार है।

    पुस्तके लिखिता विद्या येन सुंदरि जप्यते।
    सिद्धिर्न जायते तस्य कल्पकोटिशतैरपि॥

    –षट्कर्मदीपिका

2. ऋग्वेद, 1. 81. 1।
3. 1. 6. 3; 2. 1. 20; 2. 4. 7–9।
4. 7. 1. 2–3।
5. 2. 3।
6. 1. 2. 12।
7. कठ उप., 1. 2. 20 और 23।
8. मुण्डक उप., 3. 1. 8।

अनुभव कर लेते हैं।[1] बाल्यभाव में विनम्रता, ग्रहणशीलता या शिक्षणीयता और तत्परता से खोज शामिल है। उपनिषद्कार कहते हैं कि हमें पाण्डित्य का अभिमान छोड़ देना चाहिए। आत्मत्याग, जिसमें बुद्धि और शक्ति के गर्व का त्याग शामिल है, आवश्यक है। बुद्धि की निर्मलता बुद्धि की संकुलता से अलग चीज़ है। दृष्टि की निर्मलता के लिए हममें बालकों का-सा स्वभाव होना चाहिए, जिसे हम इन्द्रियों के उपशमन, हृदय की सरलता और मन की स्वच्छता से प्राप्त कर सकते हैं।

इच्छा और आनुभविक बुद्धि की व्याकुल चेष्टाओं के शमन से जीवात्मा में सर्वोच्च के प्रकट होने की परिस्थितियां तैयार होती हैं। इसलिए शांत, आत्मनिग्रही, वीतराग, सहनशील और समाहित होकर मनुष्य अपनी आत्मा में ही परमात्मा को देखता है।[2]

जिस प्रकार जगत् की सैद्धांतिक समझ के लिए बौद्धिक अनुशासन होता है, उसी प्रकार सत्य के प्रत्यक्ष ज्ञान के लिए नैतिक और आध्यात्मिक अनुशासन होता है। जिस प्रकार हम तैरने की कला उसकी चर्चा से नहीं जान सकते और उसे केवल पानी में उतरकर और तैरने के अभ्यास से ही सीखा जा सकता है, उसी प्रकार सैद्धांतिक ज्ञान चाहे वह कितना भी क्यों न हो, आध्यात्मिक जीवन के अभ्यास का स्थान नहीं ले सकता। हम ईश्वर को ईश्वरतुल्य होकर ही जान सकते हैं। ईश्वरतुल्य होने का अर्थ अपने भीतर के उस दिव्य केंद्र में सचेत रूप से लौटना है, जहां कि हम बिना इस चीज़ के जाने हुए, सदा रहे हैं और इस तरह अपने भीतर के प्रकाश से अवगत होना है। वैराग्य ज्ञान की प्राप्ति के लिए आवश्यक साधन है।[3] निर्मलहृदय ही ईश्वर को देख सकते हैं।

हमें अपने में धार्मिक प्रवृत्ति विकसित करनी चाहिए। ईश्वर का साक्षात्कार केवल उन्हीं को होता है जो उसके अस्तित्व में विश्वास करते हैं।[4] परवर्ती परंपरा हमें समझाती है कि संदेह की अवस्था में हमें अपना निर्णय आस्तिक के ही पक्ष में देना चाहिए क्योंकि यदि ईश्वर नहीं है तो उसमें विश्वास करने से कोई हानि नहीं होनी है; और यदि है तो नास्तिक को दुःख भोगना होगा।[5] आस्था, अर्थात् जैसा विश्वास हमें इस विश्व में है उसी तरह का विश्वास ईश्वर की विश्वसनीयता

1. 3. 5। और देखें, सुबाल उप., 13।
2. बृहद् उप., 4. 4. 23।
3. तुलना करें 'विवेक चूड़ामणि' 376 से, जहां वैराग्य और ज्ञान की तुलना 'दो डैनों' से की गई है, "जो आत्मा के वास्ते मुक्ति और शांति के अपने शाश्वत नीड़ की ओर निर्बाध उड़ान भरने के लिए अनिवार्य है।"
4. कठ उप., 2. 6. 12 और 13।
5. नास्ति चेत् नास्ति नो हानिः, अस्ति चेत् नास्तिको हतः।

में, उसकी अनिवार्य अकाट्यता और उपयुक्तता में होना, आध्यात्मिक विकास का आरंभ बिंदु है।

आध्यात्मिक जीवन के अनुसरण के लिए आध्यात्मिक अभिरुचि आवश्यक है। बृहदाण्यक उपनिषद् में याज्ञवल्क्य अपनी समस्त पार्थिव संपत्ति को अपनी दो पत्नियों, कात्यायनी और मैत्रेयी में विभाजित करने का प्रस्ताव रखते हैं। मैत्रेयी पूछती है कि क्या धन-सम्पत्ति से भरा संपूर्ण जगत् उसे अनंत जीवन प्रदान कर सकता है? याज्ञवल्क्य कहते हैं, "नहीं, तुम्हारा जीवन केवल उन मनुष्यों जैसा हो जाएगा जिनके पास बहुत कुछ है, पर धन-सम्पत्ति से अनंत जीवन की कोई आशा नहीं की जा सकती।" मैत्रेयी तब जगत् के ऐश्वर्य को ठुकराते हुए कहती हैं, "जो मुझे अमर नहीं बना सकता उसका मैं क्या करूंगी?" याज्ञवल्क्य अपनी पत्नी की आध्यात्मिक पात्रता को स्वीकार करते हैं और उसे सर्वोच्च ज्ञान का उपदेश देते हैं।

नैतिक तैयारी पर ज़ोर दिया गया है। यदि हम दुष्कर्म से बचते नहीं हैं, यदि हमारा मन शांत नहीं है तो हम आध्यात्मिक ज्ञान प्राप्त नहीं कर सकते।[1] हमारा नैतिक जीवन सभी बुराइयों से मुक्त होना चाहिए। श्वेताश्वतर उपनिषद् हमें बताती है कि लक्ष्य पर पहुंचने के लिए हमें अपने स्वभाव को निर्मल करना चाहिए, क्योंकि एक दर्पण तक किसी रूप को तभी ठीक-ठीक प्रतिबिंबित कर सकता है जब उसका सारा मैल दूर कर उसे स्वच्छ कर दिया जाए।[2] हमें स्वार्थपरायणता छोड़ देनी चाहिए, भौतिक संपत्ति त्याग देनी चाहिए और अहंकार से मुक्त हो जाना चाहिए। यह मार्ग "उस्तरे की धार की तरह तेज़ है और इस पर चलना, इसे पार करना कठिन है"।[3]

एक ऐसा गुरु जो लक्ष्य पर पहुंच चुका है आकांक्षा रखने वाली आत्मा के लिए सहायक हो सकता है।[4] सत्य को केवल सिद्ध ही नहीं करना है बल्कि दूसरे तक पहुँचाना है। सत्य को सिद्ध करना अपेक्षाकृत सरल है, परन्तु उसे दूसरे तक वही पहुँचा सकता है, जिसने सत्य पर चिन्तन किया है, उसकी कामना की है और उसे अनुभव किया है। केवल गुरु ही उसे उसके यथार्थ रूप में दे सकता है। जिसे गुरु मिल गया है वही सत्य को जानता है, आचार्यवान् पुरुषो वेद'।[5] परन्तु गुरु उपयुक्त होना चाहिए, जो सत्य और श्रुति की मूर्ति हो। जिनके भीतर चिनगारी

1. कठ उप., 1. 2. 24। मुण्डक उप., 3. 1. 5।
2. 2. 14-15।
3. कठ उप., 1. 3. 14।
4. छान्दोग्य उप., 4. 9. 3। कठ उप., 1. 2. 8-9।
5. छान्दोग्य उप., 6; 14. 2।

है केवल वही दूसरों में आग धधका सकते हैं।

व्यक्ति को अन्तर्मुखता की, बाह्य जगत् से ध्यान खींचने और अपने भीतर देखने की, आदत विकसित करनी चाहिए। अलगाव की एक प्रक्रिया द्वारा हम जानने, महसूस करने और कामना करने के पार मूल आत्मा पर, अपने अन्तस्थ ईश्वर पर पहुँचते हैं। हमें अपनी वाणी, मन और कामनाएँ शान्त कर लेनी चाहिए। जब तक हम व्यर्थ की बातचीत, मानसिक भटकाव और निःसार कामनाओं में खोए हैं, तब तक अपने भीतर स्थित शान्त आत्मा की वाणी नहीं सुन सकते। मन को पूर्ण वैराग्य द्वारा अपने बाहरी आवरण छोड़ देने चाहिए और अपनी अन्तस्थ शान्ति में लौटकर मूल आत्मा पर एकाग्र हो जाना चाहिए जो समस्त विश्व का आधार और सत्य है। मुण्डक उपनिषद् एकाग्र ध्यान और अक्षुब्ध प्रयास की आवश्यकता को स्पष्ट करती है।[1] अपनी सभी शक्तियों को व्यवस्थित और अनुशासित ढंग से प्रशिक्षित करने, मन, हृदय और इच्छाशक्ति को परिवर्तित करने की आवश्यकता है।

ध्यान के कई रूप सुझाए गए हैं। प्रतीकों को ध्यान के अवलम्बों के रूप में प्रयुक्त किया गया है। हम ऐसे प्रतीकों को प्रयुक्त करने के लिए स्वतन्त्र हैं जो हमारी वैयक्तिक प्रवृत्तियों के अधिक से अधिक अनुरूप हों। माण्डूक्य उपनिषद में 'प्रणव' (ओम्) पर ध्यान केन्द्रित करने की सलाह दी गई है।

यह कहा गया है कि परमात्मा की अनुभूति केवल उन्हीं को होती है जिन्हें परमात्मा इसके लिए चुन लेता है।[2] परमात्मा की अनुभूति ईश्वर-कृपा से सम्भव है। ईश्वर का दर्शन सतत प्रयास और ईश्वर-कृपा का फल है।[3] केवल हमारी अन्तस्थ आत्मा ही हमें आध्यात्मिक स्तर पर उठा सकती है। वस्तुओं और मनों के इस बहुविध जगत् का आधारभूत जो सत्य है, उसका प्रत्यक्ष और अव्यवहित बोध केवल उन्हीं को हो सकता है जो कुछ अपेक्षाओं को पूरा करते हैं और आत्मा

---

1. 3. 1. 8।
2. कठ उप., 1. 2. 23। मुण्डक उप., 3. 2. 3।
3. तुलना करें, सेंट बर्नार्ड : "मुक्ति के लिए ईश्वरकृपा आवश्यक है, उसी तरह स्वतंत्र इच्छाशक्ति भी आवश्यक है। परन्तु ईश्वरकृपा मुक्ति देने के लिए आवश्यक है और स्वतन्त्र इच्छाशक्ति उसे प्राप्त करने के लिए आवश्यक है। अतः हमें श्रेय का एक भाग ईश्वरकृपा को और अन्य भाग स्वतंत्र इच्छाशक्ति को नहीं देना चाहिए, क्योंकि यह कार्य दोनों की समान और अभिन्न क्रिया से ही पूर्ण रूप में सम्पन्न होता है। ईश्वर कृपा से पूर्ण तथा सम्पन्न होता है, स्वतन्त्र इच्छाशक्ति से पूर्णतया सम्पन्न होता है, परन्तु छलांग प्रथम से द्वितीय में लगती है।"

के आदेशों का पालन करते हैं। हम सत्य के विचार को उतना ग्रहण नहीं करते हैं जितना कि वह विचार हमें ग्रहण कर लेता है। हम उससे अभिभूत हो जाते हैं।

वास्तविकता के बोध के दो मार्ग हैं—'विद्या' और 'अविद्या'। दोनों सापेक्ष ज्ञान के रूप हैं और व्यक्त जगत् से सम्बन्ध रखते हैं। तर्क द्वारा सूत्रबद्ध किया गया ज्ञान सत्य के प्रत्यक्ष और अव्यवहित बोध की बराबरी नहीं कर सकता। जो शब्द हम प्रयुक्त करते हैं और जिन विचारों को प्रयोग में लाते हैं, वे सब वास्तविकता से छोटे पड़ते हैं।[1] अनुभव समस्त अभिव्यक्ति से परे है और अपने-आपमें पूर्ण है। 'विद्या' उन तत्त्वों के सामंजस्य और परस्पर-सम्बन्धों पर ज़ोर देती है जिनसे कि जगत् बना है। 'अविद्या' पृथक्ता, परस्पर-स्वतन्त्रता और संघर्ष पर ज़ोर देती है। 'विद्या' से हमें दिव्य आधार के स्वरूप के विषय में और अन्य अनुभवों की तुलना में उसके प्रत्यक्ष अनुभव के स्वरूप के विषय में बोधगम्य विचारों को बौद्धिक रूप समझने में सहायता मिलती है। वह उन उपायों का निर्देश करती है जिनसे हम ब्रह्म को प्राप्त कर सकते हैं। अध्यात्म विद्या की एक इस प्रकार की प्रणाली यह बताती है कि धर्म के मूल सिद्धान्त, अर्थात् दिव्य सत्य में कोई अन्तर निहित अन्तर्विरोध नहीं है, और यदि हम एक प्रकार के संयम से रहने को तैयार हों तो उसे अनुभव द्वारा भी सिद्ध किया जा सकता है। अध्यात्म ज्ञान या 'विद्या' 'अनुभव' से भिन्न है। 'अनुभव' को श्रुति में विशुद्ध और प्रत्यक्ष बौद्धिक अन्तर्दृष्टि कहा गया है। जब हम अनुभवों या उनके सुरक्षित विवरणों पर विचार करके उन्हें एक युक्तियुक्त पद्धति में परिवर्तित कर देते हैं तो हमें 'स्मृति' प्राप्त होती है। प्रथम जहाँ तत्त्वज्ञान के सिद्धान्तों का क्षेत्र है, वहाँ द्वितीय इन सिद्धान्तों को व्यक्ति और सामाजिक आचार पर लागू करती है। 'विद्या' अविद्या की अपेक्षा सत्य के अधिक निकट है।

परन्तु 'विद्या' को 'ज्ञान' भी माना गया है, जोकि दिव्य सत्य का मूल स्वरूप है; वह तब शाश्वत ज्ञान होती है, किसी व्यक्ति द्वारा अधिकृत ज्ञान नहीं। वह अज्ञान के आवरणों के नीचे छिपा ज्ञान है। वह परमात्मा के साथ एकाकार है जो स्वतःसिद्ध है और किसी प्रमाण की अपेक्षा नहीं रखता।

यद्यपि अन्तः स्फूर्ति-ज्ञान इन्द्रियों द्वारा या तार्किक विमर्श द्वारा प्राप्त ज्ञान से भिन्न है, पर इसे तन्त्रविद्या, ज्ञान-विरोधी मत या उच्छृंखल भावावेश नहीं समझना

---

1. अल ग़ज़्ज़ाली या, उनसे दो शताब्दी बाद, थामस एक्विनास दिव्य सत्य की एक बार साक्षात् अनुभूति प्राप्त कर लेने के बाद जब ईश्वर-सम्बन्धी सच्चाइयों पर और विचार-विमर्श करने से इनकार कर देते हैं, तो उनका आशय यही होता है कि शब्दों या तर्क से समुचित अभिव्यक्ति नहीं हो सकती।

चाहिए। यह अतिप्राकृत शक्तियों द्वारा प्राप्त ऐन्द्रजालिक अन्तर्दृष्टि,स्वर्गीय संदर्शन या इल्हाम नहीं है। जो कुछ हमें दर्शन से प्राप्त होता है, चाहे वह अनुभूत हो या अनुभवातीत, वह विषयाश्रित जगत् से सम्बन्ध रखता है। विषयाश्रित जगत् के अन्दर ही यह भौतिक और अतिभौतिक का भेद है, जो कुछ हम पाँच इन्द्रियों से ग्रहण करते हैं और जो कुछ छठी इन्द्रिय से ग्रहण करते हैं उनका भेद है। अन्तःस्फूर्ति ज्ञान शुद्ध बुद्धि है, मूल सत्य के लिए क्षमता है। यह आत्मा की संपत्ति है, या आत्मा का अपने निजी आधार और गहराई में प्रवेश करके मूल सत्ता बन जाना है। वह जब अपने पर ध्यान केन्द्रित करती है तो वह ज्ञान आवश्यक रूप से उद्भूत होता है। यह ज्ञान, शंकर के अनुसार शाश्वत है, सर्वव्यापी है और आवश्यक है। यह नष्ट नहीं हो सकता, यद्यपि ओझल हो सकता है।

फिर भी चिन्तन की परम्परा उपनिषदों में बलवती रही है। हम बौद्धिक ज्ञान के द्वारा अनुभव तक पहुँचते हैं। जो अखण्ड ज्ञान की योग्यता नहीं रखते, उनके लिए केवल प्रत्यक्ष बोध और अनुमान ही उपलब्ध साधन है।[1] जिन्हें सत्य का अनुभव हुआ है वे एक तर्कसम्मत चिन्तन का विरोध नहीं करते हैं, यद्यपि वे उससे पार जाते हैं।

16
सदाचार

उपनिषदें सदाचार पर ज़ोर देती हैं।[2] वे अहं की अन्तःपर्याप्तता के सिद्धान्त का खण्डन करती हैं और नैतिक गुणों के पालन पर ज़ोर देती हैं। मनुष्य अपने कर्मों के लिए उत्तरदायी है। दुष्कर्म व्यक्ति का स्वतन्त्र कार्य है और व्यक्ति अपनी स्वतन्त्रता को अपने निजी उत्कर्ष के लिए प्रयुक्त करता है। चुनाव की यह क्षमता ही मूल रूप से सीमित स्वतन्त्र आत्मा, उसके अधिकार-क्षेत्र और विश्व इच्छा के विरुद्ध उसकी अर्थलिप्सा की पुष्टि करती है। दुष्कर्म सत्य से हमारे अलगाव का

---

1. तुलना करें, 'वाक्यपदीय'—जो देखने में असमर्थ हैं, उनके लिए वेद और शास्त्रों से अविरुद्ध तर्क ही नेत्र का काम देता है।

   वेदशास्त्राविरोधी यस्तर्कश्चक्षुरपश्यताम॥1. 137।

2. मुण्डक उप., 3. 2. 4। बृहद् उप., 4. 4. 23।

परिणाम है। यदि हम दुष्कर्म से नाता न तोड़ें तो हम मुक्ति प्राप्त नहीं कर सकते।[1]

मनुष्य दिव्य जाति का प्राणी है, परन्तु उसमें असत् का भी तत्त्व है जो उसे बुराई का शिकार होने देता है। आत्मिक सत्ता होने के कारण वह प्रकृति के घूर्णित चक्र को तोड़ सकता है और निरपेक्ष सत्ता के साथ, जो कि उसका सृजनात्मक स्रोत है, एकता स्थापित कर एक अन्य लोक का नागरिक बन सकता है। मनुष्य ईश्वर और प्रकृति के बीच मध्यस्थ है और उसे ज्ञान को साकार रूप देकर सृष्टि के कार्य को पूर्ण करना है। उसे उसके भीतर जो कुछ अन्धकारमय है उसे आलोकित करना चाहिए और जो कुछ निर्बल है उसे सबल बनाना चाहिए। उसकी समूची सत्ता को दिव्य के साथ एक होने के लिए प्रयत्न करना चाहिए। पाप में डूबी हमारी पतित प्रकृति सत्य के प्रतिकूल लगती है, और फिर भी अस्तित्ववान् लगती है। जीवात्मा अपने को उस सबके, जो परम सत्य है, विरुद्ध महसूस करती है। अस्तित्ववान् और सत्य के बीच असामंजस्य की पीड़ा है। नैतिक जीवन में जीवात्मा अपने को विभाजित और अपने ही विरुद्ध महसूस करती है। फिर भी जब तक हम दिव्य की इस आकांक्षा और विद्रोह की इस चेतना का सम्बन्ध उसी जीवात्मा से न मानें, खुद संघर्ष असम्भव है। जो अन्तर्विरोध महसूस होता है वह केवल उस सत्य के द्वारा ही सम्भव है जो असामंजस्य से ऊपर है। हम जो कुछ होना चाहते हैं और जो कुछ हैं उनका अन्तर्विरोध प्रच्छन्न रूप से उसकी एकता है। दिव्य चेतना और इच्छाशक्ति हमारी चेतना और इच्छाशक्ति बन जानी चाहिए। इसका अर्थ यह है कि हमारी वास्तविक आत्मा एक व्यक्तिगत आत्मा नहीं रहनी चाहिए; उसकी पूरी प्रकृति, उसकी चेतना और विशिष्टता दिव्य को समर्पित कर हमें अपनी विशिष्ट इच्छाशक्ति छोड़ देनी चाहिए और अपने अहं के पंजे से छूट जाना चाहिए।[2]

यद्यपि कर्म की सीमाओं का उल्लेख है, फिर भी मनुष्य की स्वतन्त्रता स्वीकार की गई है। "वह अपने से ही अपने को बाँधता है जैसे कि पक्षी जाल से बँधता है।"[3] जीव की स्वतन्त्रता उसी सीमा तक बढ़ती है जिस सीमा तक कि वह अपने-आपको अपने अन्दर के निरपेक्ष, 'अन्तर्यामी' के साथ एकाकार कर देता है।

1. कठ उप., 1. 2. 2-3 पर अपने भाष्य में रामानुज लिखते हैं : "इस श्लोक से हमें यह शिक्षा मिलती है कि ध्यान से, जो दिन-प्रतिदिन अधिक पूर्ण होना चाहिए, तब तक सिद्धि नहीं मिल सकती जब तक कि भक्त समस्त बुराई से नाता नहीं तोड़ लेता है।" ब्रह्मसूत्र, 4. 1. 13 पर रामानुज भाष्य।

आचार हीनं न पुनन्ति वेदाः। वसिष्ठ धर्मशास्त्र, 6. 3।

2 'अनुरागाद् विरागः।'

3. मैत्री उप., 3. 2।

यदि हम आत्मा के सच्चे स्वरूप को जान लेने के बाद संसार को छोड़ देते हैं तो हमारा जीवन सभी लोकों में स्वतन्त्रता का जीवन हो जाता है।

कुछ ईश्वरवादी उपनिषदें यह कहती हैं कि अन्दर की शक्ति, ईश्वर, जिस मनुष्य को उसे इन लोकों से ऊपर ले जाना होता है उससे सत्कर्म करवाता है और जिस मनुष्य को उसे नीचे ले जाना होता है उससे दुष्कर्म करवाता है।[1] ईश्वरवाद में ईश्वर कृपा पर ज़ोर दिया गया है। श्वेताश्वतर उपनिषद् में परमात्मा सभी कर्मों का निरीक्षक है। वह हर व्यक्ति को उसके गुण बाँटता है, न्याय करता है, दुष्कर्म पर नियन्त्रण रखता है, समृद्धि प्रदान करता है और जीवात्माओं के कर्मों का विपाक करता है।[2]

उपनिषदों के बारे में जो यह आम धारणा है कि वे जगत् के प्रत्याख्यान की माँग करती हैं, यह पूरी तरह सही नहीं है। वे वैराग्य की भावना पर ज़ोर देती हैं, जो जगत् की उपेक्षा नहीं है। यह पदार्थों का त्याग नहीं है, बल्कि उनसे अनुराग नहीं रखना है। जगत् के प्रति घृणा से हम जगत् से ऊपर नहीं उठ सकते। ज़ोर शान्तचित्तता पर दिया गया है। शान्तचित्त होने का अर्थ किसी भी मनुष्य से ईर्ष्या न करना है, ऐसी कोई सम्पत्ति नहीं रखना है जिसे कोई दूसरा हम से ले सके, किसी से भी भय नहीं करना है। हिन्दू विचारक जब हमसे संन्यास ग्रहण करने या घर और सम्पत्ति के त्याग के लिए उन तीन महान् त्यागों के लिए कहते हैं जो निर्धनता, आज्ञाकारिता और चारित्रिक शुद्धता के इंजील के परामर्शों, तीन प्रतिज्ञाओं में प्रतिष्ठित हैं, तो वे आत्म-निग्रह को आध्यात्मिक जीवन का मूल प्रदर्शित करते हैं।

त्याग की भावना का अर्थ सामाजिक कर्तव्यों की अवहेलना नहीं है। संन्यास का अर्थ यह नहीं है कि जगत् के प्रति हमारा कोई कर्त्तव्य नहीं है। हम अपने को केवल कर्मकाण्डीय कर्त्तव्यों से ही मुक्त करते हैं। वैराग्य की भूमि पर दुर्लभ आत्मिक फल पकते हैं।[3] एक सुप्रसिद्ध श्लोक में यह कहा गया है कि मनुष्य को

1. कौषीतकी उप., 3. 8
2. 6. 11. 12, 4; 5. 5 और उससे आगे।
3. अर्नेस्ट रेनन ने जब सेंट फ्रांसिस को 'एक सर्वथा पूर्ण ईसाई' कहा था तो उसे अतिशयोक्ति समझा गया था। परन्तु ईसाई जगत् में शायद ही कोई और ऐसा हो जो बाइबिल में निर्धारित इस आदर्श के इतना निकट हो—"जो अपने पास की हर चीज़ का त्याग नहीं करता, वह मेरा शिष्य नहीं बन सकता।" हम यह सोचते हैं कि यह माँग अत्यधिक, बल्कि नितान्त काल्पनिक है। हम अपने को यह कहकर बचाते हैं कि ईसा का भाव जैसा कि बताया जाता है वैसा नहीं था या कि उनके ये शब्द आम व्यवहार के लिए नहीं थे। →

आसक्ति छोड़ देनी चाहिए, परन्तु यदि वह ऐसा न कर सके तो फिर उसे आसक्ति विकसित करनी चाहिए, पर वह आसक्ति सभी के लिए होनी चाहिए।[1]

हमें अपने को स्वार्थपूर्ण रुचियों और अरुचियों से मुक्त कर लेना चाहिए। हम अपने मन और शरीर को जब तक अपने स्वार्थों के लिए प्रयुक्त करना चाहते हैं तब तक परमात्मा उन्हें प्रयुक्त नहीं कर सकता।[2] वैराग्य आसक्ति का विरोधी है, भोग का विरोधी नहीं है। विरक्ति की भावना से भोग करो, यह ईशोपनिषद् का उपदेश है।[3] अच्छाई और बुराई इस बात पर निर्भर नहीं करतीं कि मनुष्य क्या करता है और क्या नहीं करता, बल्कि उसकी मनोवृत्ति पर निर्भर करती है। अच्छा मनुष्य वह है जो दिव्य उद्देश्य के साथ संगति रखता है और बुरा मनुष्य वह है जो उसका विरोध करता है। यदि किसी का मन अच्छा है तो उसके कर्म भी अच्छे होंगे। हमारा प्रयत्न उतना बाह्य संगति के लिए नहीं जितना कि आन्तरिक स्वच्छता के लिए होना चाहिए। अच्छा होने से अच्छा संकल्प होगा और अच्छे कर्म होंगे।[4] आत्मा जब शान्त होती है तो बड़े-से-बड़े दुःख भी आसानी से झेल लिए जाते हैं। जीवन अधिक स्वाभाविक और अधिक विश्वस्त हो जाता है। बाह्य परिस्थितियों के परिवर्तन क्षुब्ध नहीं करते। हम अपने जीवन को उसके बहाव पर बहने देते हैं और वह सागर की लहर की तरह उठता है और फूल की तरह खिलता है।

→हम इस प्रकार बीच के रास्ते निकाल लेते हैं, जबकि सेंट फ्रांसिस किसी बीच के रास्ते के लिए तैयार नहीं थे।

1. त्यक्तव्यो ममकारः त्यक्तु यदि शक्यते नासौ।
   कर्तव्यो ममकारः किंतु सर्वत्र कर्तव्यः॥
2. तुलना करें, सेंट जॉन ऑव द क्रॉस : "जो आत्मा किसी चीज़ से आसक्त है, चाहे उसमें कितनी ही अच्छाई क्यों न हो, वह दिव्य मिलन की मुक्तावस्था पर नहीं पहुँचेगी। क्योंकि पक्षी चाहे किसी मज़बूत तार से बँधा हो या पतले कोमल धागे से, यदि वह उसे कसकर बाँधे हुए है तो उससे कोई फर्क नहीं पड़ता, क्योंकि जब तक रस्सी टूटेगी नहीं वह उड़ नहीं सकेगा। इसी प्रकार आत्मा, जो मानवीय अनुरागों से बँधी है, चाहे वे कितने ही सूक्ष्म क्यों न हों, उनके रहते ईश्वर की ओर नहीं बढ़ सकती।"
3. एकहार्ट हमें बताते हैं : "जीवन के वरदानों को दोनों हाथों से लिया जा सकता है, पर शर्त यही है कि तुम्हें इस बात का विश्वास होना चाहिए कि प्रतिकूल अवस्था में तुम उन्हें इतनी ही प्रसन्नता के साथ छोड़ने के लिए भी तैयार रहोगे।"
4. तुलना करें, एकहार्ट : "लोगों को चाहिए कि वे उतनी इस बात की चिन्ता न करें कि उन्हें क्या करना चाहिए जितनी कि इस बात की कि उन्हें क्या होना चाहिए। अपनी पवित्रता→

कर्म स्वयं हमें मुक्ति नहीं देता। वह मन को निर्मल करता है, हृदय को शुद्ध करता है और आलोक उत्पन्न करता है, जो मुक्ति की निकटतम स्थिति है। शंकर यह तर्क देते हैं कि ब्रह्मज्ञान का संबंध क्योंकि एक विद्यमान सत्ता से है, इसलिए वह मनुष्य के कर्म या अकर्म का सापेक्ष नहीं हो सकता।[1]

मन और हृदय को शुद्ध करने का उपाय ध्यान है। इसका अर्थ है विश्राम, मानसिक हलचल को रोकना, अन्तर के उस एकान्त में लौटना जहाँ आत्मा परमात्मा की फलदायी नीरवता में लीन हो जाती है। हम वहाँ रुक नहीं सकते। हम प्रेम से उमड़ पड़ते हैं, और वह जो कुछ उसे ज्ञात है वह दूसरों तक पहुँचा देता है। सन्त लोग प्रचुर शक्ति और अथक श्रम के साथ मनुष्यों के रूपान्तर और लौकिक इतिहास की राह को बदलने के लिए काम करते हैं। विभिन्न स्वभावों के लिए विभिन्न पद्धतियाँ उपयुक्त हैं, और उन सभी को अनुमति दी गई है।[2]

→की नींव करने पर रखने की बात मत सोचो, बल्कि होने पर रखने की सोचो। जो अपने मूल अस्तित्व में महान् नहीं है, वह कर्मों से, चाहे वे कैसे भी क्यों न हों, कुछ प्राप्त नहीं कर सकेगा।"—रूडोल्फ ओटो : "मिस्टिसिज़्म ईस्ट एण्ड वैस्ट,' पृ. 126।

1. 'अपुरुतंपत्रत्वाद् ब्रह्मविज्ञानस्य।'

2. देखें, भगवद्गीता, 5. 5। वसिष्ठ कहते हैं :

असाध्यः कस्यचिद् योगः कस्यचित् ज्ञाननिश्चयः।
इत्थं विचार्य मार्गौ द्वौ जगाद परमेश्वरः॥

कुछ के लिए योग असम्भव है; अन्य के लिए सत्य का निश्चय असम्भव है। यही सोचकर ईश्वर ने दो मार्ग बताए हैं।

तुलना करें, सेंट थॉमस एक्विनास : "चिन्तनशील जीवन से किसी चीज़ का दो तरह का सम्बन्ध हो सकता है, तत्त्व के रूप में या प्रवृत्ति के रूप में। नैतिक गुणों का चिन्तनशील जीवन से एक प्रवृत्ति के रूप में सम्बन्ध है। चिन्तनशील जीवन का सार ध्यान की क्रिया है, जिसमें आवेगों की तीव्रता और बाह्य विघ्न, दोनों से बाधा पड़ती है। नैतिक गुण आवेगों की तीव्रता को रोकते हैं और बाह्य व्यापारों के विघ्न को शान्त करते है। इसलिए नैतिक गुणों का चिन्तनशील जीवन से एक प्रवृत्ति के रूप में सम्बन्ध है।" सेंट थॉमस ने बताया है कि तीन तरह के कार्य हैं—सक्रिय जीवन के, चिन्तनशील जीवन के और दोनों के मिश्रण के, और इनमें से अन्तिम अन्य दो से श्रेष्ठ है। इस आशय के वचन मिलते हैं कि चिन्तनशील जीवन, स्वयं अपनी प्रकृति द्वारा, सक्रिय जीवन से श्रेष्ठ है। क्योंकि चिन्तनशील जीवन प्रत्यक्ष→

जो सदाचार हमें अपनाने चाहिए उनका कई स्थानों पर उल्लेख किया गया है। जीवन की एक यज्ञ से तुलना की गई है जिसमें तप, दान, साधुता, अहिंसा और सत्यवादिता ही दक्षिणा है।[1] तैत्तिरीय उपनिषद् ब्रह्मचारियों के कर्त्तव्यों की एक सूची देती है। उसे सत्य, सद्गुण, कल्याण, अभ्युदय, स्वाध्याय और उपदेश की उपेक्षा नहीं करनी चाहिए। उसे केवल वही कार्य करने चाहिए जो अनिंदनीय हों। आचार-सम्बन्धी किसी कार्य के विषय में सन्देह होने पर ब्रह्मचारी को उन ब्राह्मणों का अनुकरण करना चाहिए जो निर्णय की क्षमता रखते हैं, प्रवीण हैं, निष्ठावान हैं, और धर्म के मामले में बहुत कट्टर नहीं हैं। एक स्थान पर सभी सद्गुणों को तीन 'द' कारों में संकलित कर दिया गया है, जो बिजली की गरज में सुने जाते हैं। वे इस प्रकार हैं : 'दम' अर्थात् आत्मनिग्रह, ''दान' और 'दया'। प्रजापति उन्हें अपनी सृष्टि के तीन वर्गों—'देव', 'मनुष्य' और 'असुर' को देते हैं।[2] शंकर बताते हैं कि देवों में इच्छाएं (काम) होती हैं, मनुष्य 'लोभ' से पीड़ित हैं और असुर 'क्रोध' से। तीन आदेशों के पालन से हम अपने-आपको लालसा, लोभ और क्रोध के प्रभाव से मुक्त करते हैं। बुद्ध जब हमसे कामोन्माद, लोभ और रोष

→और अव्यवहित रूप से अपने को ईश्वर के प्रेम में लगाता है, जिससे अधिक पूर्ण और सराहनीय और कोई कार्य नहीं है। चिन्तनशील जीवन मनुष्य को समस्त आध्यात्मिक सृजनशीलता के बिल्कुल केंद्र में प्रतिष्ठित कर देता है। सेंट थॉमस जहां यह स्वीकार करते हैं कि सक्रिय जीवन कुछ परिस्थितियों में अधिक पूर्ण हो सकता है, वहां वे उसमें बहुत-सी शर्तें लगा देते हैं। (1) कार्य ध्यान के आनन्द और शान्ति से अधिक पूर्ण केवल तभी होगा जब वह ईश्वर प्रेम की भारी उम्र के फलस्वरूप और ईश्वर की इच्छा को पूरा करने के उद्देश्य से किया जाएगा। (2) वह निरन्तर नहीं चलना चाहिए, बल्कि किसी अस्थायी संकट का सामना करने के लिए होना चाहिए। (3) वह केवल ईश्वर की महत्ता के लिए है, उससे हमें 'ध्यान' से विरत नहीं होना है। वह एक अतिरिक्त दायित्व है और हम उससे यथासम्भव शीघ्र ही स्मरण की फलदायी नीरवता में लौट आते हैं जो हमारी आत्माओं को दिव्य मिलन की ओर ले जाती है।

1. छान्दोग्य उप., 3. 17।
2. बृहद् उप., 5. 2। भागवत में भगवान कहते हैं कि जो कोई ऐसे लोगों की जिन्हें देखभाल की ज़रूरत है, देखभाल नहीं करता और केवल ईश्वर की पूजा करता है उसकी पूजा बेकार है।

यो मां सर्वेषु भूतेषु सन्तमात्मानमीश्वरम्!
हित्वाचां भजे मौढ्याद् भस्मन्येव जुहोति सः॥

की भयानक अग्नियों को, जो हमारे हृदयों में जल रही हैं, बुझाने के लिए कहते हैं, तो वे उपनिषदों द्वारा निर्दिष्ट सद्‌गुणों पर ही ज़ोर देते हैं।

'दम' आत्म-निग्रह है। हमें अपनी आवश्यकताएं घटानी चाहिए और सत्य के लिए कष्ट सहने को तैयार रहना चाहिए।[1] संयम, चारित्रिक शुद्धता, एकान्त और मौन आत्म-निग्रह के उपाय हैं।

'तप' आध्यात्मिक लक्ष्यों के लिए अपनाया गया कठोर आत्मानुशासन है। इसका प्रयोग शरीर की स्वाभाविक इच्छाओं और बाह्य जगत् के भटकावों पर होता है। इसमें मन-ही-मन की गई प्रार्थनाएं आत्म-विश्लेषण जैसे आन्तरिक अभ्यास और उपवास, आत्मदमन, ब्रह्मचर्य या स्वेच्छा से अपनाई गई निर्धनता जैसे बाह्य कार्य शामिल हैं। आवेगों का प्रतिरोध कर शक्ति विकसित की जाती है। एक प्रलोभन के प्रतिरोध से जो बल प्राप्त होता है, उससे हमें दूसरे प्रलोभन पर विजय पाने में सहायता मिलती है। अनुशासन से कतराने का अर्थ जीवन को उसके महत्त्व से रिक्त कर देना है। वासना के व्याकुल आवेगों से अक्षुब्ध रहने से बड़ी कोई शान्ति नहीं है। विरक्ति, 'न्यास', तप से श्रेष्ठ है। तप विरक्ति का

---

1. बुद्धिमान मनुष्य क्रोध को मन के निग्रह से जीतता हैं, वासना को.इच्छा के त्याग से। सत्त्व गुण के विकास से वह निद्रा पर प्रभुत्व पा सकता है। धैर्य से उसे जननेन्द्रिय और उदर की रक्षा करनी चाहिए। नेत्र (की सहायता) से उसे हाथों और पैरों की रक्षा करनी चाहिए। मन (की शक्ति) से उसे नेत्रों और कानों की रक्षा करनी चाहिए और आचार द्वारा उसे मन और वाणी की रक्षा करनी चाहिए। निरन्तर सावधानी से उसे भय को भगा देना चाहिए, और बुद्धिमानों की सेवा द्वारा उसे अहंकार को जीतना चाहिए।

क्रोधं शमेन जयति, कामं संकल्पवर्जनात्;
सत्त्वसंसेवनाद् धीरो निद्रामुच्छेत्तुमर्हति।
धृत्या शिश्नोदरं रक्षेत्, पाणिपादं च चक्षुषा;
चक्षुः श्रोत्रं च मनसा, मनोवाचं च कर्मणा।
अप्रमादाद् भयं जह्याद् दम्भं प्राज्ञोपसेवनात्॥

—ब्रह्मपुराण, 235. 40-42।

तुलना करें, कन्फ्यूशस : "केवल मोटा चावल खाकर और सादा पानी पीकर तथा अपनी बाँह का तकिया लगाकर भी मुझे इन परिस्थितियों में आनन्द मिला है। बेईमानी से प्राप्त किया गया वैभव और सम्मान मेरे लिए क्षणिक मेघों के समान है।',—'लुन यु', भाग 8, परिच्छेद 15। देखें, एफ. टी. चेंग : 'चायना मोल्डिड बाई कन्फ्यूशस' (1947), पृ. 92।

साधन है। तप का लक्ष्य तप ही नहीं होना चाहिए।[1] सदाचार में नैतिक सच्चाई शामिल है, यद्यपि बहुत-से इसके लिए केवल यान्त्रिक कर्मकाण्ड ही आवश्यक समझते हैं।

'ब्रह्मचर्य' कामवृत्ति को नष्ट करना नहीं है। शरीर और आत्मा के बीच कोई खाई नहीं है, खाई केवल पतित और रूपान्तरित शरीर के बीच है। प्राचीन हिन्दू विचारकों का यह मत था कि पुरुष और स्त्री में जो बीज है उसका उद्देश्य एक ऐसे शरीर को उत्पन्न करना है जिससे एक और आत्मा भौतिक रूप में आ सके। कामवृत्ति को इस तरह नियन्त्रित करके ब्रह्मचर्य हर प्रकार के सृजनात्मक कार्य में सहायता पहुँचाता है। बीज को जब अत्यधिक सम्भोग में बरबाद किया जाता है तो शरीर निर्बल और अपंग हो जाता है, मुख पर झुर्रियाँ पड़ जाती हैं, नेत्र निस्तेज, श्रवणशक्ति क्षीण और मस्तिष्क निष्क्रिय हो जाता है। ब्रह्मचर्य के पालन से शरीर यौवन और सौन्दर्य से पूर्ण तथा मस्तिष्क तीक्ष्ण और सतर्क रहता है, और पूरी शारीरिक छवि दिव्य की प्रतिमा और आकृति बन जाती है।

'मौन' का परामर्श इसलिए दिया गया है कि वह आत्मा को ध्यान की ओर प्रेरित करता है।[2] मौन के अनुशासन से हम जिह्वा से होने वाले अनाचारों—धर्मद्रोह, चुगली, चाटुकारिता आदि को रोकते हैं। जब हमारा मन व्यग्र होता है, उसमें व्याकुल हलचल मची होती है और बाहर व भीतर कोलाहल भरा होता है, तो हमें ईश्वर की वाणी सुनाई नहीं देती। नीरवता में आगे बढ़ना आत्मा की अनुभूति की ओर आगे बढ़ना है। नीरवता जब आत्मा पर छा जाती है तो उसकी क्रियाएँ परमात्मा की मौन सृजनात्मक शक्ति के साथ जुड़ जाती हैं।[3]

'दान' उपहार आदि का आदेश करता है। निषेधात्मक रूप से यह लोभ से मुक्ति है और विध्यात्मक रूप से ज़रूरतमन्दों की सहायता। धन से अमरता की कोई आशा नहीं की जा सकती,[4] संचय की निन्दा की गई है। तैत्तिरीय उपनिषद्

1. क्या मेंढक, मछलियाँ और अन्य जीव, जो जन्म से लेकर मृत्युपर्यन्त गंगा के जल में रहते हैं, योगी बन जाते हैं?

   आजन्ममरणान्तं च गंगादितटिनीस्थिताः।
   मण्डूकमत्स्यप्रमुखाः योगिनस्ते भवन्ति किम्?॥

2. तुलना करें, इसे यह : "साधुता की खेती मौन से होती है।" "मौन और आशा में ही तुम्हारी शक्ति होगी।"
3. "जब सभी कुछ शान्त मौन में था और रात्रि अपनी राह के मध्य में थी, तब 'शब्द' स्वर्ग से नीचे कूद पड़ा।"
4. बृहद् उप., 2. 4. 2। तुलना करें, जलालुद्दीन रूमी :
   अमीर इब्राहीम एक बार अपने तख्त पर बैठा हुआ था,

में इस बात की व्यवस्था है कि दान किस प्रकार देना चाहिए।[1] दान श्रद्धा के साथ देना चाहिए, अश्रद्धा के साथ नहीं देना चाहिए। उदारता, विनम्रता, भय और सहानुभूति के साथ देना चाहिए।

'दया' करुणा है। हमें सबके साथ शान्ति से रहने की चेष्टा करनी चाहिए, सभी तरह की क्रूरता और दुर्भावना को घृणित समझना चाहिए।[2] द्वेष का अर्थ वैर नहीं रखना चाहिए, सबको क्षमा कर देना चाहिए। जब तक किसी अन्याय को हम याद रखते हैं, तब तक उस व्यक्ति या कार्य को क्षमा नहीं कर पाते हैं। यदि हम केवल इतना समझें कि संसार में दुष्टता से अधिक दुःख है, तो हम दयालु हो जाएंगे। ऐसी करुणा से ही, जिसे किसी भी तरह के त्याग से संकोच न हो, हम स्वार्थपरता के उपद्रवों पर विजय पा सकते हैं। हमें सहनशील होना चाहिए। ईश्वर स्वयं कल्पनातीत रूप से सहनशील हैं।[3] सहनशीलता, देर तक कष्ट सहना, धैर्य–ये आत्मा के फल हैं।

सदाचारी व्यक्ति से बालक जैसा बनने की अपेक्षा की जाती है।[4] पूर्ण मनुष्य

उसने छत पर हल्ला-गुल्ला और आवाज़ों का शोर सुना
अपने महल की छत पर उसे भारी कदम भी सुनाई पड़े
वह सोचने लगा, 'ये भारी कदम किसके हैं?'
अपनी खिड़की से वह चिल्लाया, 'वहाँ यह कौन फिर रहा है?'
पहरेदारों ने असमंजस में अपने सिर झुका लिये,
वे बोले, 'हम ही कुछ ढूँढ़ने के लिए चक्कर लगा रहे हैं'
उसने पूछा, 'तुम क्या ढूँढ़ रहे हो?' वे बोले, 'अपने ऊँट।'
वह गरजा, 'क्या छत पर भी कभी कोई ऊँट ढूँढ़ता है?'
वे बोले, 'हम आपका ही अनुकरण कर रहे हैं,
जो तख़्त पर बैठकर अल्लाह को पाना चाहते हैं।'

1. 1. 11. 3।
2. देवी भागवत में कहा गया है कि दया जैसा कोई पुण्य नहीं है और हिंसा जैसा कोई पाप नहीं है–

   दयासमं नास्ति पुण्यं, पापं हिंसासम न हि।
3. "प्रभु ईश्वर करुणामय और दयालु है, दीर्घकाल तक कष्ट सहन करता रहा है, सौजन्य और सत्य से पूर्ण है, हज़ारों पर दया करता है, अपराधियों के अनाचार और पाप को क्षमा करता है।"–'ऐक्सोडस', 34. 6. 7। "हमारे प्रभु का दीर्घकाल तक कष्ट सहना मुक्ति है।"–2 पीटर, 3. 15।
4. हेरेक्लिटस के अनुसार : "वह राज्य बालक का है", "जब तक तुम बदलोगे नहीं और→

एक दिव्य बालक है, जो दिव्य लीला को बिना किसी भय या संकोच, चिन्ता या दुःख के, पूरी पवित्रता के साथ स्वीकार करता है। बालक उन चीज़ों में नहीं उलझता है जो बड़ों को महत्त्वपूर्ण लगती हैं। परन्तु बड़ों के कार्य अधिकतर निःसार और उनके वचन निर्जीव होते हैं। बालक का कुशल अज्ञान जीवन से जुड़ा होता है और वह प्रतिरक्षात्मकता या अवज्ञा से कुछ अधिक होता है। हम बाल्यावस्था में लौट नहीं सकते। पर हमें वह स्थिति प्राप्त करनी है जो सामाजिक उद्देश्य से संकुचित नहीं है, जो सोद्देश्य है, जिसमें काल और अनन्त एक हो जाते हैं।

जब यह कहा जाता है कि उपनिषदों ने आध्यात्मिक दृष्टिकोण अपनाया है, तो इसका अर्थ यह नहीं है कि वे शरीर, जीवन और मन की अवज्ञा करते हैं। ये सब मनुष्य में आध्यात्मिक जीवन के लिए परिस्थितियाँ या साधन हैं। ये अपने-आपमें लक्ष्य नहीं हैं, बल्कि ऐसे साधन या अवसर हैं जिनसे हमारे अन्दर की सर्वव्यापी आत्मा की अभिव्यक्ति होती है। आत्मा और जीवन को एक-दूसरे से पृथक् नहीं करना है।

कर्मकाण्डीय व्यवहारों की पुनर्व्याख्या की गई है। उनका उद्देश्य मन को आध्यात्मिक अनुभूति के लिए तैयार करना है, इस बात के लिए प्रेरित करना है कि वह सीमित के आवरण को चीरे और परम सत्य के साथ एकरूपता में मुक्ति खोजे। यदि कर्मकाण्डीय अनुष्ठान बिना उनका अर्थ समझे किए जाते हैं तो वे न केवल व्यर्थ, बल्कि विपत्तिजनक भी हो जाते हैं।[1] हठी अनुष्ठाता का सिर तक कटकर गिर सकता है।[2] किसी अनुष्ठान को एक व्यक्ति समझकर और दूसरा बिना समझे करता है। पर जब वह अनुष्ठान ज्ञानपूर्वक किया जाता है तो अधिक फलदायी होता है।[3] यज्ञ के अर्थ का मनन ही कभी-कभी यज्ञ का स्थान ले लेता है। जनक याज्ञवल्क्य से पूछते हैं, "मान लो आपके पास दूध, चावल या जौ अग्निहोत्र के लिए न हों, तो आप अग्निहोत्र किससे करेंगे?" "वृक्षों के फलों से या जो

छोटे बालक नहीं बनोगे, तब तक उस स्वर्गीय राजय में प्रवेश नहीं पा सकोगे।"—जीसस। मेनसियस के अनुसार : "महापुरुष वह है जिसमें बालक का हृदय बाकी है।" नीत्शे कहते हैं : "बालक भोलापन है और विस्मृति है, एक नया आरम्भ है, एक खेल है, अपने-आप लुढ़कने वाला पहिया है, एक आदिम गति है, एक पवित्र 'हाँ' (स्वीकृति) है।"—दस स्पेक ज़रथुस्त्र, 1. 2।

1. छान्दोग्य उप., 5. 24.1।
2. छान्दोग्य उप., 1. 8.; 1. 10-11।
3. छान्दोग्य उप., 1. 1-10।

भी जड़ी-बूटियाँ होंगी उनसे।" "यदि वे न हों तो?" "तो जल से।" "यदि जल न हो तो?" "तब तो निश्चय ही कोई चीज़ नहीं रहेगी, पर फिर भी यह सत्य श्रद्धापूर्वक अर्पित किया जा सकेगा।"[1] जब हृदय पूर्णतया विश्वस्त हो जाता है तो यज्ञ का कोई अर्थ नहीं रहता। यज्ञरूप जीवन नई भावना की एक स्वाभाविक अभिव्यक्ति बन जाता है। अहं की चेतना के साथ किया गया यज्ञ, जिसमें ज़ोर अपने पुण्य पर रहता है और फल की कामना होती है, कोई बहुत उपयोगी नहीं है।[2]

कुछ उपनिषदों में जातिभेदों का उल्लेख है।[3] परन्तु उन्होंने एक कड़ी सामाजिक व्यवस्था का रूप धारण नहीं किया था। छान्दोग्य उपनिषद् में यह प्रसंग आता है कि पाँच विद्वान ब्राह्मण वैश्वानर आत्मा के सम्बन्ध में ज्ञान प्राप्त करने की इच्छा से जब उद्दालक आरुणि के पास पहुँचते हैं तो वे उन्हें राजा अश्वपति कैकेय के पास ले जाते हैं। राजा पहले यह सिद्ध करते हैं कि उनके जो मत हैं वे अपूर्ण हैं और फिर उन्हें उपदेश देते हैं। काशी के अजातशत्रु गार्ग्य बालाकि को पहले उसके द्वारा प्रस्तुत बारह मतों के दोष दिखाते हैं और फिर उसे ब्रह्म का स्वरूप समझाते हैं। अजातशत्रु कहते हैं कि ब्राह्मण उपदेश के लिए प्रायः किसी क्षत्रिय के पास नहीं जाता है प्रवाहण जैवलि जब आरुणि को पुनर्जन्म का सिद्धान्त समझाने लगते हैं तो कहते हैं कि ब्राह्मण पहले कभी इस ज्ञान से परिचित नहीं थे।[4]

उपनिषदों के शिष्यों में एक सत्यकाम भी है जिसके वंश का पता नहीं है, जिसकी माँ यह बता नहीं सकती कि उसका बाप कौन है।[5]

---

1. शतपथ ब्राह्मण, 111.3.1।
2. याहवेह कहता है (एमोस 5. 21) : "तुम्हारे इन धार्मिक भोज-दिवसों से मैं घृणा करता हूँ, मैं इन्हें तुच्छ समझता हूँ, और मैं तुम्हारी इन औपचारिक गोष्ठियों में नहीं रहूँगा। यद्यपि तुम मुझे पके व्यंजन और माँस की बलियाँ अर्पित करते हो, पर मैं उन्हें स्वीकार नहीं करूंगा। शान्ति के लिए अर्पित की गई तुम्हारी मोटे-मोटे पशुओं की बलियों का भी मैं आदर नहीं करूंगा। अपने गीतों का यह शोर मेरे पास से दूर ले जाओ, क्योंकि तुम्हारी वीणाओं की तान मैं नहीं सुनूँगा।"

   याहवेह फिर कहता है (होसिआ 6. 6): "क्योंकि मैंने दया चाही थी, बलिदान नहीं; पके व्यंजनों से अधिक ईश्वर-ज्ञान चाहा था।"
3. बृहद् उप., 1. 4. 15।
4. और देखें, कौषीतकी उप., जहाँ गुरु राजा चित्र गांग्यायनि है।
5. छान्दोग्य, उप. 4. 4।

जीवन की चार अवस्थाएँ अर्थात् चार 'आश्रम' स्वीकार किए गए हैं। यद्यपि आम नियम यही है कि क्रमशः एक के बाद दूसरे आश्रम में प्रवेश करना चाहिए, पर इसके व्यक्तिक्रम की भी अनुमति दी गई है। जाबाल उपनिषद् कहती है कि जब भी हम अपने भीतर इस बात की पुकार महसूस करें तभी हमें संन्यास ले लेना चाहिए।

इसके अतिरिक्त व्यक्ति गृहस्थाश्रम में रहते हुए भी आध्यात्मिक मुक्ति प्राप्त कर सकता है।[1]

17
कर्म और पुनर्जन्म

जब तक हम अहं को मिटाते नहीं और दिव्य मूलाधार में स्थित नहीं हो जाते, तब तक हम संसार के अनन्त घटना-क्रम से बँधे रहते हैं।[2] इस घटना-जगत् को

---

1. भागवत पुराण में यह कहा गया है कि जिसका अपनी इन्द्रियों पर नियन्त्रण है, जो आत्मा में आनन्द पाता है और जो ज्ञानप्राप्ति के लिए उत्सुक है, उसके लिए घर कारागार नहीं है।

   जितेन्द्रियस्यात्मरतेर्बुधस्य गृहाश्रमः किन्तु करोत्यवद्यम्।

   अभिनवगुप्त कहते हैं कि श्रुतियों का यह मत है कि जिसने सही ज्ञान प्राप्त कर लिया है वह जीवन की सभी अवस्थाओं में मुक्ति प्राप्त कर लेता है, और उद्धरण हैं : "जो ईश्वर की उपासना करता है, जो सत्य ज्ञान में निष्ठा रखता है, अतिथि का सत्कार करता है, धार्मिक कृत्य करता है, दान देता है, वह गृहस्थ होते हुए भी मुक्ति प्राप्त करता है।"

   तत्त्वज्ञानिनं सर्वेष्वाश्रमेषु मुक्तिरिति स्मार्तेषु श्रुतौ च।
   यथोक्तम्—देवार्चनरतस्तत्त्वज्ञाननिष्ठोऽतिथिप्रियः
   श्राद्धं कृत्वा ददद् द्रव्यं गृहस्थोऽपि हि मुच्यते।

2. तुलना करें, बोथियस : "कॉन्सोलेशन्स ऑव फिलॉसोफी"—"भौतिक जगत् आंशिक रूप से उसकी नकल करता लगता है जिसे यह पूर्णतया प्राप्त या अभिव्यक्त नहीं कर सकता। इस लघु द्रुतगामी क्षण में जितनी भी विद्यमानता है उससे यह अपने को बाँधे रखता है, और इस विद्यमानता में क्योंकि उस शाश्वत विद्यमानता का कुछ प्रतिबिम्ब रहता है, इसलिए यह जो कुछ भी इससे जुड़ा होता है उसे सत्ता का आभास दे देती है। परन्तु क्योंकि यह→

जो तत्त्व शासित करता है वह 'कर्म' कहलाता है। यहाँ नैतिक और आध्यात्मिक नियम हैं तथा भौतिक नियम भी हैं। यदि हम स्वास्थ्य के नियमों की उपेक्षा करते हैं तो अपना स्वास्थ्य खराब कर लेते हैं। यदि हम नैतिक नियमों की उपेक्षा करते हैं तो अपने उच्चतर जीवन को नष्ट कर लेते हैं। जगत् की प्रत्येक युक्तिसंगत धारणा, ईश्वर की प्रत्येक आध्यात्मिक धारणा हमसे इस बात की स्वीकृति की अपेक्षा रखती है कि हमारे आचरण और चरित्र के निर्माण में नियम असंदिग्ध रूप से अत्यधिक महत्त्व रखता है।

कर्म का नियम व्यक्ति के लिए कोई बाह्य वस्तु नहीं है। निर्णायक बाहर नहीं है, बल्कि भीतर है। जिस नियम से गुण सफलता को और दुष्कर्म प्रतिकार को जन्म देता है, वह हमारे अस्तित्व के ही नियम का प्रकाशन है।[1] विश्व-व्यवस्था दिव्य मानस की प्रतिच्छाया है। वैदिक देवता 'ऋत', विश्व-व्यवस्था के पालक माने जाते थे। वे 'ऋत' के संरक्षक थे। श्वेताश्वतर उपनिषद् के अनुसार, ईश्वर 'कर्माध्यक्ष' है। ईश्वर नियम भी है और प्रेम भी है।[2] उसका प्रेम नियम के माध्यम से प्रकट होता है। कर्म की क्रिया पूर्णतया आवेगरहित और न्यायसंगत है, वह न क्रूर है न दयालु है। यद्यपि हम इस तत्त्व की क्रिया से बचनहीं सकते, पर फिर भी आशा है, क्योंकि यदि मनुष्य जैसा उसने अपने को बनाया है वैसा ही है, तो वह जैसा चाहता है वैसा अपने को बना भी सकता है। निम्नतम स्थिति में भी आत्मा को पूर्णतया निराश नहीं होना चाहिए। यदि हम सही मार्ग से भटक जाते हैं तो इसका अर्थ यह नहीं कि हम अनन्त काल तक दुःख भोगने को बाध्य हैं। इसके अतिरिक्त

→जगत् ठहर नहीं सकता था, इसलिए यह काल की अनन्त यात्रा करने लगा और इस तरह जिस जीवन की सम्पूर्णता को यह ठहर कर ग्रहण नहीं कर सकता था, उसे चलते रहकर इसने जारी रखा है।

1. तुलना करें, यूरीपाइडस के लुप्त ग्रन्थ, 'मेलनिप्पे', के इस सुन्दर अंश से—
क्या तुम यह सोचते हो कि मनुष्यों के दुष्कर्म ऊपर आकाश को उड़ते हैं,
और तब कोई हाथ उनका लेखा-जोखा ईश्वर की पट्टियों पर लिखता है,
और ईश्वर, उन्हें पढ़-पढ़कर, संसार का न्याय करता है?
नहीं, आकाश के गुम्बज में इतनी जगह नहीं है कि वहाँ पृथ्वी के अपराध लिखे जा सकें,
और न ईश्वर के लिए स्वयं उनका दण्ड देना उपयोगी है,
न्याय यहीं पृथ्वी पर होता है, पर तुम्हारे आँखें होनी चाहिए।

2. तुलना करें, सेंट पॉल : "इसलिए ईश्वर की दयालुता और कठोरता पर ध्यान दो।"—रोमन्स 11.22।

और भी जीवन हैं जिनमें हम अपना विकास कर अनन्त आत्मा का ज्ञान प्राप्त कर सकते हैं, हम इस बात का पूर्ण विश्वास रख सकते हैं कि अन्त में हमें वहीं पहुँचना है। यह कहा जाता है कि ईसाई धर्म और हिन्दू धर्म में यदि कोई मूल अन्तर है तो वह यही है कि जहाँ हिन्दू, चाहे वह किसी भी सम्प्रदाय का क्यों न हो, अनेक जन्मों में विश्वास रखता है, वहाँ ईसाई यह मानता है कि 'मनुष्य के लिए एक बार मृत्यु निर्धारित है और उसके बाद 'निर्णय' होना है।''[1]

पुनर्जन्म में विश्वास कम-से-कम उपनिषदों के काल से बराबर चला आ रहा है। वेदों और 'ब्राह्मणों' के विचारों का यह एक स्वाभाविक विकास है और उपनिषदों में इसे स्पष्ट अभिव्यक्ति मिली है।[2] यह बताने के बाद कि मरने पर मानव शरीर के भाग तितर-बितर हो जाते हैं—मनुष्य के नेत्र सूर्य में, श्वास वायु में; वाणी अग्नि में, मन चन्द्रमा में, कान दिशाओं में, शरीर मिट्टी में, आत्मा आकाश में, बाल पेड़-पौधों में, रक्त और वीर्य जल में चले जाते हैं—याज्ञवल्क्य से यह पूछा जाता है कि व्यक्ति का तब क्या बचा रहता है। वे प्रश्नकर्त्ता को अलग ले जाते हैं और उसके साथ गुप्त रूप से कर्म के स्वरूप पर विचार-विमर्श करते हैं। वस्तुतः मनुष्य अच्छे कामों से अच्छा और बुरे कामों से बुरा बनता है।[3] हमारा जीवन हमारे चरित्र का मूर्तरूप होता है।

जीवात्मा का भविष्य जो कुछ उसने इस एक पार्थिव जीवन में अनुभव किया है, सोचा है और किया है उसी के द्वारा अन्तिम रूप से निर्णीत नहीं होता है। आत्मा के लिए योग्यता प्राप्त करने और अनन्त जीवन की ओर बढ़ने के अनेक अवसर हैं। कालातीत समय के साथ जब तक ऐक्य स्थापित नहीं हो जाता, तब तक किसी न किसी प्रकार का जीवन अवश्य रहेगा जो जीवात्मा को ज्ञानोदय का और अनन्त जीवन प्राप्त करने का अवसर प्रदान करेगा। असत् जिस प्रकार अस्तित्वमय अव्यवस्था की केवल एक अमूर्त निम्नतर सीमा है, उसी प्रकार पूर्ण दुष्कर्म भी एक इसी तरह की निम्नतर सीमा है। असत् का यदि सत्ता के सर्वथा प्रतिकूल अपने-आप में अस्तित्व होता, तो वह पूर्णतया नष्ट हो गया होता। इस प्रकार के असत् का अस्तित्व ही नहीं है। अतः प्रत्येक सत्ता में दिव्य का रूप होने के कारण, उसके लिए अच्छाई की सम्भावना भी है।

---

1. जॉन मैक्केन्ज़ी : 'टू रिलीजन्स' (1950), पृ. 112। कुछ पाश्चात्य दार्शनिक और प्रारम्भिक ईसाई धर्माचार्य पुनर्जन्म के सिद्धान्त को स्वीकार करते हैं।
2. देखें ऋग्वेद, 10 16. 3। शतपथ ब्राह्मण, 1. 5. 3. 4; 10-3. 3. 8।
3. बृहद् उप., 3. 2. 13।

उपनिषदों में इस बात का पूरा विवरण दिया गया है कि मनुष्य किस तरह मरता है और पुनः जन्म लेता है।[1] इस संक्रमण को कई उदाहरणों से स्पष्ट किया गया है। जिस प्रकार जोंक जब घास की लम्बी पत्ती के अन्तिम सिरे पर पहुँच जाती है तो वह सहारे के लिए कोई और स्थान खोज लेती है और फिर अपने को उसकी ओर खींचती है, उसी प्रकार यह जीवात्मा इस शरीर के अन्त पर पहुँचकर सहारे के लिए कोई और स्थान खोज लेती है और अपने को उसकी ओर खींचती है। जिस प्रकार सुनार सोने के एक टुकड़े को लेकर उसे कोई और नवीन और अधिक सुन्दर आकृति दे देता है, उसी प्रकार यह जीवात्मा इस शरीर को फेंककर औरअज्ञानको दूर कर कोई और नवीन और अधिक सुन्दर रूप धारण कर लेती है, चाहे वह रूप प्रेमात्माओं का हो, अर्ध देवताओं का हो, देवताओं का हो, प्रजापति का हो, ब्रह्मा का हो या किसी अन्य सत्ता का।[2] ये अंश पुनर्जन्म के सिद्धान्त के कई पहलुओं को सामने रखते हैं। आत्मा वर्तमान शरीर को छोड़ने से पहले अपने भावी शरीर को खोज लेती है। आत्मा इस अर्थ में सृजनशील है कि वह शरीर का सृजन करती है। शरीर को जब भी वह बदलती है तो एक नवीन रूप धारण करती है। आत्मा के प्रत्येक जीवन की स्थिति उसके उससे पहले के जीवन के ज्ञान (विद्या) और कर्म द्वारा प्रतिबद्ध और निर्धारित होती है।[3] बृहदारण्यक उपनिषद् यह बताती है कि सभी अवयव प्रयाण करती आत्मा के साथ होते हैं, जो 'संज्ञान' में प्रवेश करती है और ज्ञान तथा चेतना,[4] 'विज्ञान' से युक्त हो जाती है। शिक्षा और आचरण के परिणाम आत्मा से संलग्न हो जाते हैं।[5]

अज्ञानी, अप्रबुद्ध मृत्यु के बाद असुरों के सूर्यहीन लोकों में जाते है।[6] सज्जनों के लिए यह कहा गया है कि वे वायु, सूर्य और चन्द्रमा में से होते हुए शोकरहित

1. देखें बृहद् उप., 4. 3. 37-38; 4. 4. 1-5 और 6-7। देखें कठ उप., 1. 1. 5-6।
2. बृहद् उप., 4. 4. 3-5। "जिस प्रकार मनुष्य इस संसार में पहले पहने हुए कपड़ों को उतारकर नये कपड़े पहन लेता है, उसी प्रकार मनुष्य की आत्मा पहले के जीवन के अपने कर्मो के अनुरूप नये शरीरों को धारण करती है।"
   विष्णुस्मृति, 20. 50। देखें, भगवद्गीता, 2. 13, 22।
3. बृहद् उप., 4. 4. 2।
4. 4. 4. 3।
5. तुलना करें, इस बौद्ध मत से कि प्रयाण करती आत्मा में 'विज्ञान' तथा चार अन्य स्कंध होते हैं जो इस प्रकार हैं—वेदना स्कंध, संज्ञा स्कंध, संस्कार स्कंध और रूप स्कंध।
6. ईश उप., 3। कठ उप., 1. 1. 3। बृहद् उप., 4. 4. 11।

लोकों में जाते हैं।[1] छान्दोग्य उपनिषद् कहती है कि मर्त्यों के लिए दो मार्ग हैं, एक प्रकाश का और एक अन्धकार का, एक देवमार्ग[2] और एक पितृमार्ग।[3] जो तप करते हैं और श्रद्धा रखते हैं वे प्रकाश के मार्ग में प्रवेश करते हैं और मानव जीवनचक्र में पुनः नहीं लौटते। जो केवल आचारवान् हैं, लोकोपयोगी काम करते हैं, वे धुएं के मार्ग से जाते हैं और जब तक उनके नीचे आने का समय नहीं आता तब तक पितृलोक में रहते हैं। उसके बाद वे अपनी योग्यताओं के अनुसार पुनः जन्म लेते हैं।[4] ये विवरण काल्पनिक हो सकते हैं, पर आत्मा के ऊपर उठने और नीचे गिरने के सिद्धान्त पर उपनिषदें बराबर ज़ोर देती हैं। सुन्दर चरित्रवालों को सुन्दर जन्म और कुत्सित चरित्रवालों को कुत्सित जन्म मिलते हैं।[5] स्वर्ग और नरक कालाधीन जगत् से सम्बन्ध रखते हैं।

मनुष्य जब तक सच्चा ज्ञान प्राप्त नहीं कर लेता है तब तक पुनर्जन्म ही उसकी नियति है। सत्कर्मों से वह अपने क्रमिक विकास को आगे बढ़ाता है। गुण का पुरस्कार गुण की वृद्धि है। हृदय की निर्मलता में वृद्धि होने से सत्य का अधिक स्पष्ट संदर्शन होता है। सत्य के ज्ञान से मुक्ति प्राप्त होती है।

कहीं-कहीं यह मत व्यक्त किया गया है कि पुनर्जन्म से पहले जीवात्मा यथोचित स्थानों पर अपने कर्मों का पुरस्कार या दण्ड भोगती है। स्वर्ग में पुरस्कार या दण्ड पाने का जो मूल वैदिक विश्वास था, वह पुनर्जन्म के सिद्धान्त के साथ मिश्रित हो जाता है।[6]

जीवात्मा के लिए यह कहा गया है कि वह हृदय की गुहा में रहती है, बहुत ही सूक्ष्म है, और सिवाय आकार के और सभी बातों में मनुष्य के प्रत्यक्ष रूप से मिलती-जुलती है।

---

1. बृहद् उप., 5. 10. 1।
2. देखें,ऋग्वेद 10. 19. 1। भगवद्गीता, 8. 24-26।
3. छान्दोग्य उप., 4. 15. 5-6। छान्दोग्य उपनिषद् और बृहदारण्यक उपनिषद् तथा कौषीतकी उपनिषद् 1 के विवरणों में थोड़ा अन्तर है।
4. छान्दोग्य उप., 5. 10. 1-6।
5. छान्दोग्य उप., 5. 10. 7। कौषीतकी उप., 1. 2।
6. बृहद् उप., 6. 2। छान्दोग्य उप., 5. 3-10।

18
अनन्त जीवन

वैयक्तिक चेतना का मूल सत्य सर्वव्यापी आत्मा है, यह तथ्य इस बात का द्योतक है कि प्रत्येक मानव प्राणी पृथकूता के आवरण को फाड़ सकता है और अपने सच्चे स्वरूप को पहंचान कर सभी सत्ताओं के साथ एकरूपता स्थापित कर सकता है। उपनिषदें अनन्त जीवन के इस स्वरूप को विकसित करती हैं।

ऋग्वेद में लक्ष्य यह रहा है कि पृथ्वी पर हमारे दिन लम्बे हों और स्वर्गलोक में हम देवताओं के साथ रहें। 'ब्राह्मणों' में विभिन्न यज्ञों के अनुष्ठाताओं को देवताओं के साथ जीवन, साहचर्य और मन्त्रों के पुरस्कार का आश्वासन दिया गया है।[1] जब पूर्ण 'ब्रह्म' स्वीकार कर लिया गया, तो देवता ऐसे मध्यस्थ हो गए जिनके प्रभाव से पूर्ण के साथ एकता का लक्ष्य प्राप्त किया जाता है। जब ब्रह्म और आत्मा को एक मान लिया गया, तो सर्वोच्च लक्ष्य आत्मा के साथ एकता घोषित हो गया। मुक्ति स्वर्ग के जीवन से भिन्न है। स्वर्ग व्यक्त जगत् का ही एक भाग है। जीवात्मा को वहाँ युगों तक रहने के बाद भी पृथ्वी पर लौटना होता है, क्योंकि वह अपने कर्मों की उत्तराधिकारी है। दूसरी ओर, मुक्ति परमात्मा के साथ स्थायी मिलन की स्थिति है। स्वर्ग का जीवन आत्म-केन्द्रित जीवन का ही विस्तार है, जबकि अनन्त जीवन उससे मुक्ति है। पहला जहाँ काल का विस्तार है, वहाँ दूसरा कालातीत है।

ज्ञानोदय का अर्थ एक नये आवास के लिए आकाश में प्रयाण नहीं है। मुक्ति के सन्दर्भ में आने और जाने का कोई अर्थ ही नहीं है। जिन अंशों में जीवात्मा के लिए यह कहा गया है कि वह नाड़ियों द्वारा सूर्य की किरणों में और सूर्य में जाती है,[2] या चन्द्रमा से अग्नि, वायु, वरुण, इन्द्र और प्रजापति के लोकों में से होती हुई ब्रह्म में जाती है[3], वे पूर्णता के मार्ग पर बढ़ती जीवात्मा की बात करते हैं। छान्दोग्य उपनिषद् बताती है कि मुक्त व्यक्ति की जीवात्मा मृत्यु के समय एक सौ एकवीं नाड़ी द्वारा ब्रह्मरन्ध्र, अग्नि, वायु और सूर्य में से होती हुई ब्रह्म में जाती है।[4]

---

1. शतपथ ब्राह्मण 2. 6. 4. 8; 11. 4. 4. 1, 21; 6. 1. 2. 3।
2. कठ उप., 11. 8।
3. कौषीतकी उप., 1. 2।
4. छान्दोग्य उप., 8. 6. 6। कौषीतकी उप., 6. 16। मैत्री उप., 6. 21।

जो ब्रह्म को जान लेता है वह ब्रह्म हो जाता है।[1] पूर्णता एक मनःस्थिति है जो देश या काल के परिवर्तन की सापेक्ष नहीं है। वह वर्तमान की एक अनुभूति है, भविष्य की कोई सिद्धि नहीं है। काल-सम्बन्धी भेद उस पर लागू नहीं होते, परन्तु यदि कोई कालवाची शब्द प्रयुक्त ही करने हैं तो वे 'अब' 'इस समय' जैसे ही होंगे। मानव हृदय में रहने वाली सभी इच्छाएं जब त्याग दी जाती हैं तो मर्त्य अमर बन जाता है और यहाँ पर (ही) ब्रह्म को प्राप्त कर लेता है।[2] मुक्ति कोई भावी स्थिति नहीं है जिनके आने की हम प्रतीक्षा करते रहें। यह आत्मा में, ईश्वर में जीना है जो जीवन का आधार और शक्ति है।[3]

---

1. बृहद् उप., 4. 4. 9। मुण्डक उप., 3. 2. 9।
2. कठ उप., 6. 14।
3. ईसाई धर्मग्रंथों का कहना है कि 'ईश्वर का राज्य तुम्हारे बीच में है।' वह यहाँ और इसी समय, प्रच्छन्न आधार के रूप में, शैतान और जगत् पर विजय प्राप्त करता हुआ गुप्त रूप से रह रहा है और गतिशील है। तुलना करें :

   मोक्षस्य न हि वासोऽस्ति न ग्रामान्तरमेव वा।
   अज्ञानहृदयग्रन्थिनाशो मोक्ष इति स्मृतः॥

   —शिवगीता 13. 132।

   मोक्ष किसी विशिष्ट स्थान पर नहीं है और न उसकी प्राप्ति के लिए किसी अन्य गाँव को ही जाना पड़ता है। हृदय से अज्ञान की गाँठ खुल जाने का ही नाम मोक्ष है।

   महाभारत में भी बताया गया है कि ब्रह्मज्ञानी की न कोई क्रिया होती है, न वह कहीं प्रस्थान करता है।

   सर्वभूतात्मभूतस्य सम्यग्भूतानि पश्यतः।
   देवापि मार्गे मुह्यन्तिअपदस्य पदैषिणः॥

   जो सभी चीज़ों की आत्मा बन गया है, जो सभी चीज़ों को ठीक-ठीक देख रहा है जिसका कोई स्थान नहीं है, उसके स्थान को खोजते हुए देवता तक मार्ग में भ्रम में पड़ जाते हैं।

   कठ उप. 6. 14। तुलना करें, कबीर :

   भाई, जीते-जी उसकी आशा करो,
   जीते जी उसे पहचानो, क्योंकि मुक्ति जीवन में ही है।
   यदि जीते-जी तुम्हारे बंधन नहीं कटे,
   तो मरने पर ही मुक्ति की क्या आशा है?
   यह कोरा सपना है कि आत्मा जब शरीर से छूटेगी तो परमात्मा से
   मिल जाएगी।

क्या मोक्ष या मुक्ति उस परम पुरुष के साथ रहना है जिससे हम इस जीवन में प्रेम करते हैं और जिसकी उपासना करते है?[1] क्या यह वैयक्तिक अमरता है जिसमें ब्रह्मलोक में ईश्वर के साथ पूर्ण साम्य प्राप्त हो जाता है?[2] क्या यह दिव्य अनुभवातीत में अवैयक्तिक अन्तर्लयन है[3]—ये सब मत उपनिषदों में मिलते हैं। मुक्ति के चार पहलू हैं जिनका परस्पर भेद इस प्रकार है : 'सामीप्य' अर्थात् दिव्य के साथ घनिष्ठता, 'सारूप्य' या 'साधर्म्य' अर्थात् दिव्य के साथ एक ही लोक में सचेत सह-अस्तित्व, और 'सायुज्य' अर्थात् दिव्य के साथ संयोग जो एकरूपता के समान है।

मोक्ष या मुक्ति की स्थिति के कुछ सामान्य लक्षण हैं। यह काल की अधीनता से मुक्ति मानी गई है।[4] जन्म और मृत्यु क्योंकि काल के प्रतीक हैं, इसलिए अनन्त जीवन या मोक्ष जन्म और मृत्यु से मुक्ति है। यह तीनों लोगों से परे चेतना की चतुर्थ स्थिति है, जिसे भगवद्गीता में 'परम ब्रह्म' या'ब्रह्म निर्वाण' कहा गया है।[5] यह कर्म के नियम की अधीनता से मुक्ति है। मुक्त आत्मा के कर्म, चाहे वे अच्छे

यदि वह अब मिल गया, तो तब भी मिलेगा;
यदि अब नहीं मिला तो हमें जाकर यमपुरी में ही रहना होगा।

प्लौटिन पूछते हैं, "फिर हमारे लिए मार्ग क्या है, किस तरह हम उस पितृ देश में पहुँचें जहाँ से कि हम आए हैं?" और फिर स्वयं ही जवाब देते हैं "यह कोई ऐसी यात्रा नहीं है जो पाँवों से की जा सके। पाँव तो हमें केवल एक स्थान से दूसरे स्थान पर ले जाते हैं। न तुम्हें किसी गाड़ी या नाव की ही बात सोचनी चाहिए जो तुम्हें दूर ले जाएगी। तुम्हें सभी चीज़ें हटा देनी चाहिए और उन्हें देखना नहीं चाहिए। आँखें बन्द कर लेनी चाहिए और उस अन्य दृश्य पर ध्यान केन्द्रित करना चाहिए जो तुम्हारे भीतर जगता है, जो सभी का जन्मसिद्ध अधिकार है, पर जिसे बहुत ही कम लोग प्रयोग में लाते है।"—'ऐन्नीड्स' 1. 6. 8।

1. छान्दोग्य उप., 3. 20. 2।
2. मुण्डक उप., 3. 1. 3; 3. 2. 6-8।
3. प्रश्न उप., 6. 5।
4. अथर्ववेद 10. 8. 44।
5. बौद्ध ग्रन्थों में यह तीनों लोकों से परे 'निर्वाण धातु' है। अथर्ववेद 4. 14. 3 में चतुर्थ लोक पृथ्वी, अन्तरिक्ष और द्यौ के त्रिलोक से परे प्रकाश, 'स्वर' बताया गया है। 'ब्राह्मणों' को केवल देवलोक से ही मतलब है। चौथे अनुभवातीत लोक के सम्बन्ध में उनका दृष्टिकोण कभी-कभी संशयवादी होता है।

   अनध्वा वैतद् यद् इमान् लोकान् अति चतुर्थमस्ति वा न वा।—शतपथ ब्राह्मण, 1. 2. 1. 12; 4. 21।

हों या बुरे, उस पर कोई प्रभाव नहीं डालते।[1] अश्व जिस प्रकार अपनी अयाल को झाड़ता है, मुक्त आत्मा उसी प्रकार अपने पाप को झाड़ फेंकती है। चन्द्रमा जिस प्रकार ग्रहण के बाद राहु के पंजे से पूरा--पूरा बाहर आ जाता है, उसी प्रकार मुक्त आत्मा अपने को मृत्यु के बन्धन से स्वतन्त्र कर लेती है।[2] जिस प्रकार सरकंडे की डंडी आग में भस्म हो जाती है, उसी प्रकार उसके कर्म नष्ट हो जाते हैं।[3] जिस प्रकार जल कमल की पत्ती पर नहीं ठहरता उसी प्रकार कर्म उससे चिपकते नहीं हैं।[4] कर्म केवल आत्मकेन्द्रित व्यक्ति के लिए ही कोई अर्थ रखते हैं। मुक्ति बन्धन का नाश है और बन्धन अज्ञान की उपज है।[5] अज्ञान ज्ञान से नष्ट होता है, कर्मों से नहीं।[6] मुक्ति कोई निर्मित वस्तु नहीं है, वह अभिज्ञान का परिणाम है।

ज्ञान हमें उस स्थिति पर ले जाता है जहाँ कामना शान्त हो जाती है, जहाँ सभी कामनाएँ पूर्ण हो जाती हैं, जहाँ आत्मा ही अकेली कामना होती है।[7] जो यह समझता है कि मैं सभी कुछ हूँ उसे कोई कामना नहीं हो सकती। जब परमात्मा दिख जाता है तो हृदय की गाँठें खुल जाती हैं, बुद्धि के सन्देह मिट जाते हैं और हमारे कर्मों के प्रभाव नष्ट हो जाते हैं।[8] जब कोई अन्य है ही नहीं, तो शोक या दुःख या भय हो ही नहीं सकता। मुक्त आत्मा की वही स्थिति होती है जो कि एक अन्धे की दृष्टि प्राप्त कर लेने पर और एक रोगी की स्वस्थ हो जाने पर होती है। उसे कोई सन्देह हो ही नहीं सकता, क्योंकि वह पूर्ण और शाश्वत ज्ञान है। उसे परमानन्द प्राप्त हो जाता है, वैवाहिक आनन्द जिसका एक बहुत ही दुर्बल उपमान है। वह जिस लोक को चाहे प्राप्त कर सकता है।[9]

कर्म का नियम संसार में लागू है,जहाँ हमारे कर्म हमें कालाधीन जगत् के उच्चतर या निम्नतर स्थानों पर ले जाते हैं। जब हम शाश्वत सत्य ब्रह्म या आत्मा

---

1. बृहद् उप., 4. 4. 22।
2. छान्दोग्य उप., 8. 13।
3. छान्दोग्य उप., 5. 24. 3।
4. छान्दोग्य उप. 4. 14. 3।
5. बन्धननाश एव हि मोक्षः न कार्यभूतः।—बृहद् उप., 3. 3. 1. पर शंकर।
6. मोक्षो न कर्मसाध्यः अविद्यास्तमयत्वात्।—बृहद् उप., 3. 3. 1 पर आनन्दगिरि।
7. शतपथ ब्राह्मण 10. 5. 4. 15। बृहद् उप., 3. 4. 2; 4. 4. 12।
8. मुण्डक उप., 2. 2. 8।
9. मुण्डक उप., 3. 1. 10।

का ज्ञान प्राप्त कर लेते हैं, तो कर्मों का हम पर कोई ज़ोर नहीं रहता। अनन्त जीवन की स्थिति पुण्य और पाप से ऊपर बताई गई है। आत्मज्ञानी पर कर्म का कोई दाग नहीं पड़ता।[1] आचार में स्थित होते हुए भी वह धर्म और अधर्म से परे होता है, 'अन्यत्र धर्मात् अन्यत्राधर्मात्।'[2] पुण्य और पाप का मार्ग साधन है, लक्ष्य नहीं है। लक्ष्य विधि और निषेध से, पुण्य और पाप से परे हैं।[3] दिव्य

1. तैत्तिरीय ब्राह्मण 3. 12. 9. 8।
2. कठ. उप., 1. 2. 14; और देखें, छान्दोग्य उप., 8. 4. 1; मुण्डक उप., 3. 1. 3; कौषीतकी उप., 1. 4।

तुलना करें, बुद्ध, 'मज्झिम निकाय' 1. 135 : "यदि तुमने बेड़े के दृष्टान्त को समझ लिया है तो तुम्हें धर्म और अधर्म को छोड़ देना चाहिए।"

जॉन 3. 9 "जो ईश्वर से उत्पन्न हुआ है, वह पाप नहीं कर सकता।"

गैलेटियन्स 5. 18. "यदि तुम आत्मा द्वारा निर्देशित हो, तो तुम नियम के अधीन नहीं हो।"

एकहार्ट : "वहाँ पाप या पुण्य का कभी प्रवेश नहीं हुआ है।" डॉक्टर डब्ल्यू. आर. इंगे ने ईसाई रहस्यवादियों की चर्चा करते हुए बताया है कि रहस्यवादी के ज्ञान प्रकाश का "यदि ठीक-ठीक कहा जाए तो कोई नैतिक पहलू नहीं है, क्योंकि नैतिकता, अपने सामान्य अर्थ में, पीछे छूट जाती है। जैसा कि 'दि मिरर ऑव सिम्पल सोल्स' के लेखक, अज्ञात फ्रांसीसी रहस्यवादी ने कहा है, 'अरे पुण्यो, मैं तुमसे छुट्टी लेता हूँ! अब से मैं अधिक स्वतन्त्रता से और अधिक शान्ति से रहूँगा। कभी मैं तुम्हारा दास था, अब मैं तुम्हारी दासता से मुक्त हो गया हूँ।'...उसका भाव यह है कि उस उच्च स्थिति में नैतिकता स्वशासित और स्वतःस्फूर्त हो गई है।...ईश्वर की सेवा पूर्ण स्वतन्त्रता बन गई है।"—'चर्च फेमिली न्यूज़पेपर', जुलाई 6, 1923।

3. 'मज्झिम निकाय' (2. 22 और उससे आगे) में कहा गया है कि पहुँचने (पटिपन्न) में अच्छे और बुरे आचार ('कुसल' और 'अकुसल सील') का पूर्ण विनाश सन्निहित है। यह सभी नैतिक मूल्यों का उन्मूलन है। बेड़े के दृष्टान्त (मज्झिम 1. 135, 260 और सुक्त निपात 21) में जो उस पार पहुँच गया है उसके लिए उचित और अनुचित के भेद का, विभेदकारी चेतना के प्रयोग का कोई प्रयोजन नहीं रहता, जिस तरह कि तट पर पहुँच जाने वाले के लिए नाव का कोई प्रयोजन नहीं रहता। ये मूल्य पार जाने के लिए हैं, कब्ज़े में रखने के लिए नहीं हैं। सेंट ऑगस्टिन बताते हैं कि "नियम (उस तक) पहुँचने का साधन है, इसलिए पहुँचने के बाद उसका प्रयोग नहीं करना चाहिए।"
—'दि स्पिर, एत लित.' 16।

द्वारा प्रेरित हमारे कार्य गलत नहीं हो सकते। अरस्तू का कहना है कि 'नाउस कभी भी गलत नहीं होता।'[1] एक मुक्त आत्मा का जीवन किन्हीं नियमों द्वारा बँधा नहीं होता। वह अपने बन्धनों को तोड़कर अपने विकास की आप राह खोजता है और उसके विकास की पहले से कोई रूपरेखा कदापि नहीं बनाई जा सकती। ''मुक्त आत्मा स्वयं अपनी अन्तःप्रेरणा से आचार के नियमों के अनुरूप होता है। आत्मज्ञानी में अद्वेष आदि गुण बिना किसी प्रयास के स्वाभाविक रूप से आ जाते हैं।''[2] प्रत्येक धर्म हमारे आगे मुक्ति का लक्ष्य रखता है, जिसमें आत्मोत्कर्ष, स्वतंत्रता और संसार, पाप तथा मृत्यु पर विजय का भाव रहता है।

हम जब जीवन में ही मुक्त हो जाते हैं तो हमारी स्थिति 'जीवन्मुक्त' की हो जाती है, जो सोपाधिक अस्तित्व के बन्धनों से छूट जाता है।[3] उसके रूप में कोई विशेष बाहरी परिवर्तन नहीं होता और वह वैसा ही बना रहता है। उसकी अशरीर स्थिति आन्तरिक सत्ता की केवल पोशाक-मात्र होती है और उस पर कोई प्रभाव नहीं डालती, क्योंकि शरीर के साँचे पर उसका पूरा नियन्त्रण होता है और उसके बाहरीपन को वह समझता है। उलझन में पड़ने पर भी वह अपनी स्पष्ट दृष्टि कायम रखता है। जहाँ 'जीवन्मुक्ति' जीवन में ही मुक्ति प्राप्त कर लेना है, वहाँ 'विदेहमुक्ति' मृत्यु के बाद, शारीरिक रूप से बाहर, मुक्ति प्राप्त करना है। दोनों अवस्थाओं में आत्मा सोपाधिक अस्तित्त्व से मुक्त हो जाती है।

'क्रममुक्ति' या क्रमशः मुक्ति का भी उल्लेख है। जब मुक्ति केवल आंशिक और अस्थायी होती है, तो जीवात्मा पुनः अहंयुक्त जीवन में अवतरित होती है और उच्चतर चेतना उससे विलग हो जाती है। परन्तु उस अनुभूति की स्मृति तब तक उसे प्रेरित करती रहती है जब तक कि सारी मलिनता दूर नहीं हो जाती।

उपनिषदों में मुक्ति की स्थिति के सम्बन्ध में जो विभिन्न अभिव्यक्तियाँ मिलती हैं, वे ब्रह्म के अखण्ड या चतुर्विध स्वरूप को ध्यान में रखने पर ही समझी जा सकती हैं। कुछ स्थानों पर ब्रह्म के साथ एकता पर ज़ोर दिया गया है, कुछ में परम पुरुष से मिलन पर और कुछ में विश्व आत्मा के प्रति भक्ति तथा जगत् के

---

1. 'द एनिमा' 3. 10. 433. ए.
2. उत्पन्नात्मप्रबोधस्य त्वद्वेष्टृत्वादयो गुणाः।
   अयत्नतो भवन्त्यस्य न तु साधनरूपिणः।
   सुरेश्वराचार्य कृत 'नैष्कर्म्य-सिद्धि' 4. 69।
3. जैसे साँप का केंचुल बांबी पर मृत और परित्यक्त पड़ा रहता है, उसी तरह उसका शरीर पड़ा रहता है। उपनिषद् कहती है कि वस्तुतः अशरीरी होने से वह अमर हो जाता है।

कार्य में भाग लेने पर ज़ोर है। ईश्वर से मिलन के अनेक रूप हो सकते हैं। जब बाहरी अहंभाव शान्त हो जाता है और चेतना की गहरी पर्तें सक्रिय हो जाती हैं, तो आत्मा परम ब्रह्म की शान्ति में प्रवेश कर सकती हैं या परम पुरुष के साथ उसका मिलन हो सकता है, या वह विश्व-आत्मा के आनन्दमयी आलिंगन में आबद्ध हो सकती है। जीवात्मा परमात्मा के विभिन्न क्षेत्रों में से गुज़र सकती है और उनके प्रकाश से अभिषिक्त तथा आनन्द से तृप्त हो सकती है।

याज्ञवल्क्य अपना ध्यान परम ब्रह्म के साथ एकता पर केन्द्रित करते हैं। उस स्थिति में कोई इच्छा नहीं है, कोई आवेग नहीं है, यहाँ तक कि कोई चेतना भी नहीं है, 'प्रेत्य संज्ञा नास्ति।'[1] विविध रसों के संग्रह से जब मधु तैयार हो जाता है तो यह भेद नहीं किया जा सकता कि कौन-सा रस किस पेड़ से आया है, इसी प्रकार जब आत्माएँ सत्य में मिल जाती हैं तो यह भेद नहीं किया जा सकता कि वे कौन-कौन से शरीरों से आई हैं।[2] आत्मा विषयी और विषय के भेद से, जो कि समस्त अनुभूत चेतना की विशेषता है, ऊपर उठ जाती है। यह सर्वथा कालातीत अवस्था है। यह अवैयक्तिक अमरता है जिसमें आत्मा को निरपेक्षता, निरुपाधिक सत्ता प्राप्त हो जाती है।[3] यह दीप्त चेतना है, चेतना की विस्मृति नहीं है। यह

---

1. बृहद् उप., 2. 4. 12; 4. 5. 13।
2. छान्दोग्य उप., 6. 6. 10। बृहद् उप., 4. 3. 21।
3. तुलना करें, 'विवेकचूड़ामणि' से, जो शंकर कृत मानी जाती है। माण्डूक्य उप., पर गौड़पाद की कारिका में भी यह आता है।

न निरोधो न चोत्पत्तिर्न बद्धो न च साधकः।
न मुमुक्षुर्न वै मुक्त इत्येषा परमार्थता॥

वहाँ न नाश है, न उत्पत्ति है; न कोई बंधा है और न कोई साधक है; न कोई मुक्ति का इच्छुक है और न कोई मुक्त है। यह सर्वोच्च स्थिति है।

मन जब अपने स्वाभाविक आवास में वापस आ जाता है तो न कोई पथ रहता है और न कोई पथिक।

चित्ते तु वै परावृत्ते न यानं नो च यायिनः।
—'लंकावतारसूत्र', सिल्वेनयलेवी का संस्करण, पृ. 322।

'निर्वाण' की व्याख्या ज्ञाता और ज्ञेय के भेद का अभाव, 'ग्राह्यग्राहकरहितता' की गई है। 'माध्यमिकवृत्ति' में निर्वाण के नकारात्मक वर्णनों की भरमार है।

अप्रहीनमसंप्राप्तमनुच्छिन्नमशाश्वतम्।
अनिरुद्धमनुत्पन्मेतत् निर्वाणमुच्यते॥

तुलना करें बुद्धत्वं से— →

अटल शान्ति की शून्यता नहीं है जहाँ सभी कुछ नष्ट हो गया है और हर चीज़ लुप्त हो गई है। यह मुक्ति का केवल एक पहलू है।

उस अवस्था का भी वर्णन मिलता है जब आत्मा परम पुरुष के साथ एकाकार हो जाती है। जो यह जान लेता है कि मैं ब्रह्म हूँ वह विश्व ही बन जाता है। देवता तक उसे विश्व बनने से रोक नहीं सकते, क्योंकि वह उसकी आत्मा है।[1] मनुष्य में सर्वव्यापकता की प्रच्छन्न क्षमता होती है, जिसे वह मुक्ति की स्थिति में कार्यान्वित करता है। हम तत्त्व रूप से असीम विशुद्ध शान्ति के साथ एकरूप हैं और ब्रह्माण्डीय अभिव्यक्ति की स्वतन्त्रता में पुरुषविध ईश्वर के साथ एकरूप हैं। ब्रह्म की शान्ति और अक्षुब्धता में से मुक्त व्यक्ति के स्वतन्त्र क्रियाकलाप का उदय होता है। ईश्वर के साथ मूल एकता ईश्वर के द्वारा एक-दूसरे के साथ भी एकता है। अभिज्ञता की उच्च स्थिति में पहुँच जाने पर हम जगत् को भूलते नहीं हैं, बल्कि वह हमें आश्चर्यजनक रूप से एक इकाई लगता है। जब हम जगत् से अधिक विराट, अधिक गहरी और अधिक मौलिक किसी सत्ता से भिज्ञ हो जाते हैं, तो हम क्षेत्रीयता से ऊपर उठ जाते हैं और पूरे दृश्य को देखने लगते हैं।[2]

→ न भावो नापि चाभावो बुद्धत्यं तेन कथ्यते।
तस्माद् बुद्ध तथा प्रश्ने अध्याकृतमयो मतः॥

'महायानसूत्रालंकार' और देखें 22 तथा 26।

न शुद्धा नाशुद्धा बुद्धता नैकता न बहुता।

और देखें,

यस्मिन सर्वमिदं प्रोतं जगत् स्थावरजंगमम्।
तस्मिन्नेव लयं याति बुद्बुदाः सागरे यथा॥2॥

यह समस्त चल और अचल जगत् जिसमें गुँथा हुआ है उसी में लीन भी हो जाता है, जैसे कि बुलबुले समुद्र में लीन हो जाते हैं। चूलिका उप., 17।

"ब्रह्म में लौट जाने का अर्थ–जैसे कि मिट्टी का पात्र अपने कारण द्रव्य, मिट्टी में लौट जाता है पूर्ण शून्यता के अतिरिक्त और कुछ नहीं है।"

–ब्रह्मसूत्र 1. 3. 21 पर रामानुज भाष्य।

1. बृहद् उप., 1. 4. 10।
2. तुलना करें, प्लौटिनस : "हम सभी चीज़ों को बनने की प्रक्रिया में नहीं बल्कि सत्ता में देखते हैं और उन्हें अन्य में देखते हैं। प्रत्येक सत्ता अपने अन्दर पूरा बुद्धिग्राह्य जगत् रखती है। इसलिए समस्त हर कहीं हैं। प्रत्येक समस्त है और समस्त प्रत्येक है। मनुष्य, जैसा वह इस समय है, समस्त नहीं रहा है। परन्तु जब वह एक व्यक्ति नहीं रहता, तो अपने-आपको पुनः ऊपर उठाता है और समस्त जगत् की तह तक प्रवेश कर जाता है।"

अपने पर शासन, 'स्वराज्य', जगत् पर शासन, 'साम्राज्य' बन जाता है। मुक्ति 'सर्वात्मभाव' है।[1]

जब मन ध्यान की शक्ति से परमात्मा का रूप धारण कर लेता है, तो वह 'संप्रज्ञात समाधि' होती है, जिसमें जीव को यह ज्ञात होता है कि उसकी चेतना ने ब्रह्म का स्वरूप धारण कर लिया है।[2] परन्तु जब जागरित अवस्था में इन्द्रियों की क्रिया से होने वाली बाह्य विषयों की चेतना, स्वप्नावस्था में मन की क्रिया से होने वाली आन्तरिक विषयों की चेतना, या सुषुप्ति की अवस्था में रहने वाली अव्यक्त की चेतना किसी भी तरह की चेतना नहीं रहती, तब 'असंप्रज्ञात समाधि' होती है।[3] जहाँ पहली समाधि में हमें ईश्वर की अभिज्ञता होती है, वहाँ दूसरी में ब्रह्म की।

ऐसे भी अंश हैं[4] जिनमें यह बताया गया है कि मुक्त आत्मा अपने को अनुभूत अहं की अपूर्णताओं से मुक्त रखती है और सांसारिक सुख-दुःख से अछूती रहती है।[5]

एकहार्ट की इस इच्छा का उल्लेख करते हुए कि वे एक, अविभाजित, शाश्वत, अविनाशी ईश्वरत्व बनना चाहते हैं जो पूर्ण सत्ता, पूर्ण आत्मा, पूर्ण आनन्द है। रूडोल्फ ओटो कहते हैं, "यह मुक्ति की सीधी-सादी ईसाई धारणा से मूलतः और तत्त्वतः भिन्न है, और उसे यह सदैव एक उच्छृंखलता, अतिमानवीय गर्व और प्राणी की अशक्य सीमाओं का अतिक्रमण प्रतीत होगा, जिसे हम आजकल फ़ॉस्टियन प्रेरणा कहते हैं।"

—'मिस्टिसिज़्म : ईस्ट एण्ड वैस्ट', पृ. 181।

1. अहमेवेदं सर्वोऽस्मीति मन्यते सो यः सर्वात्मभावः, सोऽस्थात्मनः परमो लोकः परमात्मभाव स्वाभाविकः।—बृहद् उप., 4. 3. 20 पर शांकरभाष्य। 'सर्वैकत्वमेवास्य रूपम्'—4. 3. 21। 'यत् स्वरूपं पूर्णत्वं परमात्मभावम्' 5. 1. 1।
2. ब्रह्माकार मनोवृत्तिप्रवाहोऽहंकृति विना।
   संप्रज्ञातसमाधिस्सयाद् ध्यानाभ्यासप्रकर्षतः॥

   —मुक्तिका उप., 2. 53।
3. प्रभाशून्यम्मनः शून्यं बुद्धिशून्यं चिदात्मकम्।
   अतद्व्यावृत्तिरूपोऽसौ समाधिर्मुनिभावितः॥

   —वही 2. 54।
4. छान्दोग्य उप., 3. 14. 1; और देखें 7. 1. 5; 7; 2. 2; 7. 3.1।
5. औडुलोमि का यह तर्क है कि दिव्य गुणों से सम्पन्न होते हुए भी मुक्त आत्मा का स्वरूप विशुद्ध प्रज्ञा है, और उसमें वे गुण नहीं हो सकते जो सीमाबद्ध करनेवाली उपाधियों पर आधारित हैं।—ब्रह्मसूत्र 4. 4. 6।

   उपाधिसम्बन्धाधीनत्वात् तेषां न चैतन्यवत् स्वरूपत्वसम्भवः।

   —ब्रह्मसूत्र 4. 4. 6 पर शांकरभाष्य।

पर अन्य अंशों में इस तरह के गुणों की उपस्थिति स्वीकार की गई है। इसलिए ये गुण विशुद्ध प्रजा के विरोधी नहीं हो सकते, ऐसा बादरायण का मत है।[1] मुक्त आत्मा की कामनाएँ उसकी इच्छाशक्ति मात्र से ही पूरी हो जाती हैं।[2] आत्मा को निष्पाप और परम पुरुष के साथ एकरूप कहा गया है। बहुत-से अंशों में ब्रह्म से अपार्थक्य, 'अविभाग' का उल्लेख है।[3] अविभाग पूर्ण एकरूपता नहीं है। मुक्त आत्मा का कोई अन्य अधिपति नहीं होता।[4] कुछ अंशों में आत्मा के लिए यह कहा गया है कि उसके साथ उपाधियाँ होती हैं जो व्यक्तित्व का निर्माण करती हैं, और अन्य अंशों में इन्हें अस्वीकार किया गया है। बादरायण इन दो मतों का सामंजस्य यह कहकर बैठाते हैं कि व्यक्तित्व को धारण करना या न धारण करना मुक्त आत्मा की पूर्णतया अपनी इच्छा पर निर्भर करता है।[5] वह यदि चाहे तो अपनी इच्छाशक्ति से निर्मित अनेक शरीरों में प्रवेश कर सकती है जिस प्रकार दीपक की शिखा अपने को कई शिखाओं में परिवर्तित कर सकती है।[6]

ऐतरेय आरण्यक में यह कहा गया है कि वामदेव ने इस लोक से ऊपर उठकर स्वर्गलोक में अमरता प्राप्त की।[7] कौषीतकी उपनिषद् में ब्रह्मलोक का कुछ विवरण दिया गया है, जहाँ अपराजित प्रासाद है, इल्य वृक्ष है, सालज्य नगर है और अर सागर है। उपनिषदों के जिन अंशों में यह बताया गया है कि ज्ञानोदय का पुरस्कार स्वर्ग होता है, वे किसी न किसी रूप में ब्रह्मा या हिरण्यगर्भ के साथ रहने की बात सोचते हैं।[8] ब्रह्मसूत्र इस प्रश्न पर विचार करता है कि जो देवमार्ग से जाते हैं वे हिरण्यगर्भ ब्रह्मा के लोक में पहुँचते हैं या ईश्वर के साथ एक

---

1. ब्रह्मसूत्र 4. 4. 7।
2. ब्रह्मसूत्र 4. 4. 8। छान्दोग्य उप., 8. 2. 1।
3. ब्रह्मसूत्र 4. 4. 4.। ब्रह्मसूत्र 4. 4. 6 पर शांकरभाष्य।
4. ब्रह्मसूत्र 4. 4. 9।
5. ब्रह्मसूत्र 4. 4. 12। यदा सशरीरतां संकल्पयति तदासशरीरो भवति, यदा तु अशरीरतां तदा अशरीरः इति भावः।–ब्रह्मसूत्र 4. 4. 12 पर शांकरभाष्य।
6. ब्रह्मसूत्र 4. 4. 15। यथा प्रदीपः एकः अनेकप्रदीपभावम् आपद्यते विकारशक्तियोगात्, एवम् एकः अपि सन् मुक्तात्मा ऐश्वर्ययोगाद् अनेकभावम् आपद्य सर्वाणि संकल्पसृष्टानि शरीराणिआविशति।–ब्रह्मसूत्र 4. 4. 15 पर शांकरभाष्य।
7. 2. 5।
8. देखें, बृहद् 4. 3. 15। छांदोग्य उप., 8. 12. 3।

रूप हो जाते हैं। बादरी का यह मत है कि वे हिरण्यगर्भ के लोक में पहुँचते हैं क्योंकि उसी के लोक में जाना सम्भव है। शंकर कहते हैं, "उत्पन्न हुए ब्रह्मा का एक विशिष्ट प्रदेश है और इसलिए वह यात्रा का लक्ष्य हो सकता है, परन्तु परम ब्रह्म नहीं, क्योंकि वह तो सर्वव्यापी है और यात्री जीवात्माओं की अन्तरात्मा है।"[1] जब हम ब्रह्मलोक पहुँच जाते हैं तो वहाँ विश्व-प्रक्रिया के अन्त तक कार्य करते रहते हैं, और तब ब्रह्मा के साथ परम ब्रह्म में प्रवेश करते है।[2] शंकर का विचार है कि यह सब उल्लेख 'क्रम मुक्ति' अर्थात् क्रमशः मुक्ति से सम्बन्धित है।[3] जैमिनी का यह मत है कि मुक्त आत्माएँ परम ब्रह्म में प्रवेश करती हैं।[4] बादरायण के विचार से जो प्रतीकों का ध्यान करते हैं, वे प्रतीकों के लोक में जाते हैं, ब्रह्म लोक में नही जाते।

जिस प्रकार परम ब्रह्म का वतुर्विध स्वरूप है, उसी प्रकार मुक्त व्यक्ति के भी पूर्ण शान्ति, विशुद्ध शक्ति, विश्व आत्मा के प्रति भक्ति और जगत् में भगा लेना–ये विभिन्न पहलू हैं। वह जगत् की ओर देखता है और उसमें खो जाता है, क्योंकि वहाँ अपने को अपने से ऊपर उठाने का सतत प्रयास चल रहा है।[5]

हम जब परम ब्रह्म का उल्लेख करते हैं, तो हम ज्ञानोद्दीप्त निश्चलता, अविषयाश्रित चेतना पर जोर देते हैं जिसमें दुःख और पाप का पूर्ण अभाव होता है और विशुद्ध आनन्द अपनी असीमता से समस्त मानवीय उल्लासों और मनुष्य की कल्पना शक्ति को पार कर जाता है। यह अन्तर्दृष्टि ही आत्मा को परम ब्रह्म

---

1. कार्यब्रह्मणः 'एक गन्तव्यत्वम् उपपद्यते प्रदेशवत्वात्, न तु परस्मिन् ब्रह्मणि तस्य सर्वगतत्वात् गन्तॄणां प्रत्यगात्मत्वाच्च।–ब्रह्मसूत्र 4. 3. 7 पर शांकरभाष्य।
2. देखें, प्रश्न उप., 5. 5 और तुलना करें :

   ब्रह्मणा सह ते सर्वे सम्प्राप्ते प्रतिसंचरे।
   परस्यांते कृतात्मानः प्रविशन्ति परं पदम्॥

   जब जगत् का विघटन होता है तो जीवात्माएं अपने स्वरूप को समाप्त कर ब्रह्मा के साथ परम पद में प्रवेश करती हैं।
3. ब्रह्मसूत्र 4. 3. 11 पर शांकरभाष्य।
4. ब्रह्मसूत्र 4. 3. 12-14।
5. इस प्रकार वह पृथ्वी और आकाश में से
   प्रत्येक प्रकार के प्राणी के साथ सम्पर्क रखता है,
   और प्रत्येक उस स्वयंभू की ओर भक्ति-भाव से और प्रेम की दृष्टि से निहार रहा है।
   –वर्ड्सबर्थ

और सभी सत्ताओं के साथ एक कर देती है। पर तब हम उनके साथ एक मिथ्या सम्बन्ध से बँधे नहीं रहते हैं। अपनी इस रूपान्तरित चेतना में, जहाँ हमारे अहंवादी व्यक्तित्त्व का अभाव होता है, हम औरों से पृथक् नहीं होते हैं बल्कि उनके साथ अपने को एक अनुभव करते हैं। हमारी वास्तविक आत्मा एक वैयक्तिक मानसिक सत्ता नहीं रहती है, बल्कि उस परमात्मा के साथ एक हो जाती है जो अन्य सभी आत्माओं के मानसिक रूपों के पीछे विद्यमान है। हमारा शरीर, जीवन, मन तब हमें बाँधते नहीं हैं, बल्कि हमारी दिव्य चेतना के पारदर्शी वाहन बन जाते हैं। वह लक्ष्य जब प्राप्त हो जाता है, तो हम दिव्य का एक वास्तविक रूपान्तर विश्वव्यापी आत्मा की एक स्वतन्त्र हलचल बन जाते हैं। हम तब यह महसूस करते हैं कि हमारा शरीर, जीवन और मन ब्रह्माण्डीय शरीर, जीवन और मन के साथ एकरूप है।[1] हमारी आत्मा समस्त जगत् को व्याप्त कर लेती है। अनन्त को जान लेने से हम ईश्वर, जगत् और जीव के सच्चे स्वरूप को समझ लेते हैं।

आध्यात्मिक ज्ञान (विद्या) जगत् को नहीं मिटाता है, बल्कि उसके सम्बन्ध में हमारे अज्ञान (अविद्या) को मिटा देता है। जब हम ऊपर उठकर अपनी वास्तविक सत्ता पर पहुँच जाते हैं तो हमारा स्वार्थी अहं हमसे अलग हो जाता है और वास्तविक अखण्ड आत्मा हम पर अधिकार कर लेती है। हम जगत् में रहते और कार्य करते रहते हैं, पर हमारा दृष्टिकोण बदल जाता है। जगत् भी चलता रहता है, पर वह हमारे लिए पराया नहीं रहता। इस नई चेतना में स्थायी रूप से रहना ही अनन्त में जीना है।

जन्महीन अमरता पर अधिकार रखते हुए भी, मुक्त आत्मा अपनी स्वतन्त्र इच्छा से इस व्यक्त जगत् में एक वैयक्तिक रूप ग्रहण करती है। जन्म ब्रह्म का ब्रह्माण्डीय सत्ता में एक रूपान्तर है। यह रूपान्तर सत् के विपरीत नहीं है। अनन्त जीवन के उपभोग के लिए यह बाधा नहीं बल्कि साधन बन जाता है। जनम और मरण के चक्र से छूटने का अर्थ घटना जगत् से भागना नहीं है। बन्धन जन्म लेने या व्यक्तित्व ग्रहण करने में नहीं, बल्कि पृथक् स्वार्थी अहं की अज्ञानमयी भावना को कायम रखने में है। शारीरिकता बन्धन पैदा नहीं करती है, बल्कि मनोवृत्ति

---

1. तुलना करें, त्रैहर्न : "तुम इस जगत् का पूरा आनन्द तब तक नहीं ले सकते जब तक कि समुद्र स्वयं तुम्हारी नसों में न बहने लगे, जब तक कि आकाश तुम्हारी पोशाक और सितारे तुम्हारे मुकुट न बन जाएँ; और तुम अपने-आप को इस सम्पूर्ण जगत् का एकमात्र उत्तराधिकारी न मानने लगो। यही नहीं, बल्कि जगत् में जितने भी मनुष्य हैं वे सभी तुम्हें अपनी तरह इसके एकमात्र उत्तराधिकारी न लगने लगें... ।"

पैदा करती है। मुक्त आत्मा के लिए जीवन आतंक नहीं है। वह जीवन को ईश्वर के लिए जीतना चाहती है। वह जगत् को एक साँचे और परिस्थिति की तरह अपनी आध्यात्मिक स्वतन्त्रता की अभिव्यक्ति के लिए प्रयुक्त करती है। वह संसार के उपकार के लिए जन्म ले सकती है।[1] वह विशिष्टीकरण अहं-भावना से रहित होगा। वैयक्तिक चेतना की लीला के अनेक रूप हो सकते हैं, अनेक पहलू और मुद्राएं हो सकती हैं पर मुक्त आत्मा, उन सबके बावजूद, विश्वलीला के सत्य में जीती है, उसे कोई भ्रम नहीं होता। वह अहं से मुक्त होती है और व्यक्त सत्ता पर पूरा नियन्त्रण रखती है।

जीवात्मा शाश्वत है। वह पूरी विश्व-प्रक्रिया में कायम रहती है। जन्म के समय वह पिछली काया की उत्तराधिकारी बन जाती है और शारीरिक मृत्यु के बाद दूसरे रूप में कायम रहती है। जिस आत्मा ने पूर्णता प्राप्त कर ली है, उसके लिए शरीर भार नहीं रहता है। वह शरीर में रहती है, पर शरीर के लिए नहीं रहती है।

जीव परमतत्त्व का विश्व में एक पहलू है और जब वह समस्त सीमाओं से मुक्त हो जाता है तो वह ब्रह्म में स्थित अपने केनद्र के साथ कार्य करता है। आन्तरिक शान्ति बाह्य क्रिया-कलाप की उल्लासपूर्ण स्वतन्त्रता में व्यक्त होती है। वह जगत् के कार्य करता है, पर किसी भी पाप की इच्छा नहीं कर सकता।[2] वह कोई भी कार्य कर सकता है, क्योंकि वह उसे निर्लिप्त रूप से करता है।[3] जिनके विचार ब्रह्म में स्थिर हो गए हैं, उनकी इच्छाएँ उन्हें बाँधती नहीं हैं।[4] मुक्त आत्मा का लक्ष्य मानवता का सुधार नहीं होता, परन्तु उसका जीवन स्वयं एक सेवा होता है। उसका वैराग्य उसके विवेक का स्वाभाविक परिणाम बन जाता है। छान्दोग्य उपनिषद् उन इच्छाओं में जो बाँधती हैं और उनमें जो मुक्त करती हैं भेद करती है और परमात्मा को सत्य की कामना करने वाला और सत्य का संकल्प रखनेवाला कहती हैं।[5]

---

1. लोकानुग्रह एवैको हेतुस्ते जन्मकर्मणोः 1—कालिदासः 'रघुवंश' 10. 31। 'ईश्वर को जगत से इतना प्रेम था कि उसने अपना एकमात्र पुत्र ही उसे दे दिया।''—जॉन 3. 16।
2. बृहद् उप., 4. 4. 23।
3. ईश उप., 2।
4. न मय्यावेशितधियां कामः कामाय कल्पते।
5. सत्यकामः सत्यसंकल्पः 1—8. 1. 5, 6। ''यह अनन्त जीवन है कि वे तुझे, एकमात्र सच्चे ईश्वर को जान लें।'' रिचार्ड ऑवसेंट विक्टर कहते हैं : →

शंकर का यह तर्क है कि कर्म में क्योंकि कर्ता और कार्य का भेद निहित है, और जीवात्मा की परमात्मा के साथ एकरूपता का ज्ञान इस तरह के सभी भेदों को नकारता है, अतः उस कर्म के साथ ज्ञान के सह-अस्तित्व की कल्पना नहीं की जा सकती।[1] पर केवल स्व-केन्द्रित कर्म ही असम्भव होता है। मुक्त जीव ईश्वर में सक्रिय हो जाता है। आत्मा की समस्त शक्तियाँ, जो अब तक बँधी हुई और बन्दी थीं, जब मुक्त और स्वतन्त्र हो जाती हैं, तो ईश्वर हमारे भीतर जन्म लेता है, अर्थात् वह हममें सक्रिय हो जाता है। 'क्योंकि हम उसकी सन्तान हैं''[2] ईश्वर मुक्त मनुष्य के जीवन का केन्द्र बन जाता है, इसलिए उससे प्रेम विकीर्ण होता है और सत्कर्म अपने-आप होते चलते हैं। वह अपने जीवन की शक्ति के प्रति उतना ही अचेत होता है जितना कि स्वयं जीवन के प्रति, जो कि 'क्यों' और 'किसलिए' का विचार किए बिना प्रकट होता है, खिलता है और अपने जीवन-कार्य को एक उन्मुक्त उद्गार की तरह उद्घाटित करता है। वह अपनी ही गहराइयों में रहता है और जीवन अपने-आप उमड़ता है। एक तरह से वह कर्ता नहीं होता है। वह सर्वव्यापी आत्मा के साथ एक होता है, परम तत्त्व से आविष्ट होता है। वह विरक्त या 'उदासीन' होता है। सर्वव्यापी आत्मा जीवात्मा को पूर्णतया अपने अधिकार में ले लेता है। जीवात्मा जब शान्ति में प्रवेश करती है तो वह विराट्, शान्त और निश्चेष्ट हो जाती है। वह प्रकृति के कार्यों को, बिना उनमें भाग लिए, केवल देखती है। उस स्थिति में क्योंकि कोई वैयक्तिक हेतु नहीं रहता, इसलिए कोई बन्धन भी नहीं रहता।

जिन्होंने अनन्त जीवन प्राप्त कर लिया है, वे बाहर से देखने में, साधारण मनुष्यों की ही तरह जगत् में जीते हैं ओर इधर-उधर फिरते हैं। उनके कोई विशेष चिन्ह नहीं होते हैं। केवल उनके कार्य परम सत्ता में केन्द्रित होते हैं और उन पर उनका पूर्ण नियन्त्रण होता है, जबकि संसार में रहने वालों के साथ यह

→''आत्मा अपने को (अर्थात्, अपनी आत्मकेन्द्रित इच्छाओं को) पूर्णतया हटा देती है और दिव्य प्रेम को धारण कर लेती है; और जो सौन्दर्य उसने देखा है उसके अनुरूप होकर वह उस अन्य ज्योति में पूर्णतया चली जाती है।''

1. केन उप., की भूमिका।
2. ''मैं स्वयं कुछ नहीं करता'' (जॉन 8. 18)। ''जो कुछ मैं चाहता हूँ वह नहीं, बल्कि जो कुछ तू चाहता है'' (मार्क 14. 36)। बोहम ने कहा है : ''तुम कुछ नहीं करोगे, बस अपनी निजी इच्छा, अर्थात् जिसे तुम 'मैं' या 'अपना आपा' कहते हो, त्याग दोगे। इस तरह से तुम्हारे सभी दुर्गुण दुर्बल, क्षीण और नष्ट होने लगेंगे; और तब तुम पुनः उसी एक तत्त्व में डूब जाओगे जिससे कि तुम आरम्भ में उभरे थे।'' 'डिस्कोर्स बिट-वीन टू सोल्स'।

बात नहीं होती है। उनका व्यवहार उन लोगों के प्रति जो अभी मुक्त नहीं हुए हैं और असन्तुष्ट मन से जगत् में पाप और अपूर्णता को कम करने के लिए संघर्ष कर रहे हैं, सहनशील, सहानुभूतिपूर्ण और सम्मानजनक होता है। सिद्ध पुरुष ऐसे लोगों की सहायता करते हैं और रूढ़ियों को उनके सुधार करने की भावना से ही स्वीकार करते हैं। अन्य प्राणियों की ही तरह वे जीते हैं, दुख-सुख भोगते हैं और मरते हैं, परन्तु उनके मन में कोई सन्देह नहीं होता है और उनके हृदय में कोई भय नहीं होता है। मुक्त आत्मा के लिए संसार और मोक्ष या बौद्धों का निर्वाण'—काल और शाश्वता, दृश्य और सत्य एक ही है। मुक्त आत्मा यद्यपि घटना जगत् में रहती है, परन्तु उसकी चेतना उस दिव्य में केन्द्रित होती है जो समस्त सत्ता का मूलाधार है। वस्तुतः उसकी चेतना, ईश्वर में केन्द्रित होने के कारण, तीव्र हो जाती है, और इस प्रकार उसका जीवन अधिक सजीव हो जाता है। पवित्र शान्ति, चरम आत्मसंयम और न्यायोचित कार्य सन्तों के जीवन का लक्षण होता है। वे एक ज्योति बन जाते हैं, सत्य के लिए संघर्ष करके और उसे प्राप्त करके उसकी शक्ति बन जाते हैं, और औरों की उन्नति में सहायक होते हैं।[1] वे अपने अपूर्व दिव्य संदर्शन से बल प्राप्त करते हुए जगत् के कार्य में तब तक लगे रहेंगे[2] जब तक कि पाप और अपूर्णता के विरुद्ध संघर्ष पूर्णतया सफल नहीं हो जाता और जगत् फिर से आत्मा में नहीं लौट जाता।

मुक्ति के बाद कोई जगत् में सक्रिय रुचि लेता है या उसका त्याग कर देता है, यह अपने-अपने स्वभाव पर निर्भर करता है। याज्ञवल्क्य वन में चले जाना पसन्द करते हैं और जनक राज्य का शासन करते हैं। वे जो कुछ भी करते हैं उससे शोक और दुःख के इन संसार में खोए हम जैसे लोगों का उपकार करते हैं। देह धारण करना या न करना यद्यपि मुक्त आत्माओं के लिए एक जैसा है, पर वे करुणा से पूर्ण होने के कारण जगत् का भार वहन करती हैं। 'विवेक चूड़ामणि' के अनुसार, वे स्वयं पार हो जाने के बाद मनुष्यों के प्रति अपनी करुणा के कारण और उन्हें भी पार कराने के उद्देश्य से जगत् में रहती हैं।[3] जब तक सभी लोगों का

1. आर्यदेव अपने 'चित्तविशुद्धिप्रकरण' में कहते हैं कि महान आत्माएँ, जो विकट जीवन-संघर्ष में विजयी हो गई हैं, दूसरों के उद्धार का प्रयत्न करती हैं :

   महामत्त्वो महोपायः स्थिरबुद्धिरतंत्रितः।
   जित्वा दुस्तरसंग्रामं तरयेदपरानपि॥

2. कबीर के अनुसार, सच्चा सन्त वह है "जो तुझसे द्वार बन्द करने, साँस रोकने और संसार को छोड़ने के लिए नहीं कहता है... बल्कि जो तुझे तेरे सारे क्रिया-कलाप के बीच शान्त रहने की शिक्षा देता है।"

3. व्यास रचित् योगभाष्य (1. 24) के अनुसार, ईश्वर का शुद्ध अन्तःकरण के साथ स्थायी→

उद्धार नहीं हो जाता, तब तक मुक्त आत्माएं विशिष्ट रूपों को धारण करके, जो आध्यात्मिक जीवन के परिधान-मात्र होते हैं, जगत् में कार्य करती हैं। आत्मा और भौतिक अस्तित्व, 'आनन्द' और 'अन्न', एक अटूट सिलसिले की सबसे ऊँची और सबसे नीची कड़ियाँ हैं। दोनों का परस्पर सम्बन्ध है। जिस प्रकार शाश्वत दिव्य विशुद्ध आत्मा रहते हुए भी, समस्त विश्व को अपने भीतर रख सकता है, उसी प्रकार शाश्वत के साथ एक हुई आत्मा की भी विशिष्ट परिवेश के सम्बन्ध में वही मुद्रा होती है। वह परिवर्तनशील सृष्टि में अज्ञानी की तरह डूबी नहीं रहती। वह सचेत रूप से अपनी वास्तविक सत्ता में रहती है और मनोदैहिक उपकरण को प्रयुक्त करती हुई भी उसे अपनी वास्तविक सत्ता मानने की गलती नहीं करती है। मुक्त आत्माएँ अनुभवातीत, स्वयंभू, कालातीत की चेतना रखती हुई भी, अपनी सत्ता को अनन्त–ईश्वर के साथ, जिसमें सभी अस्तित्व रहते हैं, एकाकार कर देती हैं।

उपनिषदें इस पर बार-बार ज़ोर देती हैं कि हमें सभी अस्तित्वों को आत्मा में और आत्मा को सभी अस्तित्वों में देखना चाहिए। क्योंकि ब्रह्म ही ये सब अस्तित्व हैं, इसलिए हमें भी जगत् के साथ सही सम्बन्ध स्थापित करना चाहिए। हमारे व्यक्तित्व की पूर्ण सफलता का अर्थ है–जगत् और अन्य व्यक्तियों के साथ हमारे सम्बन्धों की पूर्ण सफलता। हमसे यह आशा की जाती है कि हम न केवल अपने पृथक् अहंवादी अस्तित्व पर विजय प्राप्त करें, बल्कि आत्ममग्न आनन्द के स्वर्ग के अपने जीवन पर भी विजय प्राप्त करें। पूर्णता को पहुँची आत्मा अपूर्ण आत्माओं के दुःखों को उपेक्षा से देखती नहीं रह सकती, क्योंकि वे भी उसकी अपनी आत्मा हैं। वह उन्हें ऊपर उठाने और मुक्त करने के लिए प्रयत्नशील रहेगी। यह तब परोपकार का कार्य नहीं रहता है बल्कि दिव्य जीवन, अखण्ड मार्ग बन जाता है। वह तब तक कार्य करेगी जब तक कि व्यक्त जगत् की सभी सत्ताएं सफल नहीं हो जातीं। मुक्त व्यक्ति सृष्टि के अन्त में अपने व्यक्तित्त्व से छूट जाते हैं।

ब्रह्मलोक ब्रह्माण्डीय अनुभव का यथासम्भव विशालतम एकीकरण है, व्यक्त सत्ता की चरम सीमा है, ब्रह्मा इस महान लोक को आत्मावान् करनेवाली आत्मा है। वह प्रत्येक सत्ता का वास्तविक जीवन है। वह विश्व की पूरी अवधि में कायम रहता है। व्यक्त जगत् में उससे परे कुछ नहीं है। वह वह शाश्वत नहीं है जो अनुभूत से परे है। वह अभिव्यक्ति की ही चरम सीमा है। जब जगत् अपना उद्देश्य पूरा

→सम्बन्ध है। यदि ईश्वर नित्यमुक्त होते हुए भी एक अंतःकरण रख सकता है, तो मुक्त व्यक्ति भी रख सकते हैं।

तुलना करें, चुआंगत्ज़ू : "प्राचीनकाल के महात्माओं ने पहले 'ताओ' को अपने लिए प्राप्त किया, फिर दूसरों के लिए प्राप्त किया।

कर लेता है, जब वह काल के बन्धन से छूट शाश्वत में आ जाता है, तब एकाकी उस एकाकी की ओर उड़ता है। जगत् के लिए ईश्वर की जो योजना सृष्टि से पहले थी वह सम्पन्न हो जाती है, क्योंकि वही जगत् का आदि और अन्त है।[1] विश्वाधिपति का बाह्य अस्तित्व होता है और आन्तरिक जीवन होता है। जब वह बाहर की ओर मुड़ता है तो विश्व विकसित होता है, जब वह अपना ध्यान अन्दर की ओर करता है तो विश्व अदृश्य हो जाता है और व्यक्त जगत् समाप्त हो जाता है। जगत् का जब उद्धार हो जाता है तो परमेश्वर निरपेक्ष एक, एकाकी बन जाता है और अन्य कुछ भी नहीं जानता।

ब्रह्मलोक में मुक्त आत्माएं परस्पर एक होती हैं। विश्व-प्रक्रिया में वे अनेक होती हैं। परम तत्त्व की उनकी चेतना, जो बुद्धि में रहती है, एक होती है और शारीरिक रूपों में विभाजित नहीं होती। यह अभिन्न चेतना विभिन्न शरीरों से सम्बद्ध होती है। यह अनेकता उसे दिव्यसत्ता की एकता से दूर नहीं करती। जब तक समस्त विश्व अन्तिम रूप से निरपेक्ष में नहीं लौट जाता, जब तक ईश्वर का वह प्रयोजन जो सृष्टि से पहले था पूरा नहीं हो जाता, जब तक भूत द्रव्य के बन्धन से मुक्त जीवात्माएँ सीमाओं द्वारा विभाजित हुए बिना अपनी विशिष्टता कायम रखेंगी। सत् के दो ध्रुव जब परस्पर मिल जाते हैं, जब सभी जीवात्माएँ गुण, अहंभावना, संघर्षरत आकांक्षा और अपूर्ण प्रेम के धरातल से ऊपर उठ जाती हैं, तो जगत् निरपेक्ष में विलीन हो जाता है।[2]

19
धर्म

उपनिषदें धार्मिक उपासना के परम्परागत रूपों को ब्रह्म की सिद्धि के लिए साधनों के रूप में प्रयुक्त करती हैं। वैदिक मन्त्र परम सत्य की विविध शक्तियों को

1. तुलना करें, विश्व-ईसा जीसस के माध्यम से कहते हैं : "मैं आदि और अन्त हूँ, प्रथम और अन्तिम हूँ, क्योंकि जो प्रथम था वही अन्त में आता है और अन्तिम ही प्रथम है।"
2. एक अन्य स्थान पर मैंने कहा है कि विश्व सत्य से सर्वथा शून्य कोई भ्रम नहीं है बल्कि दिव्य की, जो अनन्त सम्भावना है, एक सम्भावना की निष्पत्ति है। हमारा यह जगत् ही कोई अकेली सम्भावना नहीं है। जब यह समाप्त हो जाएगा तो अन्य सम्भावनाएँ उद्घाटित होंगी।--'एन आइडिअलिस्ट व्यू ऑव लाइफ', चतुर्थ संस्करण, 1951, पृ. 343।

सम्बोधित करके रचे गए हैं, जो उसके महत्त्वपूर्ण पक्षों के प्रतीक हैं। वे श्रद्धा और उपासना के धर्म का उपदेश देते हैं। 'ब्राह्मणों' में कर्मकाण्ड की चर्चा है और यह कहा गया है कि उनके अनुष्ठान से हमारे लक्ष्यों की पूर्ति हो सकती हे। उपनिषदों ने इन दोनों पद्धतियों को लिया है और इनकी पुनर्व्याख्या की है।

उपनिषदें जहाँ यह मानती हैं कि मुक्ति जीवन का सर्वोच्च लक्ष्य है, वहाँ वे यह भी जानती हैं कि बहुत-से व्यक्ति अपने अहं को मारने के सर्वोच्च त्याग के लिए तैयार नहीं हैं। उन्हें इसके लिए थोड़ी तैयारी की आवश्यकता है। वे भावनात्मक सन्तुष्टि चाहते हैं, अतः उनका ख्याल कर भक्ति और कर्मकाण्ड के आचार भी मान्य कर लिये गए हैं। वे बेकार नहीं हैं, क्योंकि वे हमारे मन और हृदय को शाश्वत सत्ता की वास्तविकता की ओर मोड़कर हमें उच्च पथ पर आगे बढ़ाते हैं और धीरे-धीरे हमें अपने-आप में से बाहर निकालकर आत्मा के सच्चे धर्म में ले जाते हैं।[1] जब तक लक्ष्य पूरा नहीं हो जाता कर्म का नियम काम करता रहता है, और हम अपनी श्रद्धा और भक्ति की गम्भीरता के अनुसार अपनी उपासना और पवित्रता का फल प्राप्त करते हैं।

श्रद्धा और उपासना के विभिन्न रूप और योगाभ्यास आत्मदर्शन के सर्वोच्च लक्ष्य के साधन माने गए हैं। आत्मदर्शन उस अनुभवातीत सत्ता के साथ एकता है जो सभी लोकों से परे है, और साथ ही जगत् की सभी सत्ताओं के साथ भी एकता है।

उपनिषदें बार-बार उस ईश्वर की चर्चा करती हैं जो प्रच्छन्न है, 'निहितं गुहायाम्'। ईश्वर का आसानी से बोध नहीं होता। ईश्वर में कुछ गूढ़ तत्त्व है जो उसकी अभिव्यक्ति से अलग है। वह गूढ़ इसलिए है कि मनुष्य को दिव्य को जानने के लिए प्रयत्न करना होता है। ईश्वर हमें हमारे दायित्व से मुक्त करना नहीं चाहता है, क्योंकि उसका उद्देश्य स्वतन्त्र मानवीय व्यक्तियों का विकास है, इसलिए वह अपने को हमारे आगे आसानी से और खुलकर उद्घाटित नहीं करता है।

1. दूसरी शताब्दी के एक ईसाई सुधारक ने कहा था : "हममें तुम्हें कुछ ऐसे अनपढ़ व्यक्ति, दस्तकार और बूढ़ी औरतें मिलेंगी जो शब्दों द्वारा तो यह सिद्ध नहीं कर सकते कि उन्हें हमारे पथ से क्या लाभ हुआ है, पर अपने कार्यों द्वारा यह दिखाते हैं कि इसकी सचाई पर विश्वास करने से क्या लाभ हुआ है। वे प्रवचन नहीं करते हैं, बल्कि अच्छे काम करते हैं। यदि उन पर प्रहार होता है तो वे बदले में प्रहार नहीं करते, यदि उनसे कोई कुछ छीन लेता है तो वे कचहरी में नहीं जाते। यदि कोई उनसे कुछ मांगता है तो वे उसे दे देते हैं, और अपने पड़ोसियों से उन्हें उतना ही प्रेम है जितना कि अपने आपसे है।'—'कैम्ब्रिज रिव्यू', फरवरी 14, 1948, पृष्ठ 348 पर उद्धृत।

वह रहस्य में छिपा रहता है, और अब हमारा सम्पूर्ण आत्म उसके लिए उत्कण्ठित होता है तभी वह अपने को प्रकट करता है।[1]

'ब्रह्म साक्षात्कार', ईश्वर के दर्शन के लिए तैयारी की तीन अवस्थाओं का उल्लेख किया गया है—'श्रवण', मनन और निदिध्यासन'। पहली सीढ़ी में जो कुछ इस विषय में सोचा और कहा गया है, उसे गुरुओं से जानना है। हमें उनकी बात श्रद्धा से सुननी चाहिए।[2] श्रद्धा बौद्धिक प्रवृत्ति नहीं है, बल्कि इच्छाशक्ति की क्रिया, हृदय की उत्कंठा है। वह परम के अस्तित्व में आस्था है, जिसे शंकर 'आस्तिक्यबुद्धि' कहते हैं।[3] हमें ऋषियों की सच्चाई में श्रद्धा रखनी चाहिए, जो अपनी निःस्वार्थता के कारण परम सत्य के स्वरूप को प्रत्यक्ष परिचय द्वारा जान सके थे। अपने निजी अनुभव से उन्होंने भी प्रस्थापनाएँ सूत्रबद्ध की हैं, वे ही हमें वर्णन द्वारा सत्य का ज्ञान प्रदान करती हैं क्योंकि उसका प्रत्यक्ष दर्शन तो हमें अभी हुआ नहीं है पर जो ज्ञान हम अनुश्रुति या विवरण द्वारा प्राप्त करते हैं वह जाँचा न जा सकता हो, यह बात नहीं है। वैदिक प्रस्थापनाओं की सच्चाई, यदि हम आवश्यक शर्तें पूरी करने को तैयार हों तो हम स्वयं जाँच सकते हैं।

''मनन' या चिन्तन की दूसरी अवस्था में हम अनुमान, उपमान आदि की तार्किक प्रक्रिया द्वारा स्पष्ट विचारों पर पहुँचने का प्रयत्न करते हैं। जब तक श्रद्धा पक्की है, तब तक दर्शनशास्त्र की आवश्यकता अनुभव नहीं होती। श्रद्धा के ह्रास से अन्वेषण की प्रवृत्ति बढ़ती है। ज्ञान की अन्तर्निहित शक्ति में असंदिग्ध विश्वास उपनिषदों के समूचे बौद्धिक ताने-बाने का आधार है। फिर भी वैदिक प्रस्थापनाओं की सच्चाई तार्किक प्रक्रियाओं द्वारा निश्चित की जा सकती है। धर्मग्रन्थों का श्रवण बौद्धिक तत्त्व से शून्य नहीं है। जो उन्हें सुनता है वह एक सीमा तक समझता भी है। परन्तु जब वह सुने हुए का मनन करता है तो श्रद्धा में कुछ ज्ञान भी जुड़ जाता है जिससे श्रद्धा और बढ़ती है। तार्किक अन्वेषण की आवश्यकता पर बहुत ज़ोर दिया गया है।[4] उसके बिना श्रद्धा बुद्धूपन में परिणत हो जाएगी।

---

1. हे राम, ईश्वर उसी से प्रसन्न है जो अहिंसा, सत्यवादिता, दया और सभी जीवों पर करुणा के गुणों से सुशोभित है।

   अहिंसा सत्यवचनं दया भूतेष्वनुग्रहः।
   यस्यैतानि सदा राम तस्य तुष्यति केशवः॥ —विष्णुधर्मोत्तर 1. 58।

2. 'गुरुवेदान्तवाक्येषु विश्वासः।'
3. कठ उप., 1. 1. 2 पर शंकर।
4. ज्ञान अन्वेषण से ही प्राप्त किया जा सकता है, अन्य उपायों से नहीं। 'नोत्पद्यते विना ज्ञानं विचारेणान्यसाधनैः।'—शंकर।

   वशिष्ठ कहते हैं : बच्चे की भी बात यदि युक्तियुक्त हो तो मान लेनी चाहिए, और→

उधर, श्रद्धा द्वारा प्रदत्त सामग्री के अभाव में, तार्किक मीमांसा अटकलबाज़ी-मात्र रह जाएगी। धर्मग्रन्थ जहाँ सत्य को घोषणा द्वारा प्रकट करते हैं वहाँ दर्शन-शास्त्र उसकी तर्क द्वारा स्थापना करता है।

शंकर कहते हैं, जब धर्मग्रन्थ और तर्क, दोनों आत्मा की एकता को प्रदर्शित करते हैं, तो वह हथेली पर रखे बिल्व फल की तरह स्पष्ट दिखाई देने लगती है।[1] बहुत-से ऐसे व्यक्ति हैं जिनके लिए परम कोई अपरोक्ष रूप से अनुभूत तथ्य नहीं है, और वे धर्मग्रन्थों के आधार पर उसकी प्रामाणिकता को मानने को भी तैयार नहीं हैं। उनके लिए तार्किक युक्तियाँ आवश्यक हैं।

'श्रुति' और 'स्मृति' में अपरोक्ष अनुभव और परम्परागत व्याख्या में जो भेद हैं, वे 'श्रवण' और 'मनन' के भेद पर आधारित हैं। अनुभव की संचित थाती और धर्मशास्त्र के निर्णय एक चीज़ नहीं हैं। प्रधान आधार-सामग्री 'श्रुति' है, जो अनुभवात्मक हैं जबकि सूत्रबद्ध निष्कर्ष गौण व्याख्याएँ हैं। प्रथम साक्ष्य के सदृश है, जबकि द्वितीय एक मत का अभिलेख है। यदि दोनों के बीच मतभेद होता है तो हम साक्ष्य पर लौट आते हैं। साक्ष्य की कभी भी नये सिरे से समीक्षा की जा सकती है। मत-सम्बन्धी वक्तव्य जिन ऐतिहासिक परिस्थितियों में उत्पन्न होते हैं उनसे प्रतिबन्धित होते हैं। यदि हम मतों का मन्तव्य समझना चाहते हैं तो हमें प्रस्थापनाओं के पीछे उन घटनाओं तक जाना चाहिए जिनका कि वे वर्णन करती हैं, आधार-सामग्री और व्याख्याओं के बीच जो तनाव है उसमें खड़े होना चाहिए। शास्त्रीय पाण्डित्य का, चाहे वह भारतीय हो या यूरोपीय, यह एक सामान्य दोष है कि वह अपने को एक शुष्क निर्दय तर्कमात्र मानने लगता है, जो पश्चात्तापरहित कठोरता के साथ एक स्थिति से दूसरी स्थिति पर पहुँचता है। जीवन विचार का स्वामी है, विचार जीवन का स्वामी नहीं है।

धर्मग्रन्थों के अध्ययन और उनकी शिक्षा के मनन से जो ज्ञान प्राप्त होता है, वह केवल परोक्ष ज्ञान है। वह सत्य का प्रत्यक्ष बोध नहीं है। विचार को अनुभूति में परिणत होना चाहिए। उपनिषदों के विचार कल्पनाशील ढंग से और आन्तरिक रूप से ग्रहण किए जाने चाहिए। उन्हें जीवन में पुनर्निमित करने से पहले गहराई में डूबने और धीरे-धीरे पकने देना चाहिए। 'निदिध्यासन' वह प्रक्रिया है जिसके

→अयुक्तियुक्त बात यदि ब्रह्मा की भी हो तो त्याग देनी चाहिए।

युक्तियुक्तमुपादेयं वचनं बालकादपि।
अन्यत्तणमित्र त्याज्यमप्युक्तं पद्मजन्मना।

1. आगमोपपत्ती ह्यात्मैकत्वप्रकाशनाय प्रवृत्ते शक्नुतः करतलगतबिल्वमिव दर्शयितुम्।—बृहत् उप., 3. 1. 1. पर शंकर।

द्वारा बौद्धिक चेतना एक जीवन्त चेतना में परिणत की जाती है। विद्या का अहंकार छोड़कर हम अपना ध्यान सत्य पर संकेन्द्रित करते हैं।[1] सत्य पर मन को निरन्तर संकेन्द्रित करने से श्रद्धा हमारे भीतर वास्तविकता बन जाती है।[2]

'निदिध्यासन' या ध्यान उपासना से भिन्न है। उपासना ध्यान में सहायक होती है, यद्यपि वह स्वयं ध्यान नहीं है। उपासना में उपासक आत्म और उपास्य विषय का भेद रहता है,परन्तु ध्यान में यह भेद स्थगित हो जाता है। उसमें एक नीरवता, एक शान्ति होती है जिसमें आत्मा अपने-आपको दिव्य के लिए खोल देती है। प्रज्ञा उस शान्त समुद्र की तरह ही होती है जिसमें एक भी तरंग नहीं उठ रही है।

ध्यान तर्क नहीं है। यह अपने-आपको सत्य के सम्मुख निश्चल रखना है।[3] चित्त की समस्त शक्ति अन्य सब कुछ छोड़कर ध्यान के विषय पर केन्द्रित हो जाती है। जिस विचार का ध्यान किया जा रहा है उसके पूरे सुवास को हम चित्त में फैलने देते हैं। उपासना तक को एकात्म विचारधारा का अजस्र प्रवाह बताया गया है।[4] वह भी ध्यानरूप होती है।[5] ध्यान का अभ्यास हम किसी भी दिशा,

---

1. विहाय सर्वशास्त्राणि यत् सत्यं तदुपास्यताम्।—'उत्तरगीता'
   चारों वेदों और सभी शास्त्रों को पढ़कर भी वे ब्रह्म के तत्त्व को नहीं जान सकते जो बौद्धिक अहंकार के वश में हैं।

   अधीत्य चतुरो वेदान सर्वशास्त्राण्यनेकशः।
   ब्रह्मतत्त्वं न जानन्ति दर्पोपहतचेतसः॥
   —मुक्तिका उप., 2. 65।

   पाठांतर—दर्वीपाकरसं यथा।
   तुलना करें, वनयन :

   जो आदमी खुद अपनी नज़र में बहुत बुद्धिमान है,
   उससे अधिक एक मूर्ख के संबंध में आशा की जा सकती है।
2. निदिध्यासनं सदेकार्थवृत्तिप्रवाहम्।
3. प्राचीन यूनानी चिन्तन में 'सिद्धान्त' का अर्थ कल्पना नहीं बल्कि ध्यान था। वह कल्पनाकारी का नहीं, द्रष्टा का कार्य था। वह अन्वेषण का परिणाम नहीं, बल्कि अन्वेषण की प्रक्रिया है, स्वयं देखना ही है। सार्थक प्रत्यक्षीकरण के लिए 'सिद्धान्त' आवश्यक आधार प्रदान करता है। यूनानी परिपाटी के अनुसार, पर्याप्त 'सैद्धान्तिक' तैयारी के बिना प्रत्यक्षीकरण का प्रयत्न नहीं किया जा सकता।
4. समान प्रत्ययप्रवाहकरणमुपासनम्।—ब्रह्मसूत्र 4. 1. 7 पर शांकरभाष्य।
5. 'ध्यानरूप'—ब्रह्मसूत्र 4. 1. 8 पर शांकरभाष्य।

स्थान या काल में जहाँ भी चित्त एकाग्र किया जा सके, कर सकते हैं।[1] इसमें अलगाव की, आत्म को अनात्म से पृथक् करने की प्रक्रिया काम में लाई जाती है। एकाग्रता प्रार्थना की शर्त है। शर्त ही नहीं, वह स्वयं प्रार्थना है। प्रार्थना में हमें चित्त को भटकाने वाले सभी विचार, सभी विघ्नकारी प्रभाव हटा देने चाहिए और अपने भीतर चले जाना चाहिए। हमें किसी ऐसे खेत या जंगल में जाने की सलाह दी गयी है जो सांसारिक गतिविधि और उसके कोलाहल से दूर हो, जहाँ सूर्य, आकाश, पृथ्वी और जल—सब एक भाषा बोलते हों, और साधक को यह स्मरण कराते हों कि उसे यहाँ अपने चहुं ओर उगी चीज़ों की तरह विकसित होना है।

तीनों अवस्थाओं में गुरु, आचार्य उपयोगी हो सकता है। 'आचार्य' केवल वही हो सकते हैं जिनका अपना आचरण ठीक है।[2] शंकरानन्द शिष्यों के तीन भेद करते हैं। जो प्रमाण के साथ दिए गए उपदेश को एक ही बार सुनकर समझ लेता है, वह अच्छा शिष्य है। जो उपदेश को अनेक बार सुनने और अपने को तथा गुरु को काफी परेशान कर चुकने के बाद ही कहीं समझता है, वह बुरा शिष्य है। जो गुरु की बात को तो समझ जाता है पर अपने मन को नियन्त्रित नहीं कर पाता, वह मध्यम शिष्य है। इस मध्यम शिष्य को विविध उपायों से मन को दृढ़ता की ओर ले जाना चाहिए।[3]

सत्य एक सीमा तक ही सिखाया जा सकता है। उसे अपने निजी प्रयास और

---

1. यत्र दिशि देशे काले वा साधकस्य एकाग्रता भवति तत्र एव उपासीत।—ब्रह्मसूत्र 4. 1. 11 पर शांकरभाष्य।
2. स्वयमाचरते यस्तु आचार्यस्सोऽभिधीयते।

   तुलना करें, चौसर का एक कस्बे का गरीब पादरी कहता है :

   "अपने अनुयायियों के आगे उसने यह सुन्दर उदाहरण रखा कि पहले उसने खुद किया और फिर उसकी सीख दी।"

   भागवत में कहा गया है : परम सत्य के जिज्ञासु और परम श्रेय चाहने वाले को ऐसे गुरु से पथ प्रदर्शन प्राप्त करना चाहिए जो वेदों में निष्णात हो और आत्मज्ञान प्राप्त कर चुका हो।

   तस्माद् गुरु प्रपद्येत जिज्ञासुः श्रेय उत्तमम्।
   शाब्दे पारे च निष्णातं ब्रह्मण्युपशमाश्रयम्॥—11. 3. 21
3. यः सकृदुक्तं सोपपत्तिकं गृहणाति स उत्तमः, यस्तु अनेकश उच्चमानमात्मानं गुरुं च संक्लेश्य गृहणाति स मंदः, यस्तु गुरूक्तं गृहणन् स्वचित्तं निरोद्धमशक्तः स मध्यमः, स त गुरुणोकतस्य वान्यस्य वा उपदेशेन चित्तधैर्य विविधैदिकैरुपायैर्नेतस्यः।—कौषीतकी उप., 2. 1. पर।

आत्मसंयम से आत्मसात् करना होता है। योग एकाग्रता की उस पद्धति का नाम है[1] जिसके द्वारा हम शाश्वत के साथ एकता प्राप्त करते हैं।[2] योगाभ्यास का उपनिषदों का उल्लेख है। कठ उपनिषद् में हमसे वाणी को मन में, मन को ज्ञान आत्मा में, ज्ञान-आत्मा को महत् आत्मा में और महत् आत्मा को शान्त आत्मा अर्थात् परम ब्रह्म में लीन कर देने के लिए कहा गया है। पाँचों इन्द्रियाँ, मन और बुद्धि, ये जब शान्त हो जाते हैं तो सर्वोच्च स्थिति प्राप्त होती है।[3] श्वेताश्वतर उपनिषद् में योगाभ्यास के सम्बन्ध में विस्तृत निर्देश मिलते हैं।[4] जब प्रबोध हो जाता है तो फिर धर्मग्रन्थ प्रामाणिक नहीं रहते हैं।[5] 'श्रुतेरप्यभावः प्रबोधे'।[6]

वेदों में हम शक्तिशाली देवताओं में, जो केवल अमूर्त्तिकरण नहीं हैं, स्पष्ट विश्वास देखते हैं। साकार देवताओं की आराधना और उन पर निर्भरता और विश्वास की भावना, जो वैदिक धर्म की सुस्पष्ट प्रवृत्ति है,और कठ श्वेताश्वतर

---

1. ज्ञानं योगात्मकं विद्धि। ज्ञान का सार योग है, यह जानो।
2. ऐक्यं जीवात्मनोराहुर्योगं योगविशारदाः—देवी भागवत।
3. तुलना करें इसकी कन्फ्यूशस के हृदय के उपवास के साथ। येन हुई ने कहा, "क्या मैं यह पूछ सकता हूँ कि हृदय का उपवास किसे कहते हैं?'

    कन्फ्यूशस ने उत्तर दिया, "एकता विकसित करो। सुनने का काम अपने कानों से नहीं, बल्कि मन से करो; मन से भी नहीं, बल्कि अपनी आत्मा से करो। कानों से सुनना बन्द हो जाने दो। मन की क्रिया बन्द हो जाने दो। तब आत्मा एक नकारात्मक अस्तित्व होगी, बाहरी चीज़ों के प्रति उसकी प्रतिक्रिया निष्क्रिय होगी। इस प्रकार के नकारात्मक अस्तित्व में केवल 'ताओ' ही रह सकता है। यही नकारात्मक स्थिति हृदय का उपवास है।"

    येन हुई ने कहा, "तो, मैं जो इस पद्धति का उपयोग नहीं कर सका, इसका कारण मेरा अपना व्यक्तित्व है। यदि मैं इसका उपयोग कर सकता तो मेरा व्यक्तित्व खत्म हो गया होता। नकारात्मक स्थिति से क्या आपका यही आशय है?"

    "बिल्कुल यही," गुरु ने उत्तर दिया।
4. 2। और देखें मैत्री उप., 6. 18-27। अप्पयदीक्षित अपने 'योगदर्पण' में हमसे दोनों भंवों के बीच में स्वयंदीप्त आत्मा पर ध्यान केन्द्रित करने, 'तत्त्वमसि' इस मन्त्र को सुनने,अपने को उसमें लीन मानने और ध्यान का अभ्यास करने के लिए कहते हैं।

    प्रत्यगात्मानमालोक्य भ्रुवोर्मध्ये स्वयंप्रभम्।
    श्रुत्वा तत्त्वमसीत्यैक्यं मत्वास्मीति तदभ्यसेत्॥—92
5. ब्रह्मासन 4. 1. 3 पर शांकरभाष्य।
6. बृहद् उप., 6. 1 पर शंकर।

उपनिषदों में प्रमुख हो जाती है। कठ उपनिषद् यह कहती है कि उद्धार करने वाला ज्ञान विद्या से नहीं आता है, बल्कि परम सत्य द्वारा भाग्यवान मनुष्य के आगे स्वयं उद्‌घाटित किया जाता है। वहाँ पूर्वनिर्धारित नियति का सिद्धान्त तक सुझाया गया है।

दुर्भाग्य से विभिन्न पहलुओं पर एकांतिक रूप से ज़ोर दिया गया है जिससे मन पर यह प्रभाव पड़ता है कि उपनिषद् हमारे आगे कोई एक सुसंगत दृष्टिकोण नहीं रखती है। यह कहा जाता है कि उपनिषदों का वास्तविक सिद्धान्त यह है कि सत्य, तत्त्व, अन्तर्वस्तु से शून्य है और जितने भी प्रत्यक्षवादी मत हैं वे सब इस सिद्धान्त के व्यतिक्रम हैं, जिनका कारण यह है कि मनुष्य अमूर्त विचार के उच्च धरातल पर रह नहीं सकता, क्योंकि उसमें तत्त्व और बाहरी रूप के भेद का पूर्वाग्रह है और अनुभूत पदार्थों को तत्त्व पर लागू करने की स्वाभाविक प्रवृत्ति है। उपनिषदों के निरपेक्षवादी और ईश्वरवादी मत एक-दूसरे के निषेधक नहीं हैं। शंकर और रामानुज उपनिषदों की शिक्षा के विभिन्न पहलुओं पर ज़ोर देते हैं।

उपासना भक्ति के सिद्धान्त का आधार है। ब्रह्म का क्योंकि प्रारम्भिक उपनिषदों में पर्याप्त पुरुषविध शब्दों में वर्णन नहीं हुआ है, अतः कठ और श्वेताश्वतर जैसे बाद की उपनिषदें ब्रह्म को पुरुषविध ईश्वर के रूप में देखती हैं जो कृपा करता है। आध्यात्मिक ज्ञानोदय के लिए पुरुषविध ईश्वर की भक्ति एक साधन बताई गई है।[1]

उपनिषदें हमें शक्तिपूर्ण साधनाओं की विभिन्न विधियाँ सुझाते हैं, जिनसे हमें अपने चित्त को एकाग्र होने की प्रशिक्षा मिलती है। धीरे-धीरे हम परम सत्य के

---

1. श्वेताश्वतर उप., 6. 2। और 23। मूर्त्तियाँ, तीर्थयात्राएँ, अनुष्ठान—ये सब भक्ति के उपसाधन हैं।

भागवत कहता है कि हमें अपने पूरे अस्तित्व से ईश्वर से प्रेम करना चाहिए। "हे प्रभु! हमारी वाणी तुम्हारा गुणगान करती रहे, हमारे कान तुम्हारी कथाएं सुनते रहें, हाथ तुम्हारी सेवा करते रहें, हमारा मन तुम्हारे चरणों का स्मरण करता रहे, सिर इस जगत् को—जो तुम्हारा निवास स्थान है—प्रणाम करता रहे, और हमारे नेत्र उन सन्तों का दर्शन करते रहें जो पृथ्वी पर तुम्हारी जीवित प्रतिमाएँ हैं।"

वाणी गुणानुकथने श्रवणौ कथायाम्,
हस्तौ च कर्मसु मनस्तव पादयोर्नः।
स्मृत्यां शिरस्तव निवासजगतप्रणामे,
दृष्टिः सतां दर्शनेऽस्तु भवत्तनूनाम॥

—10. 10. 38

ध्यान के लिए तैयार हो जाते हैं।[1]

प्रचलित ईश्वरवादी मत उपनिषदों की शिक्षा में समाविष्ट कर लिए गए थे। बाद की सम्प्रदायवादी उपनिषदें ब्रह्म को विष्णु, शिव या शक्ति के साथ एक रूप कर देती हैं जो कि एक ही सत्य के विभिन्न पक्ष माने जाते है। ब्रह्म की व्यक्तियों से सम्बद्ध एक व्यक्ति के रूप में कल्पना की जाती है और सामाजिक जीवन से लिए गए स्वामी, पिता, न्यायाधीश आदि के प्रतीक उसके लिए प्रयुक्त किए जाते हैं। कभी-कभी जीवन-शक्ति, सत्य की आत्मा, प्रज्वलित अग्नि जैसे वेगवान् प्रतीक काम में लाए जाते हैं जो तह तक जाने वाले और व्यापक होते हैं।

प्रतीक वास्तविकता के एक ऐसे प्रकार से सम्बन्ध रखते हैं जो सत्य के उस प्रकार से जिसे कि वे प्रतीक रूप में प्रकट करते हैं, भिन्न होता है। वे सत्य को बुद्धि-ग्राह्य और न सुने जा सकने वाले को श्रव्य बनाने के लिए प्रयुक्त होते हैं। वे इसलिए हैं कि ध्यान के लिए व्यवहार्य अवलम्बों की तरह प्रयुक्त किए जा सकें। वे हमें प्रतीक रूप से प्रकट की गई वास्तविकता की जानकारी प्राप्त करने में सहायता पहुँचाते हैं। धर्मों द्वारा अपनाए गए कुछेक प्रतीक सामान्य हैं। परम सत्य का अर्थ व्यक्त करने के लिए प्रायः अग्नि और प्रकाश के प्रतीक अपनाए जाते हैं। इसका अर्थ यह है कि लोगों के मन एक ही तरह के बने हैं और संसार के एक भाग के लोगों के अनुभव दूसरे भाग के लोगों के अनुभवों से बहुत भिन्न नहीं हैं। जगत् की उत्पत्ति और स्वरूप से सम्बन्धित धारणाएं भी प्रायः मिलती-जुलती हैं, यद्यपि वे बिल्कुल स्वतन्त्र रूप से उत्पन्न हुई हैं। सभी मूर्तियाँ इस आशय से बनाई गई हैं कि वे परम ब्रह्म और सीमित बुद्धि के बीच मध्यस्थ का कार्य कर सकें। व्यक्ति उपासना के लिए परम तत्त्व का कोई भी रूप चुनने के लिए स्वतन्त्र है। चुनाव की इस स्वतन्त्रता, 'इष्टदेवताराधना', का यह अर्थ है कि विभिन्न रूप सबके सब परम तत्त्व में समाविष्ट हैं। एक रूप को स्वीकार करने का अर्थ दूसरे रूपों का बहिष्कार नहीं है।

ब्रह्म का बोध केवल चेतना के सर्वोच्च प्रयत्न से ही होता है। यह ज्ञान प्रतीकों के बिना विचार के स्तर पर व्यक्त नहीं किया जा सकता। प्रतीक पूर्णतया व्यक्तिपरक नहीं हैं। प्रतीकों की सापेक्षता सत्य के आविष्कार की हमारी क्षमता को या वस्तुपरक वास्तविकता के अस्तित्व में हमारी आस्था को नष्ट नहीं

1. आठवीं शताब्दी की एक रहस्यवादी महिला, राबिया कहती है : "हे मेरे प्रभु! यदि मैं नरक के डर से तेरी उपासना करूँ तो तू मुझे नरक में जला दे; यदि स्वर्ग की आशा से तेरी उपासना करूं तो तू मुझे स्वर्ग से निकाल दे; परन्तु यदि मैं तेरी तेरे लिए ही उपासना करूं तो तू मुझसे अपना अनन्त सौंदर्य मत छिपा।"

करती है। यह सच है कि विभिन्न पदार्थ विभिन्न दृष्टिकोणों से विभिन्न दिखाई पड़ते हैं, पर विभिन्न दृष्टिकोणों की प्रामाणिकता को नकारने की आवश्यकता नहीं है। वास्तविकता के सम्बन्ध में जो वक्तव्य हैं, वे उन वक्तव्यों को देनेवालों और उनके द्वारा वर्णित वास्तविकता के परस्पर सम्बन्ध की परिभाषाएँ हैं। प्रतीकों का एक अर्थ होता है और यह अर्थ वस्तुपरक होता है तथा समान रूप से ग्रहण किया जाता है। अर्थ की वाहक मनोवैज्ञानिक स्थितियाँ हो सकती हैं, पृथक् अस्तित्व हो सकते हैं, ऐसे भी अस्तित्व हो सकते हैं, जिनकी विशिष्ट अन्तर्वस्तु एक-सी न हो, पर अर्थों का अध्ययन किया जा सकता है और वे समझे जा सकते हैं।

उपनिषदें संकीर्ण मतवादों की चर्चा नहीं करतीं। आध्यात्मिक जीवन किसी भी विशिष्ट धार्मिक प्रस्थापना से अधिक विशाल है। धर्म का विषय मनुष्य द्वारा शाश्वत की,सत्य और आनन्द के स्रोतों की खोज है, और विशिष्ट प्रस्थापनाएँ उस अवर्णनीय के सम्बन्ध में केवल निकटवर्ती अनुमान हैं। हमारे मन, देश और काल की परिस्थितियों से असंपृक्त नहीं हैं। पूर्णसत्य केवल अनुभवातीत चेतना वाले मन द्वारा ही जाना जा सकता हैं। सत्य विश्वव्यापी है और मनुष्यों द्वारा उसकी धारणा और उसकी अभिव्यक्ति, जाति और चरित्र की विविधताओं के कारण केवल आंशिक ही हो सकती है। उपनिषदें जहाँ आत्मिक अनुभूति और मानसिक संचय पर ज़ोर देती हैं, वहां वे मतवादों, कर्मकांड या आचारों की किसी एक परिपाटी पर ज़ोर नहीं देतीं। वे यह भी जानती हैं कि आत्मिक अनुभूति को स्पष्ट करते समय हम उनके विभिन्न पहलुओं को स्पर्श कर सकते हैं। चेतना में परिवर्तन लाने के लिए एक नये जन्म के लिए, हमें जिन प्रतीकों और पद्धतियों से भी सहायता मिलती हो उन्हीं का उपयोग कर सकते हैं।[1]

परम तत्त्व की,जो हमारे अन्दर निवास करता है, बाहर कल्पना की जाती है। ''साधारण जन अपने देवताओं को जल में ढूँढ़ते हैं, विद्वान आकाशीय पिण्डों में, मूढ़ लकड़ी और पत्थर (की मूर्तियों) में, पर ज्ञानी परमतत्त्व को अपनी आत्मा में ढूँढ़ते हैं।''[2] योगी परम तत्त्व को आत्मा में देखते हैं, मूर्तियों में नहीं। मूर्तियों

1. गांधीजी ने गुरु गोविन्द सिंह का यह पद अपनी सार्वजनिक प्रार्थनाओं में शामिल किया था–
''ईश्वर अल्ला तेरे नाम।
मन्दिर मस्जिद तेरे धाम।
सबको सन्मति दे भगवान॥''

2. अप्सु देवा मनुष्याणां दिवि देवा मनीषिणाम्।
बालानां काष्ठलोष्ठेपु बुद्धेस्वात्मनि देवता॥

की कल्पना इसलिए की गई है कि अज्ञानी उनकी सहायता से ध्यान कर सकें।''[1] मनुष्य की आत्मा ईश्वर का घर है। ईश्वर हममें से प्रत्येक के अन्दर है और हमारी सहायता के लिए तैयार है, यद्यपि हम प्रायः उसकी उपेक्षा करते हैं।[2] हम चाहे किसी भी रूप से प्रारम्भ क्यो न करें, पर हम उसी सर्वव्यापी आत्मा की उपासना करने लगते हैं जो सभी में अन्तर्निहित है।[3] असीम सत्य के साक्षात्कार के

---

1. शिवमात्मनि पश्यन्ति प्रतिमासु न योगिनः।
अज्ञानां भावनार्थाय प्रतिमाः परिकल्पिताः॥
—दर्शनोपनिषदः और देखें शिव धर्मोत्तर।
भागवत कहता है कि द्विजों का देवता अग्नि है, मनीषियों का देवता हृदय है, अज्ञानियों का देवता मूर्ति है, ज्ञानियों के लिए ईश्वर सर्वत्र है।

अग्निदेवो द्विजातीनां हृदि देवो मनीषिणाम्।
प्रतिमा स्वल्पबुद्धीनां ज्ञानिनां सर्वतो हरिः॥

2. मनुष्य उसका साथी और सहवासी होते हुए भी उसकी मित्रता को समझता नहीं है, यद्यपि वह उसी शरीर में रहता है।

न यस्य सख्य पुरुषेऽवैति सख्युः।
सखा वसन् संवसतः पुरेऽस्मिन्॥—भागवत।

पिंगला वारांगना अपने जीवन से विरक्त हो कहती है : ''इस शाश्वत प्रेमी को जो मेरे समीप है, मेरा प्रिय है, मुझे आनन्द और सम्पत्ति देता है; छोड़कर मैं मूर्खा अन्य को खोजती हूँ जो मेरी कामनाएँ पूरी नहीं करता, जो मुझे केवल दुःख, भय, शोक और मोह देता है और जो तुच्छ है।''

सन्त समीपे रमणं रतिप्रदं वित्तप्रदं नित्यमिमं विहाय।
अकामदं दुःखभयाधिशोकमोहप्रदं तुच्छ भजेऽज्ञा॥

—भागगवत 11. 8. 31।

उसने निश्चय किया : वह मित्र है, सबसे अधिक प्रिय है, स्वामी है और सभी शरीरधारियों की अपनी आत्मा है। मैं उसे अपने आपको देकर प्राप्त करूंगी और उसके साथ उसी प्रकार क्रीड़ा करूँगी जैसे कि लक्ष्मी करती है।

सुहृत् प्रेष्ठतमो नाथ आत्मा चायं शरीरिणाम्।
तं विक्रीयात्मनैवाहं रमेऽनेन यथा रमा॥

—भागवत 11. 8. 35।

3. यस्मिन् सर्व यतः सर्व यः सर्व सर्वतश्च यः।
सब कुछ जिसमें है, सब कुछ जिसमें से है, जो सब कुछ है, जो सब कहीं है।

लिए तैयारी के तौर पर सीमित रूप की उपासना का सुझाव दिया गया है।[1] 'नारद भक्तिसूत्र' में बताया गया है कि सच्चा भक्त सिद्ध, अमर और तृप्त प्राणी हो जाता है।[2] मुक्त व्यक्ति भी क्रीड़ा रूप में मूर्ति की उपासना करते हैं।[3] इसमें इस बात का भय है कि विस्मय और सम्मान की भावनाएँ अपने-आपमें लक्ष्य समझी जा सकती हैं। वे हमें आध्यात्मिकता के लिए तैयार करती हैं।[4] भक्ति मनुष्य को अन्त में उसके सच्चे स्वरूप के ज्ञान पर ले जाती है।[5] रामानुज के लिए भक्ति एक प्रकार का ज्ञान ही है।[6]

---

1. तुलना करें, 'कल्पतरु' 1. 1. 20।

निर्विशेषं परं ब्रह्म साक्षात्कर्तुमनीश्वराः।
ये मन्दास्तेऽनुकम्प्यन्ते सविशेषनिरूपणैः॥

ब्रह्मसूत्र 3. 3. 59 का भाष्य करते हुए शंकर यह युक्ति देते हैं कि प्रत्येक व्यक्ति को अपनी रुचि के अनुसार उपासना का रूप चुनने और उपासना करने की स्वतन्त्रता है। इनमें से प्रत्येक का परिणाम ध्यान के विषय के साथ सीधा मिलन होता है।

2. यल्लब्ध्वा पुमान् सिद्धो भवति, अमृतो भवति तृप्तो भवति।
3. मुक्ता अपि लीलया विग्रहादिकं कृत्वा भजन्ते।--शंकर।
4. गोपियाँ उसमें अपना मन लगाकर, उसके गीत गाकर और उसके कार्य कर उसके साथ एक रूप हो जाती हैं।

तन्मनस्काः तदालापाः तद्विचेष्टाः तदात्मिकाः।

वहाँ ईश्वर के प्रति पूर्ण समर्पण अर्थात् 'प्रपत्ति' है। ''पतिसुतान्वयभ्रातृबांधवान अतिविलोय तेऽन्त्यच्युतागताः।

परीक्षित को सम्पूर्ण भागवत सुनाने के बाद भगवान के नाम के ध्यान का महत्त्व बताया गया है।

पतितः स्खलितः आर्तः श्रुत्वा वा विवशो ब्रुवन्
हृदये नमः इत्युच्चैर्मुच्यते सर्वपातकात्॥

5. स्वस्वरूपानुसन्धानं भक्तिरित्यभिधीयते।
आत्मतत्त्वानुसंधानं भक्तिरित्यपरे जगुः॥

'भक्तिमार्तण्ड' में भक्ति को प्रेम का वह रूप बताया गया है जिसमें प्रेमी जब साथ होते हैं तो उन्हें वियोग का भय रहता है और जब वे अलग होते हैं तो मिलन के लिए व्याकुल होते हैं।

अदृष्टे दर्शनोत्कण्ठा दृष्टे विश्लेषणभीरुता।
नादृष्टेन न दृष्टेन भवता लभ्यते सुखम्॥

6. 'ध्रुवानुस्मृति।'

आध्यात्मिक प्रशिक्षण बाह्य से, शब्द और मुद्रा से आरंभ होता है, जिससे तदनुरूप आत्मिक अन्तर्वस्तु उत्पन्न हो सके। परन्तु हमें ईश्वरमय जीवन से पहले बीच में कहीं पर भी रुकना नहीं चाहिए।[1] कुछ ऐसे हैं जो जिन रूपों की उपासना करते हैं उन्हें ही अन्तिम समझते हैं, यद्यपि उपनिषदें यह कहती हैं कि सत्य के दोनों पहलू हैं, शान्त अनुभवातीतता और ब्रह्माण्डीय सर्वव्यापकता। भक्ति के समर्थक पुरुषविध ईश्वर की उपासना को परमानन्द मानते हैं[2], जबकि ब्रह्म को अपुरुषविध मानने वाले यह घोषणा करते हैं कि वह आनन्द परम से निम्न स्तर का है और जो व्यक्ति पुरुषविध ईश्वर की उपासना की स्थिति से आगे नहीं बढ़ते, वे मरने पर अस्तित्व की स्वर्गीय स्थिति में प्रवेश करते हैं। स्वर्गलोक का यह अनुजीवन काल या संसार की प्रक्रिया से सम्बद्ध है। यह काल के बन्धन से छूटना या सत्य के साथ कालातीत मिलन नहीं है।

उपासना का जो रूप अहं के पूर्ण अस्वीकार तक नहीं पहुँचता, वह हमें ऐक्यमय जीवन पर नहीं ले जाएगा। श्रद्धा, भक्ति, समर्पण उसके साधन हैं। प्रत्येक व्यक्ति को अपने निजी प्रयत्न और लम्बे व सतत अभ्यास से अन्तर्दृष्टि प्राप्त

---

1. उत्तमो ब्रह्मसद्भावो, ध्यानभावस्तु मध्यमः।
स्तुतिर्जपोऽधमो भावो, बहिः पूजाऽधमाधमः॥
—महानिर्वाणतन्त्र, 14. 122।

सभी में ईश्वर की अनुभूति उपासना का उत्तम रूप है, ईश्वर का ध्यान मध्यम रूप है, ईश्वर की स्तुति और उसके नाम का जाप अधम रूप है, और बाह्य पूजा उपासना का सबसे गया-बीता रूप है। और देखें,

बालक्रीडनवत् सर्व रूपनामादिकल्पनम्।
—वही 14. 117।

नामों और रूपों की सारी कल्पना बच्चों के खेल की तरह है।

2. तुलना करें, वेदान्तदेशिक—

हे प्रभु! तुम यदि दयालु हो, मैं यदि तुम्हारे समीप हूँ, तुम्हारे लिए मुझमें निर्मल भक्ति है, तुम्हारे सेवकों का यदि साथ है, तो यह संसार ही मोक्ष है।

त्वं चेत् प्रसीदसि तवास्मि समीपतश्चेत्,
त्वय्यस्ति भक्तिरनघा करिशैलनाथ।
संसृज्यते यदि च दासजनस्त्वदीयः,
संसार एष भगवापवर्ग एव॥

करनी है।[1] बौद्धिक ज्ञान, 'अविद्या', का पर्दा जब हटा दिया जाता है, तो प्रबुद्ध आत्मा पर भरपूर प्रकाश पड़ता है और सर्वव्यापी आत्मा का दर्शन होता है। यह आत्मा उसी प्रकार वास्तविक और मूर्तरूप में विद्यमान होती है जिस प्रकार कि भौतिक नेत्र के सम्मुख कोई भौतिक पदार्थ होता है। परमतत्त्व सर्वव्यापक ईश्वर से अधिक अनुूत ईश्वर है, जो एक अन्तःस्थ शक्तितत्त्व और जीवन में नई सत्ता के रूप में अनुभव होता है। जब हम ध्यान में ऊपर उठते हैं, जब परमतत्त्व का दर्शन होता है, जो केवल आत्मा की शक्ति और सामर्थ्य से सम्भव नहीं है, तो हम यह अनुभव करते हैं कि यह पूर्णतया आत्मा पर ईश्वर की क्रिया है, उसकी असाधारण दया है। एक प्रकार से, समस्त जीवन ईश्वर से उत्पन्न है, समस्त प्रार्थना ईश्वरीय दया की सहायता से बनी है पर ध्यान की ऊँचाइयाँ तो, जिन पर विरले ही पहुँच पाते हैं, विशेष रूप से दिव्य कृपा का फल हैं। उस दर्शन के बाद चाहे प्रकाश फीका पड़ जाए, चाहे अन्धकार आत्मा को सताने लगे, पर आत्मा ने जो कुछ एक बार देख लिया है उसे वह कभी भी बिलकुल गँवा नहीं सकती। उसके बाद, जब तक कि पूर्ण सत्य का पूर्ण बोध नहीं हो जाता, हमारी चेष्टा उस अनुभूति को पुनरुज्जीवित करने, उसे अपनी समस्त गतिविधियों का स्थायी केन्द्र बनाने की ही रहेगी।

ऐसे संदर्शनों और संश्रवणों का भी उल्लेख है जो कभी-कभी ईश्वर की ओर उठती आत्मा के साथ जुड़ जाते हैं। वे वास्तव में उच्चाकांक्षी आत्मा को व्यग्र करते हैं। वे उसके ध्यान को भटकाते हैं और कभी-कभी तो अपने लक्ष्य की ओर बढ़ते रहने के बजाय उसे मार्ग में ही रह जाने के लिए ललचाते हैं। ये संदर्शन

---

1. तुलना करें, सेंट पॉल : "भय और सिहरन के साथ स्वयं अपनी मुक्ति का मार्ग खोजो, क्योंकि ईश्वर ही प्रसन्न होकर तुम्हारे अन्दर इसकी इच्छा और ऐसा करने की प्रेरणा जगाता है।"—'एपिस्टल टू द फिलिप्पियन्स' 2. 12-13।

सत्रहवीं शताब्दी के प्लेटोवादी नोरिस लिखते हैं : "एकाकी ध्यानमग्न मनुष्य अपने एकान्त में इस तरह निःशंक बैठा रहता है जैसे कि होमर का कोई नायक किसी बादल में बैठा रहता है, और मनुष्यों की मूर्खताओं और उच्छृंखलताओं से उसे केवल इतनी ही परेशानी होती है कि उसे उन पर तरस आता है। मैं समझता हूँ कि हर समझदार और विचारशील मनुष्य को चाहिए कि वह अपना आप साथी बने (क्योंकि और लोगों का साथी बनने की अपेक्षा स्वयं अपना साथी बनने के लिए निश्चित रूप से अधिक योग्यता की आवश्यकता है), यथासम्भव अधिक से अधिक अपने एकान्त में रहे, और संसार के साथ केवल इतना सम्पर्क रखे जितना कि सत्कर्म के अपने कर्तव्य तथा मानवता के समान कर्तव्यों को पूरा करने के लिए संगत हो।"

और संश्रवण धार्मिक अन्तःस्फूर्ति के आवश्यक भाग नहीं हैं। ये प्राकृतिक और ऐतिहासिक धरातल पर आध्यात्मिक जीवन के रहस्यों के प्रतीक हैं। प्राकृतिक जगत् के सभी पदार्थ आध्यात्मिक जगत् की घटनाओं के प्रतिबिंब हैं। आध्यात्मिक जीवन की घटनाएँ प्रतीक रूप से देश, काल और भौतिक द्रव्य के जगत् में प्रतिबिम्बित होती हैं।

गुह्य भाषा के जो विरोधाभास हैं, वे जीवन्त चेतना में ले जाने पर सुलझ जाते हैं। उपनिषदों के रहस्यपूर्ण चित्र अमूर्त उन्हें लगते हैं जो उन्हें बाहर से देखते हैं। उपनिषदें वास्तविक धार्मिक अनुभूति के विभिन्न रूपों का वर्णन करती हैं चाहे निरपेक्ष का ध्यान हो या परम पुरुष का ध्यान, विश्व-आत्मा की उपासना हो या प्राकृतिक जगत् में तल्लीनता, वे सब वास्तविक रूप हैं, क्योंकि उनका लक्ष्य अहं से परे पहुँचने का वही अन्तिम निष्कर्ष है। मनुष्य को आगे बढ़ना है। आत्मा के राज्य में ऐसे विभिन्न प्रदेश हैं जिनमें मनुष्य की चेतना अहं की सीमाओं से मुक्त होकर और विस्तृत होकर तृप्ति प्राप्त करती है।

रहस्यवादी अनुभूति की यह विविधता हमें अन्य धर्मों में भी मिलती है। कुछ लोग हैं जो ईश्वर को बिल्कुल पुरुष मानकर उसके साथ सम्पर्क स्थापित करना चाहते हैं, और ईश्वरेच्छा के साथ पूर्ण सामंजस्य का जीवन जीते हैं तथा अन्त में ईश्वर के साथ उनका बहुत ही घनिष्ठ मिलन हो जाता है। अन्य मिलन से आगे एकता की उस स्थिति में पहुँचना चाहते हैं जिसमें चेतना विषयी और विषय के सम्बन्ध से ऊपर होती है। उपनिषदें जैसा कि स्वाभाविक है, हठवादी रुख नहीं अपनाती हैं।[1] उपासना के सभी रूपों को स्वीकार करने का यह रुख भारत के धार्मिक जीवन की बराबर एक विशेषता रही है।[2] ईश्वर की वाणी उन भाषाओं

---

1. सेंट पॉल के ये अनूठे शब्द सही रुख का संकेत करते हैं : सभी जातियाँ "ईश्वर को चाहती हैं पर संयोग से ही कभी वे उसे खोजती हैं और पाती हैं, यद्यपि वह हममें से किसी से भी दूर नहीं।"

   --'ऐक्ट्स ऑव द एपोस्टल्स' 17. 27।

   एकहार्ट : "जो ईश्वर को सुनिर्धारित रूपों में खोजता है, उसके हाथ केवल रूप ही लगता है, उसमें छिपा सार हाथ नहीं आता।"

2. ईश्वर उससे प्रसन्न होता है जो सभी धर्मों के उपदेशों को सुनता है, सभी देवताओं की उपासना करता है, जो ईर्ष्या से मुक्त है और क्रोध को जीत चुका है।

   श्रृणुते सर्वधर्मांश्च सर्वान् देवान्नमस्ययति
   अनसूयुर्जितक्रोधस्तस्य तुष्यति केशवः॥

   —विष्णुधर्मोत्तर, 1. 58 →

द्वारा जिनमें कि वह व्यक्त हुई है, बँधी नहीं है।[1] वह एक वाणी सभी धर्मों में सुनाई देती है।

हम जिस सम्पदा के उत्तराधिकारी हैं वह कितनी समृद्ध है, यह अधिकतर लोगों को पता नहीं है। आध्यात्मिक लोगों का आरम्भ से अब तक का जीवन हमें बहुत कुछ प्रदान कर सकता है। इस पृथ्वी पर मनुष्य की उच्चाकांक्षाओं से सम्बन्धित ज्ञान का जो विपुल भण्डार है यदि हम अपने को उससे अलग कर केवल

→तुलना करें, इस सुप्रसिद्ध पद से–

अन्तः शाक्तो बहिःशैवो सभामध्ये च वैष्णवः।

इन प्रतीकों को जब हम प्रयुक्त करते हैं, तो कुछ को औरों से अधिक उपयुक्त पाते हैं।

उद्धव ने कहा था (पाण्डवगीता 17) :

वासुदेवं परित्यज्य योऽन्यं देवमुपासते।
तृषितो जाह्नवीतीरे कूपं वांछति दुर्भगः॥

जो अभागा वासुदेव को छोड़कर किसी अन्य देवता की उपासना करता है, वह उस प्यासे मनुष्य की तरह है जो गंगातट पर होते हुए भी कुएँ को खोज रहा है।

विजयनगर साम्राज्य के कृष्णदेवराय के सम्बन्ध में बार्दोसा लिखते हैं : "राजा ने इस तरह की स्वतन्त्रता दे रखी है कि कोई भी मनुष्य आ-जा सकता है और अपने धार्मिक विश्वास के अनुसार रह सकता है, उसे किसी भी प्रकार का कष्ट नहीं भोगना होगा और न उससे यह पूछताछ की जाएगी कि वह ईसाई है, यहूदी है, मूर है या हिन्दू है।"–आर. सी. मजूमदार, एच. सी. राय चौधुरी और के. दत्त द्वारा लिखित 'ऐन एडवांस्ड हिस्ट्री ऑव इण्डिया' (1946), पृ. 379।

1. तुलना करें, वर्जित इस तीव्र भावावेग से : "वह भाग्यशाली है जो इस विश्व के हृदय तक पहुँच गया है, वह अच्छाई और बुराई से परे है। पर साधारण मनुष्यों के लिए वह लक्ष्य इतना अधिक है कि वे उसे प्राप्त नहीं कर सकते। उसके बाद दूसरे नम्बर का श्रेष्ठ व्यक्ति वह है जो देश के देवताओं को जानता है और देश का जीवन जीता है।"–'जार्जिक्स' 2. 490 और उससे आगे।

"यदि किसी बर्बर जाति में जन्मा कोई व्यक्ति जो कुछ उसके हृदय में है वही करता है, तो ईश्वर जो कुछ मुक्ति के लिए आवश्यक है वह उसके आगे या तो अंतःप्रेरणा द्वारा या किसी गुरु को उसके पास भेजकर प्रकट कर देगा।"–सेंट थॉमस एक्विनॉस 2। सैंट डिस्ट 28, क्यू, 1, ए 4, ए डी 4 ।

अपने ही अतीत तक सीमित कर लेते हैं या यदि हम केवल अपनी ही अपर्याप्त परम्परा से सन्तुष्ट हो जाते हैं और अन्य परम्पराओं के वरदानों से लाभ नहीं उठाते हैं, तो इसका अर्थ यह है कि धर्म के तत्त्व के सम्बन्ध में हममें गम्भीर मिथ्या धारणा है। अपनी विशिष्ट परम्परा में निष्ठा का अर्थ अतीत के साथ केवल तालमेल ही नहीं, बल्कि अतीत से मुक्ति भी है। जीवन्त अतीत भविष्य के लिए एक महान प्रेरणा और अवलम्बन बन जाना चाहिए। परम्परा आत्मिक जीवन को पंगु कर देने वाला और हमसे एक सदा के लिए गए-गुज़रे युग में लौटने की अपेक्षा करनेवाला कोई कड़ा और कठोर साँचा नहीं है। वह अतीत की स्मृति नहीं है, बल्कि जीवन्त आत्मा का सतत आवास है। वह आत्मिक जीवन की जीवन्त धारा है।

❑❑❑

अनुक्रमणिका